法実証主義の現代的展開

濱 真一郎

新基礎法学叢書

成文堂

はしがき

　本書は、法実証主義者であるH. L. A. ハートおよびその理論的継承者たちと、法実証主義に批判的なロナルド・ドゥオーキンのあいだの論争を検討することを通じて、「法実証主義の現代的展開」の一端を描き出そうと試みる論文集である。

　ハートの理論的継承者は少なくないが、本書ではとくに、彼の弟子であるジョセフ・ラズと、ラズの弟子であるアンドレイ・マーモーの議論に、注目している。さらに、同じくラズの指導を受けたジュリー・ディクソンの議論も、取り上げている。

　ハートおよびその理論的継承者たちと、ドゥオーキンのあいだの論争は、多岐の論題に関係しているけれども、本書ではとくに、第I部で「司法的裁量論と解釈多元論」について、第II部で「立法と司法の関係をどう捉えるか——民主的立法と憲法の正統性も視野に入れて」という問題について、第III部で「記述的法実証主義の擁護可能性」について検討する——これらの三つの論題については、以下で説明を行う。

　ここで、本書の構成を確認しておこう。序章では、「法実証主義の現代的展開」について検討する準備作業として、自然法論と法実証主義の伝統的対立、ハートの法実証主義の基本的特徴、およびハートの法実証主義に対するドゥオーキンの批判について触れた上で、法実証主義をめぐる現代の主要な論争について整理している。

　第I部（第1章）では、「司法的裁量論と解釈多元論」について検討する。ハートの司法的裁量論によると、法的ルールには、意味の明確な「確実な核心」の部分と、そうではない「疑わしい反影」の部分がある。当該事件に関係するルールが不明確な事件においては、裁判官は裁量を用いて事件を処理しており、創造的な立法活動を行うものとされる。ドゥオーキンはこの理解を批判し、そうしたハード・ケースにおいても、裁判官は原理を用いること

によって、司法的裁量を行使することなしに、単一の正しい答えを提示できるとする。

さて、ドゥオーキンとは異なり、ラズは、ハートから司法的裁量論を受け継ぎ、裁判所による司法的裁量の行使を認めている。ラズはさらに、近年に至り、解釈多元論を提示している。すなわち、彼によると、ある解釈対象について、その既存の意味を説明する解釈だけでなく、その新しい意味を明らかにするような革新的解釈が、しかも両立不可能な複数の革新的解釈が、存在している。ラズの解釈多元論は、この事実を踏まえて提示されたものである。ラズの解釈多元論は、ハートの司法的裁量論を補強するために提示されており、さらに、ドゥオーキンの司法的裁定論とは対照的な内容をもつ。よって、ラズの解釈多元論の詳細について検討することは、現代の英米における司法的裁定にかんする議論状況を把握する上で、少なくない意義を有すると思われる。

第Ⅱ部（第2～第4章）では、「立法と司法の関係をどう捉えるか——民主的立法と憲法の正統性も視野に入れて」という問題について検討する。ドゥオーキンの「統合性としての法」という法理論によると、われわれは法のなかで生き、法によって生活している。すなわち、われわれは法の帝国の臣民であり、裁判所は法の帝国の首都であり、裁判官はその王侯なのである。以上から理解できるように、ドゥオーキンは、裁判所（司法）を中心に据える法理論を提唱している。

マーモーの理解に従えば、ドゥオーキンが「立法の統合性[1]」について論じる時、それは裁定理論と関連している。すなわち、裁判官は、「立法の統

---

1) マーモーは、「立法の統合性 (legislative integrity)」という用語を、ドゥオーキンの議論を踏まえて用いている。Andrei Marmor, 'Should We Value Legislative Integrity?' in Andrei Marmor, *Law in the Age of Pluralism* (New York: Oxford University Press, 2007). すなわち、ドゥオーキンによると、われわれは政治的統合性にかんして二つの原理を有している。一つは立法上の原理である。この原理は、立法者に対して、諸法の総体 (the total set of laws) を、道徳的観点からみて整合的 (coherent) なものにするように努力すべきだと求める。他の一つは裁定上の原理である。この原理は、裁判官に対して、法を可能な限り整合的なものとみなすべきことを教示する。Ronald Dwrokin, *Law's Empire* (Cambridge, Mass.: Harvard University Press, 1986), p. 176. 小林公訳『法の帝国』（未來社、1995年）280頁。

合性」の理想を踏まえて法が制定されたと、想定すべきである。さらに、裁判官は、立法者がその理想に従って立法することに失敗したとしても、司法的解釈を通じて、立法に最大限の整合性を付与すべきなのである。結局、ドゥオーキンは、「立法の統合性」が存すると主張するけれども、立法府が「立法の統合性」を実現するという議論はしていない。彼はむしろ、裁判所の制定法解釈を通じて、「立法の統合性」が実現されるべきであると、考えているように思われる。

　さて、第2章で確認するように、マーモーは、政治哲学者であるジョン・ロールズの「穏当な多元性の事実」という認識を踏まえつつ、ドゥオーキンが擁護する「立法の統合性」を批判している。マーモーは、ロールズの価値多元論的な現状認識を共有[2]し、「立法の統合性」に懐疑的な法理論を提示しているのである。

　第3章では、法解釈を、立法と司法の関係から理解する仕方について、検討する。すなわち、マーモーは、多元的な諸価値のあいだの妥協を目指す議会と、制定法を解釈する裁判所のあいだには、「戦略的コミュニケーション」が存するという認識を踏まえて、独自の法解釈理論を提示している。

　第4章では、マーモーによる、立法府と裁判所が相互調整するような憲法改革案について検討する。すなわち、立憲主義の支持者たちは、民主的立法を制約する（マーモーの言う）「頑強な憲法（robust constitution）」の道徳的正統性を擁護する。ところが近年、そうした正統性を否認して、「立法の尊厳」を回復しようとする試みがなされつつある。マーモーも、こうした理論動向を踏まえつつ、「頑強な憲法」の道徳的正統性に疑念を呈している。彼はさらに、立法府と裁判所が相互調整するような憲法改革案も提示している。マーモーの提言は、立法と司法の関係を捉える上で、少なからぬ示唆を含んでいると思われる。

　以上で確認したように、ドゥオーキンは、裁判所（司法）を中心に据える

---

[2]　マーモーは価値多元論を擁護する際に、主としてロールズの議論に依拠するけれども、思想史家であるアイザイア・バーリンの文献も参照している。なお、筆者はかつて、バーリンの価値多元論について検討したことがある。拙著『バーリンの自由論――多元論的リベラリズムの系譜』（勁草書房、2008年）。

法理論を提唱している。それに対して、マーモーは、立法と司法のいずれかを中心に据えるのではなく、立法と司法の関係を把握するための法理論を提示している。

　第III部（第5章〜第7章）では、「記述的法実証主義の擁護可能性」について検討する。ハートによると、法の性質についての彼の説明は、以下の意味で記述的（descriptive）である。すなわち、道徳的に中立的で、いかなる正当化の目的も有さず、法の性質に現れる形式や構造を、道徳などの根拠に基づいて正当化したり称賛したりすることを目指していない、という意味で記述的である。

　第5章で検討するように、ドゥオーキンは、以上のハートの記述的法理論を論駁するために、法哲学および政治哲学の方法にかんして以下の問いを提起した。すなわち、法哲学および政治哲学は、実践をその外側から道徳的に中立的な用語で記述するものなのか、あるいは、実践をその内側で実質的・評価的・規範的・関与的に把握していくものなのか、という問いである。

　ドゥオーキンによれば、平等・自由・法などの諸概念についての定義や分析は、それらの概念をめぐって戦わされる政治的闘争において競合している諸見解と同じくらい、実質的・規範的・関与的である。ドゥオーキンは、ハートが記述的法理論を擁護し、自分（ハート）の理論が規範的理論でも評価的議論でもない——それはいかなる種類の価値判断でもない——とする点を、批判するのである。

　以上で確認したように、ドゥオーキンのハート批判には、法哲学は、実践をその外側から中立的に記述するものではありえない、という主張が通底している。

　それに対して、ハートおよびその理論的継承者たちによれば、記述的法理論は独自の役割を担っている。すなわち、ラズによると、法の性質についてのハートの記述的理論は、「法に対して合理的で批判的な姿勢を吹き込もうとする試み」によって、動機づけられている。ゆえに、ハートおよびその理論的継承者たちは、自分たちの理論が記述的であると主張するための、積極的言明を有しているのである。（なお、ハートの記述理論を動機づけるこの「試み」は、後述する本書全体の問題意識と関連する。）

第6章では、ディクソンによる、記述的法理論の擁護論について検討する。具体的には、記述的法理論への三つの挑戦に対する彼女による応答と、記述的法理論の機能――法の下で生活する人々の生に広範な影響を与える法的な社会制度にかんして、われわれの理解を深めようと試みること――について、検討を行う。

　第7章では、マーモーによる、記述的法実証主義の擁護論について検討する。すなわち、近年、法実証主義の「法と道徳分離論」を、法についての記述的テーゼではなく、規範的テーゼとして捉えようとする動向が現れている。この動向は、「規範的法実証主義」と呼ばれている。マーモーによると、規範的法実証主義は、少なくとも五つの見解に区別することができる。規範的法実証主義の第一から第三の見解は、マーモーが支持しようと望む記述的テーゼ――「法実証主義の法理論は、法の性質についての記述的で、道徳的に中立的な理論として、最も適切に理解できる」というテーゼ――と、必然的に対立するわけではない。規範的法実証主義の第四および第五の見解は、マーモーが支持しようと望む記述的テーゼと対立している。しかし、彼によれば、その第四および第五の見解は、法実証主義の法理論の説明としても批判としても失敗している。マーモーは、以上の五つの見解を詳細に分析することを通じて、記述的テーゼおよび記述的法実証主義の擁護論を展開するのである。

　なお、マーモーは、「記述的で、道徳的に中立的な法実証主義の法理論」を擁護するけれども、法の性質についての説明に、何らかの「評価」――それは必ずしも道徳的評価ではない――が入ってくることを示唆している。彼が示唆する、「法の性質についての説明における評価の役割」については、ラズによる議論を参照しながら、第7章の第4節で若干の検討を行っている。結局、法の性質についての説明に何らかの評価が入ってくるとしても、法実証主義の法理論は、依然として記述的であり続けることができるのである。

　以上で、本書の概要を確認した。さて、筆者の理解では、本書で取り上げる法実証主義者たちは、以上の論題について検討する際に、先述の「試み」を念頭に置いている。この試みについて、ラズは以下のように述べている。

ハートの法概念の分析は、法そのものを脱神秘化する試み、つまり法に対して合理的で批判的な姿勢を吹き込もうとする試みの一部分である。……法理論が近年ふたたびその逆の方向に傾いてきていることにハートが不安をもっていることや、法理論の役割の主要部分が法についての冷静かつ批判的でありうる吟味のための概念的基礎を築くことであるという見解をハートがもっていることは、明らかである[3]。

　「法に対して合理的で批判的な姿勢を吹き込もう」とするハートの試みは、ラズとマーモーに引き継がれている。そして筆者も、この試みに共感を覚えている。このことを確認した上で、「序章」から、本書の表題である「法実証主義の現代的展開」についての考察をはじめたい。

　さて、本書は、筆者がこれまで執筆した論文をまとめた論文集である。一冊の書物としてまとめるに際して、タイトルや内容等に修正を加えた箇所がある。各章の初出は以下の通りである。

序章：　書き下ろし。ただし、「法実証主義」イギリス哲学会編『イギリス哲学・思想事典』（研究社、2007年）の一部を利用。
第1章：　「ジョセフ・ラズの解釈多元論──司法的裁量をめぐる論争を踏まえて」同志社法学（深田三徳教授古稀記念論集）64巻3号（2012年）。
第2章：　「価値多元論と立法の統合性──A. マーモーの立法論を手がかりとして」瀬川晃ほか共著『ダイバーシティ時代における法・政治システムの再検証』（成文堂、2014年）。
第3章：　「立法と司法の戦略的コミュニケーション──アンドレイ・マーモーの法解釈理論と立法論」同志社法学65巻6号（2014年）。
第4章：　「立憲主義の正統性──アンドレイ・マーモーの議論を素材として」富沢克・力久昌幸編著『グローバル時代の法と政治──世界・国家・地方』（成文堂、2009年）。
第5章：　「法哲学・政治哲学における記述と実践」宇佐美誠・濱真一郎編著『ドゥオーキン──法哲学と政治哲学』（勁草書房、2011年）。
第6章：　書き下ろし。

---

3) Joseph Raz, 'Authority, Law, and Morality', in Joseph Raz, *Ethics in the Public Domain: Essays in the Morality of Law and Politics*, revised edition (Oxford: Clarendon Press, 1995), p. 210. 深田三徳訳「権威・法・道徳」、ジョセフ・ラズ著、深田三徳編訳『権威としての法──法理学論集』（勁草書房、1994年）139-140頁。

第7章：「法実証主義における『法と道徳分離論』と記述的テーゼ──アンドレイ・マーモーによる記述的法実証主義の擁護論」同志社法学62巻2号（2010年）。

　本書の刊行までには、多くの方々からご支援をいただいた。とくに、筆者が同志社大学大学院法学研究科に進学して以来、常に温かいご指導をいただいている同志社大学名誉教授の深田三徳先生には、改めて心より感謝を申し上げたい。同志社大学法学部の先生方にも，日頃のご配慮に対して御礼を申し上げたい。
　京都大学の亀本洋先生には、新基礎法学叢書の一冊として本書を刊行する機会をいただいた。厚く御礼を申し上げる。
　本書の内容の一部については、日本法哲学会および法理学研究会にて報告する機会を得た。貴重な機会をいただいた関係各位に、謝意を表する次第である。
　成文堂の阿部耕一社長、土子三男取締役、ならびに飯村晃弘氏をはじめとする同社編集部の皆様には、温かいご支援をいただいた。記して御礼を申し上げたい。
　妻・佳代子、長女・綾香、長男・孝大郎、次女・菜月望にも、この場を借りて感謝したい。
　なお、本書の刊行にあたっては、2014年度同志社法学会出版助成（B）の交付を受けた。

2014年4月

　　　　　　　　　　　　　　　　　　　　　　　　　　濱　真一郎

目 次

はしがき

序 章 法実証主義の現代的展開 …………………………… 1

- 第1節 「法とは何か」という問い――自然法論と法実証主義　*1*
- 第2節 H. L. A. ハートの法実証主義の法理論　*3*
- 第3節 法実証主義論争――R. ドゥオーキンのハート批判　*6*
  - 1 司法的裁量論をめぐって　*6*
  - 2 厳格な法実証主義とソフトな法実証主義　*7*
- 第4節 司法と立法の関係をどう捉えるか　*11*
  - 1 ドゥオーキンの裁判所（司法）を中心に据えた法理論　*11*
  - 2 立法と司法の関係を把握するための視座　*13*
- 第5節 記述的法理論の擁護可能性　*14*
  - 1 記述的法理論の擁護可能性　*14*
  - 2 規範的法実証主義と記述的法実証主義　*17*
- おわりに　*19*

第Ⅰ部 司法的裁量論と解釈多元論

第1章 J. ラズによる司法的裁量論の擁護 ………………… 23
――解釈多元論と革新的解釈――

- はじめに　*23*
- 第1節 H. L. A. ハートの司法的裁量論　*26*
  - 1 ハートの法実証主義の法理論　*26*
  - 2 ハートの司法的裁量論　*27*
- 第2節 R. ドゥオーキンの司法的裁量論批判　*30*

1	ドゥオーキンの司法的裁量論批判	30
2	解釈的アプローチと法の構成的解釈	31
3	「統合性としての法」と連鎖小説の比喩	32

第3節　ラズの解釈多元論　34

1	司法的裁量論をめぐる論争の再確認	34
2	解釈とは何か	36
3	解釈多元論と革新的解釈	37
4	革新的解釈にかんする二つの難問	38
5	革新的解釈にかんする二つの難問を解く（1） ――不可避性を通しての議論	40
6	革新的解釈にかんする二つの難問を解く（2） ――社会依存を通しての議論	41
7	革新的な法解釈が法を変化させるのはなぜか	45
8	立法者と裁判所のあいだの相互作用	47
9	解釈とは何か、なぜ解釈するのか、いかにして解釈するのか	49

おわりに　51

第Ⅱ部　立法と司法の関係をどう捉えるか
――民主的立法と憲法の正統性も視野に入れて――

第2章　A. マーモーの価値多元論と「立法の統合性」批判 …… 59

はじめに　59

第1節　価値多元論と法の支配　60

1	価値多元論の重視	60
2	法の支配にかんする論争	61
3	多元的社会における法の支配	63

第2節　マーモーの価値多元論と「立法の統合性」批判　67

1	立法の統合性	67
2	価値多元論	70

3　中立性の理想と公共的理性　　　　　　　　　　　　　*72*
　　4　価値多元論と「立法の統合性」批判　　　　　　　　　*75*
　第3節　「立法の統合性」の失敗　　　　　　　　　　　　　*78*
　　1　「立法の統合性」の失敗と価値多元論の尊重　　　　　*78*
　　2　「立法の統合性」の失敗（1）――立法権の分割　　　　*78*
　　3　「立法の統合性」の失敗（2）――立法が成立するための取引と妥協　*80*
　　4　「立法の統合性」の失敗（3）――政権交代と法の継続性　*81*
　おわりに　　　　　　　　　　　　　　　　　　　　　　　　*83*

第3章　A. マーモーの法解釈理論と立法論　　　　　*85*
　　　　――立法と司法の戦略的コミュニケーション――

　はじめに　　　　　　　　　　　　　　　　　　　　　　　　*85*
　第1節　法は常に解釈されているのか　　　　　　　　　　　*87*
　　　　――法は修正・変更される場合もある
　　1　法と言語　　　　　　　　　　　　　　　　　　　　　*87*
　　2　会話は常に解釈されているのか　　　　　　　　　　　*90*
　　3　法は常に解釈されているのか　　　　　　　　　　　　*93*
　第2節　法を解釈するのはなぜか――法における三つの不確定性　*96*
　　1　法の衝突に由来する不確定性　　　　　　　　　　　　*96*
　　2　意味論的不確定性――両義性と曖昧さ　　　　　　　　*97*
　　3　語用論的不確定性　　　　　　　　　　　　　　　　　*99*
　第3節　法における語用論的不確定性　　　　　　　　　　　*100*
　　1　法が「言う」ことと「主張」することの不一致　　　　*100*
　　2　法が「含み」とする内容の不確定性　　　　　　　　　*102*
　　3　法が「前提」とする内容の不確定性　　　　　　　　　*104*
　第4節　立法と司法の戦略的コミュニケーション　　　　　　*105*
　　1　立法と司法の戦略的コミュニケーション　　　　　　　*105*
　　2　立法の内部における戦略的行動　　　　　　　　　　　*106*
　　3　立法府は意図的に複数の声で語る　　　　　　　　　　*108*
　おわりに　　　　　　　　　　　　　　　　　　　　　　　　*109*

第4章　A. マーモーによる「憲法の正統性」の批判的検討 … *114*
　　　　――民主的立法を制約する「頑強な憲法」は正統か――

　はじめに　*114*
　第1節　「頑強な憲法」とは何か　*115*
　第2節　「頑強な憲法」の正統性への道徳的懸念　*117*
　　1　「頑強な憲法」を正当化する論拠――プリコミットメント論　*117*
　　2　「頑強な憲法」の正統性への道徳的懸念――世代間問題と価値多元論　*119*
　第3節　「頑強な憲法」の正統性とその限界　*121*
　　1　プリコミットメント論に依拠しない正当化　*121*
　　2　プリコミットメント論の正当化（1）　*124*
　　　　――多数決原理の本来的な限界論法
　　3　プリコミットメント論の正当化（2）　*129*
　　　　――深層的コンセンサス論法
　第4節　マーモーの憲法改革案――立法府と裁判所の相互調整　*134*
　おわりに　*136*

第III部　記述的法実証主義の擁護可能性

第5章　H. L. A. ハートの記述的法理論 ……………………… *141*

　第1節　R. ドゥオーキンの問題提起　*141*
　第2節　ハートの記述的法理論とドゥオーキンによる批判　*143*
　　1　ハートとドゥオーキンの論争　*143*
　　2　ハートの記述的法理論とドゥオーキンによる批判　*145*
　第3節　ドゥオーキンがハートに突きつけた二つの困難　*147*
　　1　ハートの源泉テーゼとソレンソン事件　*147*
　　2　ドゥオーキンがハートに突きつけた二つの困難　*148*
　第4節　二つの困難を退けることは可能か　*150*
　　1　第一の困難を退ける　*150*
　　　　――記述的法理論を擁護するための積極的言明は存在する

2　第二の困難を退ける　　　　　　　　　　　　　　　　　　　*152*
　　　　——ハートは裁判の当事者の一方に味方していない
　第5節　法哲学はおもしろくなくてはならないのか　　　　　　　　*157*

第6章　J. ディクソンによる記述的法理論の擁護論 ………… *159*
　はじめに　　　　　　　　　　　　　　　　　　　　　　　　　　*159*
　第1節　記述的法理論への三つの挑戦　　　　　　　　　　　　　*159*
　第2節　三つの挑戦へのディクソンの応答　　　　　　　　　　　*161*
　　1　記述的法理論の「簡素な説明」の誤り　　　　　　　　　　*161*
　　2　第一の挑戦への応答——法理論における評価の役割　　　　*162*
　　3　第二の挑戦への応答——間接的に評価的な法理論　　　　　*163*
　　4　第三の挑戦への応答——法理論の採用がもたらす帰結の評価　*167*
　第3節　記述的法理論の機能　　　　　　　　　　　　　　　　　*169*
　おわりに　　　　　　　　　　　　　　　　　　　　　　　　　　*172*

第7章　A. マーモーによる記述的法実証主義の擁護論 ……… *174*
　　　　——法実証主義における「法と道徳分離論」と記述的テーゼ——
　第1節　「法と道徳分離論」の二つの捉え方　　　　　　　　　　*174*
　　　　——記述的テーゼと規範的テーゼ
　　1　「法とは何か」という問いと法実証主義の法理論　　　　　*174*
　　2　H. L. A. ハートの法実証主義の法理論　　　　　　　　　　*176*
　　3　現代法実証主義の二つの形態　　　　　　　　　　　　　　*179*
　　　　——厳格な法実証主義とソフトな法実証主義
　　4　「法と道徳分離論」の二つの捉え方　　　　　　　　　　　*181*
　　　　——規範的テーゼと記述的テーゼ
　　5　本章の概要　　　　　　　　　　　　　　　　　　　　　　*184*
　第2節　規範的法実証主義の五つの見解　　　　　　　　　　　　*185*
　　1　法実証主義の核となる三つのテーゼ　　　　　　　　　　　*185*
　　2　規範的法実証主義の五つの見解　　　　　　　　　　　　　*187*
　第3節　五つの見解の分析を通じての記述的法実証主義の擁護論　*191*

	1 倫理的実証主義	*191*
	2 法の性質についての説明の規範的是認	*192*
	3 法の性質についての説明の特定の側面の評価	*195*
	4 実質的な規範的実証主義（法慣例主義）	*196*
	5 方法論についての議論（1）――機能を通しての議論	*198*
	6 方法論についての議論（2） ――法理学は必然的に規範的であると主張する議論	*201*
	7 方法論についての議論（3）――内的視点を通しての議論	*205*
第4節	法の性質についての理論における評価の役割	*208*
第5節	むすびに代えて	*214*

参考文献一覧　　　　　　　　　　　　　　　　　　　　　　*219*
人名索引　　　　　　　　　　　　　　　　　　　　　　　　*234*
事項索引　　　　　　　　　　　　　　　　　　　　　　　　*236*

序章　法実証主義の現代的展開

第1節　「法とは何か」という問い――自然法論と法実証主義

　法哲学[1]は、今日の法、法学、および法実践が抱えている基本的問題を、さまざまな角度から掘り下げて考えることを目的としている。現代の法哲学の中心的な問題としては、「法とは何か」「法の目指す理念ないし正義とは何か」「法的思考や司法的裁定の特質は何であるか」という三つがある[2]。

　「法とは何か」という問いは、古代ギリシア以来の法哲学・法思想史上の難問である。法実証主義[3]は、その難問に答えようと試みる立場の一つである。法実証主義の基本的主張は、自然法論[4]との対比において示すことができる。自然法論は（イ）自然法と実定法の二元論と（ロ）「法と道徳（正義も含む広義の道徳）融合論」を主張する。対する法実証主義は、（イ）実定法一

---

1) 「法哲学 (philosophy of law; legal philosophy)」と「法理学 (jurisprudence)」を区別して捉えることも可能であるが、本書ではその両者を厳密に区別する必要はないため、それらをほぼ同じものとして捉えておく。「法哲学」および「法理学」という用語については、亀本洋『法哲学』（成文堂、2011年）2-11頁を参照。
2) 深田三徳「現代の法哲学・法理論」深田三徳・濱真一郎編著『よくわかる法哲学・法思想』（ミネルヴァ書房、2007年）46頁。本段落を含む、本節の以下の諸段落を記述する際に、深田三徳『現代法理論論争――R. ドゥオーキン対法実証主義』（ミネルヴァ書房、2004年）を参照した。
3) 法実証主義の歴史と今日の議論については、例えば以下の文献がある。Gerald J. Postema, 'Legal Positivism: Early Foundations', and Julie Dickson, 'Legal Positivism: Contemporary Debates', in Andrei Marmor (ed.), *The Routledge Companion to Philosophy of Law* (New York and London: Routledge, 2012). 法実証主義にかんする法語文献としては、矢崎光圀『法実証主義――現代におけるその意味と機能』（日本評論社、1963年）、深田三徳『法実証主義論争――司法の裁量論批判』（法律文化社、1983年）、深田三徳『法実証主義と功利主義――ベンサムとその周辺』（木鐸社、1984年）などがある。

元論と（ロ）「法と道徳分離論」を主張する[5]。以下では英米を中心として、法実証主義の歴史的発展と、その現代的展開をたどりたい。

「法とは何か」という問いに答えようとする学問的営みを振り返れば、古代ギリシア・ローマの時代から19世紀までは、自然法論が優勢であった。しかし、近代国家法が整備される19世紀には、実定法一元論などを意味する法実証主義が次第に支配的になった[6]。英国では、18世紀後半から19世紀にかけていち早く自然法観念を批判し、実定法一元論を説いたジェレミー・ベンサム[7]がいる（『法一般論[8]』1872年執筆、1945年出版）。彼の法‐主権者命令説は、ジョン・オースティン[9]に継承され、古典的分析法理学の伝統が生まれた（『法理学領域論[10]』1832年、『法理学講義[11]』1863年）。19世紀のドイ

---

4) 自然法論の歴史と今日の議論については、例えば以下の文献がある。John Finnis, 'Natural Law Theory: Its Past and Its Present', in Andrei Marmor (ed.), *The Routledge Companion to Philosophy of Law, supra* note 3. 自然法論にかんする邦語文献としては、ホセ・ヨンパルト『実定法に内在する自然法──その歴史性と不変性』（有斐閣、1979年）、水波朗『トマス主義の法哲学──法哲学論文選』（九州大学出版会、1987年）、阿南成一『現代自然法論の課題』（成文堂、1991年）、葛生栄二郎『自由社会の自然法論』（法律文化社、1998年）、河見誠『自然法論の必要性と可能性──新自然法論による客観的実質的価値提示』（成文堂、2009年）、山田秀『ヨハネス・メスナーの自然法思想』（成文堂、2014年）などがある。

5) 深田三徳・前掲注（2）『現代法理論論争』2-3頁。自然法論と法実証主義のあいだの論争については、田中成明『現代法理学』（有斐閣、2011年）第4章、葛生栄二郎「自然法論と法実証主義」三島淑臣編『法哲学入門』（成文堂、2002年）などを参照。

6) 深田三徳・前掲注（2）『現代法理論論争』2頁。

7) ベンサムの法理論については、深田三徳・前掲注（3）『法実証主義と功利主義』、戒能通弘『世界の立法者、ベンサム──功利主義法思想の再生』（日本評論社、2007年）などを参照。

8) Jeremy Bentham, *Of Laws in General*, edited by H. L. A. Hart (London: Athlone Press, 1970).

9) オースティンの法理論については、八木鉄男『分析法学の潮流──法の概念を中心として』（ミネルヴァ書房、1962年）、八木鉄男『分析法学の研究』（成文堂、1977年）を参照。

10) John Austin, *The Province of Jurisprudence Determined*, edited by H. L. A. Hart (London: Weidenfield and Nicolson, 1954).

11) John Austin, *Lectures on Jurisprudence*, or *The Philosophy of Positive Law*, fourth edition, two volumes, edited by Robert Campbell (London: John Murray, 1879; reprint, Bristol: Thoemmes Press, 1996).

ツでは、法典ができると、法典のなかの制定法を絶対視する法律実証主義[12]（ないし制定法実証主義[13]）が強くなった。19世紀のフランスでも、一連の統一法典の条文を絶対視する注釈学派が支配的になった[14]。

第2節　H. L. A. ハートの法実証主義の法理論

　20世紀の代表的な法実証主義者は、オーストリア出身（生まれはプラハ）のハンス・ケルゼンである。彼は、新カント学派の方法二元論や価値相対主義を前提にして、法理論を展開した。法学は、当為の世界にある実定法を「不純なもの」を交えずに、徹底した規範論理主義に基づいて分析すべきものとされている。ここでの「不純なもの」とは、さまざまな倫理的価値判断やイデオロギーの要素と、政治学や社会学でいう事実的要素である[15]（『純粋法学[16]』1934年、第2版[17] 1960年）。

　20世紀後半のもう一人の代表的な法実証主義者は、英国のH. L. A. ハート[18]である。彼はベンサム的伝統を継承しながら、洗練された法実証主義理論を展開した。彼はさらに、オースティンの法−主権者命令説に修正を加えることを通じて、自らの法概念論を形成した。その意味でハートは、ベンサムやオースティンの古典的分析法理学の伝統を継承している[19]。

---

12) 亀本洋「第9章　大陸の法学革新運動」田中成明・竹下賢・深田三徳・亀本洋・平野仁彦『法思想史〔第2版〕』（有斐閣、1997年）155頁。
13) 青井秀夫『法理学概説』（有斐閣、2007年）219-220頁。
14) 亀本洋・前掲注（12）「第9章　大陸の法学革新運動」151頁。
15) ケルゼンの法理論については長尾龍一『ケルゼン研究I』（信山社、1999年）などを参照。
16) Hans Kelsen, *Reine Rechtslerle: Einleitung in die rechtswissenschaftliche Problematik* (Leipzig: Franz Deuticke, 1934). 横田喜三郎訳『純粋法學』（岩波書店、1935年）
17) Hans Kelsen, *Reine Rechtslehre: mit einem Anhang, Das Problem der Gerechtigkeit*, 2. Aufl. (Wien: Deuticke, 1960). 長尾龍一訳『純粋法学 第二版』（岩波書店、2014年）。
18) ハート（H. L. A. Hart）は英国の法哲学者である。オックスフォード大学で学んだ後に、弁護士として活躍した。第二次世界大戦後に学究生活に入り、オックスフォード大学の法理学（Jurisprudence）教授や同大学ブレーズノーズ・カレッジの学寮長などを歴任した。ハートには以下の伝記がある。Nicola Lacey, *A Life of H. L. A. Hart: The Nightmare and the Noble Dream* (Oxford: Oxford University Press, 2004).
19) ハートの法理論の包括的研究として、以下の文献がある。Neil MacCormick, *H. L.*

ハートは『法の概念[20]』で、日常言語学派の手法などを駆使し、近代国家法の特徴・構造を解明しようとした。彼は、銃をもった銀行強盗が銀行員に「金を出せ」と命令する状況の分析から出発する。この例は、法は制裁を伴った主権者の「命令（command）」であるという、オースティン的な法‐主権者命令説をモデルとしている[21]。しかしそのモデルでは、近代国家法の特徴は適切に説明できない。国家法は単なる命令ではないからである。そこで、「命令」に代えて「ルール（rule）」の概念が導入される。ルールは、義務賦課ルールと権能付与ルールに区分される。義務賦課ルールである一次的ルール（primary rules）しかない法以前の社会では、ルールは静態的・非効率的・不明確である。そうした欠陥を是正するために、変更のルール（rule of change）、裁定のルール（rule of adjudication）、承認のルール（rule of recognition）が導入される[22]。

変更のルールは、社会的変化に応じて、従来のルールを改廃したり新しいルールを創造したりする権能（power）を誰かに付与し、その手続を定めるルールである。裁定のルールは、ルール違反の有無やルールの解釈をめぐる争いを解決する権能を誰かに付与し、その手続を定めるルールである。承認

A. Hart, second edition (Stanford, California: Stanford University Press, 2008). なお、同書の初版――Neil MacCormick, H. L. A. Hart (London: Arnold Publishers, 1981; Stanford, California: Stanford University Press, 1981)――には、以下の邦訳がある。角田猛之編訳『ハート法理学の全体像』（晃洋書房、1996年）。ハートの法理論にかんする邦語文献としては、深田三徳・前掲注（2）『現代法理論論争』19‐23頁、中山竜一『二十世紀の法思想』（岩波書店、2000年）第2章などを参照。

20) 初版は1961年、第2版は1994年、第3版は2012年に出版されている。ここでは第3版をあげておく。H. L. A. Hart, *The Concept of Law*, third edition (Oxford: Oxford University Press, 2012). 矢崎光圀監訳『法の概念』（みすず書房、1976年）。邦訳は、原書初版を底本としているため、原書第2版以降に所収されている「補遺（Postscript）」の訳文を含んでいない。「補遺」の原文および邦訳については以下を参照。H. L. A. Hart, 'Postscript', edited by Penelope A. Bulloch and Joseph Raz, in H. L. A. Hart, *The Concept of Law*, third edition, *supra*. 布川玲子・高橋秀治訳「『法の概念』第二版追記 上」みすず438号（1997年）、高橋秀治訳「『法の概念』第二版追記 下」みすず439号（1997年）。以下で「補遺」の邦訳を参照する際には、「邦訳（上）」ないし「邦訳（下）」という表記を用いる。

21) H. L. A. Hart, *The Concept of Law*, third edition, *supra* note 20, ch. 2.
22) Ibid., pp. 91-94. 邦訳、100-107頁。

のルールは、その国ないし社会において遵守されるべきルール、しかも妥当なルールが何であるかを定めるルールである。これら三種類のルールは、法以前の社会における一次的ルールにか・ん・す・る・（about）メタ・ルールであるため、二次的ルール（secondary rules）と呼ばれる[23]。

承認のルールは、その国において遵守されるべき妥当な法的諸ルールが何であるかを特定する重要なルールである。承認のルール自体は、裁判官などの公務員たちのあいだにおける実践（practice）としてのみ存在するのであり、その実践の存在は事実の問題（a matter of fact）である[24]。承認のルー

---

[23] Ibid. なお、'rule of recognition' には「認定のルール」という訳語もある。嶋津格「法における『事実』とはなにか」嶋津格『問いとしての〈正しさ〉──法哲学の挑戦』（NTT出版、2011年）22頁。

[24] H. L. A. Hart, *The Concept of Law*, third edition, *supra* note 20, p. 110. 邦訳、120頁。なお、ハートは『法の概念』の第2版以降の「補遺」では、承認のルールを「司法上の慣習的なルール（judicial customary rule）」として説明している。H. L. A. Hart, 'Postscript', *supra* note 20, p. 256. 邦訳（上）、73頁。あるいは彼は、承認のルールを、「コンヴェンショナルな形態の司法上の合意（a conventional form of judicial consensus）」に依拠するルールとして、取り扱っている。Ibid., pp. 266-267. 邦訳（下）、九六頁。近年、ハートの以上の説明を受けて、承認のルールがコンヴェンショナルなルールであるかについての論争が生じている。法実証主義者のなかには、承認のルールは社会的なコンヴェンションであると主張する者がある。Andrei Marmor, 'Constitutive Conventions', and Andrei Marmor, 'Conventions and the Normativity of Law', in Andrei Marmor, *Positive Law and Objective Values* (Oxford: Clarendon Press, 2001); Andrei Marmor, 'How Law is Like Chess', in Andrei Marmor, *Law in the Age of Pluralism* (New York: Oxford University Press, 2007); Andrei Marmor, *Social Conventions: From Language to Law* (Princeton and Oxford: Princeton University Press, 2009); Jules Coleman, *The Practice of Principle: In Defence of a Pragmatist Approach to Legal Theory* (Oxford: Oxford University Press, 2001). （マーモーとコールマンは、承認のルールがいかなる種類のコンヴェンションであるのかについて意見を異にしている）。逆に、法実証主義者のなかには、承認のルールのコンヴェンショナルな性質はやや疑わしいと主張する者もある。Leslie Green, 'The Concept of Law Revisited', in *Michigan Law Review*, vol. 94, no. 6 (1996); Leslie Green, 'Positivism and Conventionalism', in *Canadian Journal of Law and Jurisprudence*, vol. 12, no. 1 (1999); Julie Dickson, 'Is the Rule of Recognition Really a Conventional Rule?' in *Oxford Journal of Legal Studies*, vol. 27, no. 3 (2007). この論争は本書の主題ではないため、その詳細には立ち入らない。なお、その論争における 'convention' は、「慣行」、「慣習」ないし「規約」などと訳すこともできると思われるが、ここでは「コンヴェンション」と訳した。ハートが提示した承認のルー

ルに妥当性を付与するものは何もないから、それは「究極的ルール」であるとされる[25]。一次的ルールしかなかった法以前の社会は、二次的ルールが加わることで、法的社会に移行する[26]。近代国家法の中心には、このような一次的ルールと二次的ルールの結合が存する[27]。

第 3 節　法実証主義論争——R. ドゥオーキンのハート批判

1　司法的裁量論をめぐって

ハートによると、法的ルールには意味の明確な「核」の部分と意味の不明確な「半影」の部分がある[28]。当該事件に関係する法的ルールが存在しないとか、ルールがあっても曖昧であるようなハード・ケース（難事件）では、裁判官は司法的裁量を用いて事件を処理しており、司法的立法を行うものとされる[29]。

ハートの司法的裁量論には、ロナルド・ドゥオーキン[30]からの批判がある[31]。ハード・ケースの司法的裁定では、法実証主義者のいう「ルール」と

の「内容」および「存在様態」にかんする最近の邦語文献として、近藤圭介「法体系の境界をめぐって（1）——H. L. A. ハートの法理論・再考」法学論叢172巻2号（2012年）51-57頁がある。マーモーの議論については、長谷部恭男「アンドレイ・マルモアの社会慣行論」長谷部恭男『憲法の円環』（岩波書店、2013年）を参照。

25) H. L. A. Hart, *The Concept of Law*, third edition, *supra* note 20, pp. 105-107. 邦訳、115-117頁。
26) Ibid., p. 94. 邦訳、103頁。
27) Ibid., p. 98. 邦訳、107頁。
28) Ibid., p. 123. 邦訳、133頁。
29) Ibid., pp. 124-136, 145. 邦訳、135-148、158頁。
30) ドゥオーキン（Ronald Dwrokin）はアメリカ出身の法哲学者である。オックスフォード大学、イェール大学、ハーバード大学ロースクールで学んだ後に、弁護士実務を経験した。その後、オックスフォード大学の法理学教授、ニューヨーク大学のロースクールおよび哲学科の教授、ロンドン大学の教授などを務めた。
31) ドゥオーキンの司法的裁量論批判については、田中成明「判決の正当化における裁量と法的規準——H. L. A. ハートの法理論に対する批判を手がかりに」法学論叢96巻4・5・6号（1975年）、深田三徳・前掲注（3）『法実証主義論争』第4章、深田三徳・前掲注（2）『現代法理論論争』25、98-99頁、井上達夫『法という企て』（東京大学出版会、2003年）第4章、亀本洋「司法裁量をめぐるR. ドゥオーキンとN. マコーミック

は違った性質や機能を持つ「原理（principle）」が用いられている。原理は、ルールの解釈を方向づけたり、ルールの適用を左右したり、ルールとルールの衝突を解決したりする働きをする[32]。原理は道徳的なものではあるが、裁判官たちのあいだで受容され、裁判官を拘束している。したがってハード・ケースにおいても、司法的裁量は用いられてはいない。またハートのいう承認のルールないし系譜テストによっては、このような原理は適切に捉えられない[33]。系譜テストとは、妥当な法的諸ルールとそうでないものを、その内容ではなく、その系譜（pedigree）によって判断するテストを意味する[34]。

2 厳格な法実証主義とソフトな法実証主義

ドゥオーキンの批判を受けて、法実証主義者たちは二つのグループに分かれた。法実証主義者たちをそれらのグループに分けたのは、系譜テストないし源泉テーゼに対する対応の仕方の違いであった。

ここで、ジョセフ・ラズ[35]の源泉テーゼ（sources thesis）の概要について確認しておこう。ある法の存在と内容が、いかなる評価的議論にも訴えずに社会的事実（立法行為、司法的決定、慣習など）のみを参照することによって確認できるならば、その法は源泉に基づく法である。源泉テーゼは、すべての法は以上のような意味で源泉に基づくもの（source-based）である、というテーゼである[36]。

の論争について」亀本洋『法的思考』（有斐閣、2006年）182-197頁、中山竜一・前掲注（19）『二十世紀の法思想』第3章などを参照。

32) Ronald Dworkin, 'The Model of Rules I', in Ronald Dworkin, *Taking Rights Seriously*, with a new appendix, a response to critics (Cambridge, Mass: Harvard University Press, 1978), pp. 27, 28-29. 小林公訳「ルールのモデルI」、ロナルド・ドゥウォーキン著、木下毅・小林公・野坂泰司訳『権利論〔増補版〕』（木鐸社、2003年）21、23頁。

33) Ibid., pp. 35-38, 40. 邦訳、31-36、39頁。

34) Ibid., p. 17. 邦訳、7-8頁。

35) ラズ（Joseph Raz）はイスラエル出身の法哲学者である。ヘブライ大学で学んだ後に、オックスフォード大学で博士号を取得した。母校ヘブライ大学で教鞭を執った後に、オックスフォード大学のフェローを経て、同大学の法哲学（Philosophy of Law）教授を務めた。現在はコロンビア大学ロースクールの教授である。

36) Joseph Raz, 'Legal Positivism and the Sources of Law', in Joseph Raz, *The*

さて、先述のように、ドゥオーキンの批判を受けて、法実証主義者たちは二つのグループに分かれた[37]。第一のグループは、系譜テストないし源泉テーゼに固執する立場である。つまり立法行為、司法的決定、慣習などの社会的事実に照らして同定・確認されうるものしか法ではないとする立場である。これは「厳格な事実」に照らして法の同定がなされるとする意味で、「厳格な法実証主義（hard positivism; hard legal positivism）」と呼ばれる。また、そのようにして同定できない道徳的原理などを法から排除するという意味で、「排除的法実証主義（exclusive positivism; exclusive legal positivism）」とも呼ばれる。この立場を唱えるのは、ラズ、スコット・シャピロ、ジョン・ガードナー、およびアンドレイ・マーモー[38]らである。彼らによれば、立法行為、司法的決定、慣習などの社会的事実のみに照らして同定できるものしか法ではない。そのようにして同定できないもの（ドゥオーキンのいう原理も含めて）は、法ではない[39]。

Authority of Law: Essays on Law and Morality, second edition (Oxford: Oxford University Press, 2009); Joseph Raz, 'Authority, Law, and Morality', in Joseph Raz, *Ethics in the Public Domain: Essays in the Morality of Law and Politics*, revised edition (Oxford: Clarendon Press, 1995). 深田三徳訳「権威・法・道徳」、ジョセフ・ラズ著、深田三徳編訳『権威としての法——法理学論集』（頸草書房、1994年）。ラズの源泉テーゼにかんする邦語文献としては以下がある。深田三徳「法実証主義における『法と道徳分離論』と『源泉テーゼ』(3)」同志社法学40巻4号（1988年）、深田三徳「J. ラズの法理学について」ジョセフ・ラズ著、深田三徳編訳・前掲『権威としての法』所収、6-11頁、20-23頁、深田三徳・前掲注（2）『現代法理論論争』167-170頁。

37) 法実証主義者たちの二つのグループについては、深田三徳・前掲注（2）『現代法理論論争』166-192頁、井上達夫・前掲注（31）『法という企て』iv-x頁などを参照。

38) マーモー（Andrei Marmor）はイスラエル出身の法哲学者である。テルアビブ大学で学んだ後に、オックスフォード大学で博士号を取得した。母校テルアビブ大学で教鞭を執った後に、現在は南カリフォルニア大学の教授を務めている。

39) Joseph Raz, 'Legal Positivism and the Sources of Law', *supra* note 36; Joseph Raz, 'Authority, Law, and Morality', *supra* note 36; Scott Shapiro, 'The Difference that Rules Make', in Brian Bix (ed.), *Analyzing Law: New Essays in Legal Theory* (Oxford: Clarendon Press, 1998); Scott Schapiro, 'On Hart's Way Out', in Jules Coleman (ed.), *Hart's Postscript: Essays on the Postscript to the* Concept of Law (Oxford: Oxford University Press, 2001); John Gardner, 'Legal Positivism 5 1/2', in *The American Journal of Jurisprudence*, vol. 46 (2001); Andrei Marmor, 'Exclusive Legal Positivism', in Andrei Marmor, *Positive Law and Objective Values*, *supra* note 24.

法実証主義の第二のグループは、系譜テストや源泉テーゼに固執しない立場である。これは「ソフトな法実証主義（soft positivism; soft legal positivism）」ないし「包摂的法実証主義（inclusive positivism; inclusive legal positivism）」と呼ばれている。代表的な提唱者としては、ジュールス・コールマン、W. J. ワルチャウ、デイヴィッド・ライアンズ、フィリップ・ソーパー、フレデリック・シャウアー、マシュー・H. クレイマー、およびハートをあげることができる[40]。例えばコールマンによると、承認のルール次第では、ドゥオーキンのいう原理なども法でありうる。さらに、承認のルールが道徳的原理を、法のなかに組み入れることもありうる[41]。

　ハートも『法の概念』の「補遺」で、ソフトな法実証主義を擁護している。彼は、承認のルールが、道徳的諸原理や実質的な諸価値を、法的妥当性（legal validity）の基準として組み入れることがありうることを認めている[42]。なお、ドゥオーキンは、ハートの法理論は法命題の真理値について

---

[40] Jules Coleman, 'Negative and Positive Positivism', in Jules Coleman, *Markets, Morals and the Law* (Cambridge et al.: Cambridge University Press, 1988); W. J. Waluchow, *Inclusive Legal Positivism* (Oxford: Clarendon Press, 1994); David Lyons, 'Principles, Positivism, and Legal Theory', in *Yale Law Journal*, vol. 87, no. 2 (1977); Philip Soper, 'Legal Theory and the Obligation of a Judge: The Hart/Dworkin Dispute', in Marshall Cohen (ed.), *Ronald Dworkin and Contemporary Jurisprudence* (Totowa, N. J.: Rowman & Allanheld, 1984); Frederic Schauer, 'Positivism Through Thick and Thin', in Brian Bix (ed.), *Analyzing Law*, supra note 39; Matthew H. Kramer, *In Defense of Legal Positivism: Law Without Trimmings* (Oxford: Oxford University Press, 1999); Matthew H. Kramer, *When Law and Moralilty Meet* (Oxford: Oxford University Press, 2004).

[41] Jules Coleman, 'Negative and Positive Positivism', *supra* note 40, pp. 5, 13, 26-27.

[42] H. L. A. Hart, 'Postscript', *supra* note 20, p. 250. 邦訳（上）、68頁。なお、ハートの言う「法的妥当性」については注意が必要である。ラズによると、自然法論者たちが信奉してきた説は、「妥当なルール」とは正当化されたルールである、というものである。「他方、法実証主義者たちが伝統的に支持してきた説は、次のようなものである。ルールの妥当性、否、少なくともルールの法的な妥当性とは、正当化を意味するものでなく、当該ルールが実効性のある法体系——つまり。かくあるべきか否かといった判断と無関係に事実上遵守されている法体系——内部の識別基準によって、執行可能なものとして承認されているという事態を意味する」。Joseph Raz, 'Legal Validity', in Joseph Raz, *The Authority of Law*, second edition, *supra* note 36, p. 150. 中山竜一訳「法的妥当性」、ジョセフ・ラズ著、深田三徳編訳・前掲注（36）『権威としての法』70

「明瞭な事実説 (plain fact view)」を取っていると批判した。これは、「法が何かを許可している、法が何かを禁止している」といった法命題が真であるのは、主権者の命令や立法部による制定といった「明瞭な事実」がある場合のみである、という説である[43]。しかしハート自身は、ソフトな法実証主義を擁護するがゆえに、「明瞭な事実」がなくても法が道徳的諸原理を組み入れる場合があることを認めている[44]。

なお、本節で検討した内容は、法実証主義の現代的展開について考える上で、中心的な論争である。しかし、既に日本でも多くの紹介・検討がなされている[45]ことに加えて、筆者の現時点での検討が不十分なこともあり、本書では検討を控えている。

頁。あるいは亀本洋は、法的思考にかんする著書の「はしがき」で、以下のように述べている。「法哲学専攻者以外の読者のために、一言だけ付言すれば、この論文その他において、『妥当な』ルールとか法規範と言われる際の『妥当』とは、『法的に有効』、『法的な効力をもっている』、あるいは『それは現行法である』といった意味であり、内容が正しい、ふさわしい、適切であるといった含意はない、ということに注意されたい。わが国の実定法学者や普通の人びとは、一般に後者の意味で『妥当』という語を使用するが、法実証主義の洗礼を受けた現代の法哲学では、前者の意味で『妥当』概念を用いるのが普通である」。亀本洋・前掲注 (31)『法的思考』v-vi頁。なお、マーモーによると、彼が関心を寄せる法の概念とは、「法的妥当性」の概念のことである。法的妥当性は、局面によって白黒がはっきりする概念 (phase-sortal concept) である。すなわち、規範は、法的に妥当するか、法的に妥当しないかのいずれかである。物事は、多かれ少なかれ正しかったり、多かれ少なかれ芸術的であったりすることができるけれども、規範は、多かれ少なかれ法的に妥当することはできないのである。Andrei Marmor, 'Legal Positivism: Still Descriptive and Morally Neutral', in Andrei Marmor, *Law in the Age of Pluralism*, *supra* note 24, p. 150.

43) Ronald Dworkin, *Law's Empire* (Cambridge, Mass.: Harvard University Press, 1986), pp. 6-11, 33-35. 小林公訳『法の帝国』(未來社、1995年) 23-30、59-62頁。なお、ドゥオーキンのいう法命題については、ibid., p. 4. 邦訳、19頁を参照。
44) H. L. A. Hart, 'Postscript', *supra* note 20, p. 250. 邦訳 (上)、68-69頁。
45) 例えば以下の文献がある。深田三徳・前掲注 (2)『現代法理論論争』166-192頁、井上達夫・前掲注 (31)『法という企て』iv-x頁。

第4節　司法と立法の関係をどう捉えるか

1　ドゥオーキンの裁判所（司法）を中心に据えた法理論

さて、先に確認したように、ドゥオーキンはハートの司法的裁量論を批判し、ハード・ケースにおいても、裁判官は原理を用いることによって、司法的裁量を行使することなしに、単一の正しい答え（a single right answer）を提示できるとする[46]。なお、ドゥオーキンはその後、彼独自の解釈理論に基づいて、裁判官ないし司法を中心とした、「統合性としての法（law as integrity）」という法理論を提示している[47]。

ドゥオーキンによると、われわれは法のなかで生き、法によって生活して

---

46) Ronald Dwrokin, 'Can Rights be Controversial?' in Ronald Dworkin, *Taking Rights Seriously*, with a new appendix, a response to critics, supra note 32, p. 279. 小林公訳「権利には異論の余地がありうるか」、ロナルド・ドゥウォーキン著、小林公訳『権利論II』（木鐸社、2001年）75頁。ドゥオーキンはさらに、以下の論文で、ハード・ケースには正解がないというテーゼ――正解なしテーゼ（the no-right-answer thesis）――を支える複数の議論に、批判を加えている。Ronald Dworkin, 'Is There Really No Right Answer in Hard Cases?' in Ronald Dworkin, *A Matter of Principle* (Cambridge, Mass.: Harvard University Press, 1986). 森村進・鳥澤円訳「ハード・ケースには本当に正しい答えがないのか？」、ロナルド・ドゥオーキン著、森村進・鳥澤円訳『原理の問題』（岩波書店、2012年）。

47) Ronald Dworkin, *Law's Empire*, supra note 43. 小林公訳・前掲注（43）『法の帝国』。ドゥオーキンの「統合性としての法」については、深田三徳・前掲注（2）『現代法理論論争』116-123頁、中山竜一・前掲注（19）『二十世紀の法思想』第3章、植木一幹「R. ドゥオーキンの『インテグリティとしての法』の理論に関する一考察――J. ハーバマスによる批判を手がかりに（1）（2）」法学論叢135巻4号（1994年）、136巻3号（1994年）、宇佐美誠「ドゥオーキンの法哲学と政治哲学」宇佐美誠・濱真一郎編著『ドゥオーキン――法哲学と政治哲学』（勁草書房、2011年）8-13頁などを参照。ドゥオーキンの解釈理論については、例えば Arthur Ripstein, 'Introduction: Anti-Archimedeanism', in Arthur Ripstein (ed.), *Roland Dworkin* (New York: Cambridge University Press, 2007), pp. 10-17 がある。邦語文献として、長谷川晃『解釈と法思考――リーガル・マインドの哲学のために』（日本評論社、1996年）第4章、平野仁彦「法の解釈と整合性――R. ドゥオーキンの法解釈理論に即して」山下正男編『法的思考の研究』（京都大学人文科学研究所、1933年）、大屋雄裕『法解釈の言語哲学――クリプキから根元的規約主義へ』（勁草書房、2006年）44頁以降などを参照。

いる。われわれは法の帝国の臣民である[48]。裁判所は法の帝国の首都であり、裁判官はその王侯である[49]。弁護士や裁判官や普通の人々は、法命題（propositions of law）が真ないし偽でありうることを想定している[50]。ドゥオーキンによると、「法令集が沈黙している場合でも、我々は法の規定が何であるかについて議論する。こうして我々は、はっきりとは聴きとれないほど低い声ではあるが、法が特定の規定を小声でささやいているかのように行動するのである[51]」（強調は原文）。

ドゥオーキンは、連鎖小説の比喩を用いて、裁判官の役割について説明している。連鎖小説の企てにおいては、「小説家のグループが一つの小説を順次に書いていく。つまり、連鎖を構成する各々の小説家は、新たな一章を書き加えるために、彼に既に与えられているそれ以前の諸章を解釈するのであり、彼が新たに書き上げた章は、その後次の小説家が受け取るものに付け加えられることになる、等々。各々の小説家は、創作中の小説を可能なかぎり最善のものにするために、自分の章を書く任務を課されている[52]」。

ドゥオーキンが論じるには、「統合性としての法」は、コモン・ロー[53]上の事案について判決を下す裁判官に対して、自分をコモン・ローの連鎖に加わる作者として考えるように要求する。裁判官は「他の裁判官たちが、自分

---

48) Ronald Dworkin, *Law's Empire, supra* note 43, p. vii. 邦訳、1頁。
49) Ibid., p. 407. 邦訳、621頁。
50) Ibid., p. 4. 邦訳、19頁。法命題は非常に一般的なものでありうる——例えば「法は第十四修正の意味の中に含まれる平等保護を、州がどのような人間に対してであれ否定することを禁止している」といった法命題。あるいは、これほどには一般的ではないものもある——例えば「同僚の従業員による損害に対しては法は損害賠償を認めていない」といった法命題。さらに、きわめて具体的なものもある——例えば、「法はアクメ社に対して、先の二月にジョン・スミスが就業中に被った損害を賠償するよう要求する」といった法命題。Ibid.
51) Ibid., p. vii. 邦訳、1頁。
52) Ibid., p. 229. 邦訳、358頁。
53) 田中英夫によると、「Common law という言葉には、3つの用法がある。①Equityと対比される、中世に起源をもつ法体系を指す場合；②statute（制定法）と対比される、判例法を指す場合；③大陸法（civil law）と対比される、英米法を指す場合」。田中英夫『英米法総論 上』（東京大学出版会、1980年）6頁。ドゥオーキンは「コモン・ロー」を②の意味で用いている。

の事案と正確には同じでないがこれと関連する諸問題が扱われた他の事案を既に判決した事実を知っている。それゆえ、彼は他の裁判官が既に下した判決を自分が解釈すべき長大な最大の物語の一部と考えねばなら[54]」ないのである。

2 立法と司法の関係を把握するための視座

以上の考察から理解できるように、ドゥオーキンの「統合性としての法」理論は、裁判所（司法）を中心に据えた法理論である。それに対して、ラズおよびマーモーは、立法と司法の関係を把握するための視座を提供する法理論を提示している。

ラズは、法解釈の独自の機能について説明するために、法が権威的な構造をもっていることに注目する。すなわち、法は権威的な構造（a structure of authority）をもっており、法が機能する（functioning）ための中核をなすのは、一方の、立法者およびその他の（立法的）権威と、もう一方の、法規範について権威的解釈をなすことを委ねられている裁判所のあいだの、相互作用である。司法的解釈は、それが正しいもの（correct）であろうとなかろうと、訴訟当事者を拘束する点において、権威的である[55]。

マーモーは、ジョン・ロールズの「穏当な多元性の事実」という認識を援用しながら、立法には整合性（coherence）はないと主張する[56]。マーモーはさらに、以上の認識を踏まえた上で、多元的な諸価値のあいだの妥協を目指す議会と、制定法を解釈する裁判所のあいだには、「戦略的コミュニケーション（a strategic form of communication）」が存すると説明している[57]。彼

---

54) Ronald Dworkin, *Law's Empire*, supra note 43, pp. 238-239. 邦訳、372頁。

55) Joseph Raz, 'Interpretation: Pluralism and Innovation', in Joseph Raz, *Between Authority and Interpretation: On the Theory of Law and Practical Reason* (Oxford: Oxford University Press, 2009), p. 320.

56) Andrei Marmor, 'Should We Value Legislative Integrity?' in Andrei Marmor, *Law in the Age of Pluralism*, supra note 24. ロールズの「穏当な多元性の事実」については、John Rawls, *Political Liberalism*, paperback edition (New York: Columbia University Press, 1996), Lecture IV を参照。

57) Andrei Marmor, *Philosophy of Law* (Princeton, NJ and Oxford: Princeton University Press, 2011), p. 154. マーモーはさらに、以下の論文で、法における戦略的

14 序章　法実証主義の現代的展開

はさらに、民主的立法を制約する「頑強な憲法」の正統性について論じる際にも、立法府と司法府が相互調整するような憲法改革案を提示している[58]。

なお、ジェレミー・ウォルドロンは、法哲学者たちの多くが司法的裁定に主たる関心を向けてきたと指摘した上で、立法の尊厳を回復するための議論を行っている[59]。あるいは、既存の「法理学」の方法を踏まえて、「立法の法理学（legisprudence）」の確立が目指されている[60]ことも、ここで確認しておこう。

第5節　記述的法理論の擁護可能性

1　記述的法理論の擁護可能性

さて、ハートによると、法の性質についての彼の説明は、以下の意味で記述的（descriptive）である。すなわち、道徳的に中立的で、いかなる正当化の目的も有さず、法の性質に現れる形式や構造を、道徳などの根拠に基づいて正当化したり称賛したりすることを目指していない、という意味で記述的である[61]。ドゥオーキンは、法の性質についてのハートの以上の説明を踏ま

発話（strategic speech in the law）について論じている。Andrei Marmor, 'Can the Law Imply More Than It Says?: On Some Pragmatic Aspects of Strategic Speech', in Andrei Marmor and Scott Soames (eds.), *Philosophical Foundations of Language in the Law* (Oxford and New York: Oxford University Press, 2011).

58) Andrei Marmor, 'Are Constitutions Legitimate?' in Andrei Marmor, *Law in the Age of Pluralism*, *supra* note 24. この論文の概要については、本書の第4章を参照。

59) Jeremy Waldron, *The Dignity of Legislation* (Cambridge: Cambridge University Press, 1999). 長谷部恭男・愛敬浩二・谷口功一訳『立法の復権──議会主義の政治哲学』（岩波書店、2003年）。

60) Luc J. Wintgens, 'Legisprudence as a New Theory of Legislation', in *Ratio Juris*, vol. 19, no. 1 (2006). 邦語文献として、井上達夫「特集にあたって」ジュリスト1369号（2008年）9-10頁を参照。なお、*Legisprudence: A New Theoretical Approach to Legislation* という国際学術誌が、Hart Publishing から刊行されている。

61) H. L. A. Hart, 'Postscript', *supra* note 20, p. 240. 邦訳（上）、60-61頁。なお、法実証主義をめぐる最近の論争においては、法実証主義の「法と道徳分離論」を記述的テーゼとして捉えるべきか、それとも規範的テーゼとして捉えるべきか、という論争が盛んになってきている。「法と道徳分離論」を記述的テーゼとして捉える立場は、記述的法実証主義（descriptive legal positivism）と呼ばれる。「法と道徳分離論」を規範的

えて、ハートは「記述的理論（descriptive theory）」を擁護していると述べている[62]——本書では「記述的法理論（descriptive legal theory）」という用語を用いる。

　ドゥオーキンは、ハートの記述的法理論に批判的である。ドゥオーキンがハートの記述的法理論に批判的なのはなぜか。その理由を理解するために、ここで、ハートによる内的視点（internal point of view）と外的視点（external point of view）の区別について確認しておきたい。ハートによると、内的視点とは、行為の指針としてルールを受容（accept）して用いる集団——公務員や法律家や私人——の視点であり、外的視点とは、法を自らは受容しない観察者の視点である[63]。ハート自身は、内的視点に外側から言及する観察者の外的視点から、自らはルールを受容することなく、ある集団がそのルールを内的視点から受容する仕方を、記述している[64]。

　対するドゥオーキンは、実践（practice）に参加する裁判官の内的視点を採用し、当の実践に加わりつつ、法実践の論証的（argumentative）な性格を把握しようと試みる。法実践が論証的であることは、実践の内部に身を置くことによってはじめて、理解することができるのである[65]。

　さて、ドゥオーキンは、ハートの記述的法理論を論駁するために、法哲学および政治哲学の方法にかんして以下の問いを提起している。すなわち、法哲学および政治哲学は、実践をその外側から道徳的に中立的な用語で記述す

テーゼとして捉える立場は、規範的法実証主義（normative legal positivism）と呼ばれる。ハートが擁護するのは、前者の記述的法実証主義である。Ibid., pp. 239-244. 邦訳（上）、60-64頁。これらの二つのタイプの法実証主義については、深田三徳・前掲注（2）『現代法理論論争』225頁以下、井上達夫・前掲注（31）『法という企て』ix-x頁、および本書の第7章を参照。さらに、ハートが提示した法の記述的・一般的理論については、森村進「法は解釈的実践とは限らない」宇佐美誠・濱真一郎編著・前掲注（47）『ドゥオーキン』91-92頁も参照。

62) Ronald Dworkin, *Justice in Robes* (Cambridge, Mass.: Harvard University Press, 2006), p. 164. 宇佐美誠訳『裁判の正義』（木鐸社、2009年）207-208頁。
63) H. L. A. Hart, *The Concept of Law*, third edition, *supra* note 20, pp. 88-91. 邦訳、98-100頁。
64) Ibid., pp. 88-91. 邦訳、98-100頁；H. L. A. Hart, 'Postscript', *supra* note 20, p. 242. 邦訳（上）、62頁。
65) Ronald Dworkin, *Law's Empire*, *supra* note 43, pp. 13-14. 邦訳、32-35頁。

るものなのか、あるいは、実践をその内側で実質的・評価的・規範的・関与的に把握していくものなのか、という問いである[66]。ドゥオーキンによると、今日の多くの哲学者たちは、実践をその外側や上方から見下ろし、実践を道徳的に中立的な用語で記述する。ドゥオーキンはこうした見解をアルキメデス主義と呼ぶ[67]。倫理学の領域では、メタ倫理学が、アルキメデス主義として批判される[68]。法哲学の領域ではハートの見解が、政治哲学の領域ではバーリンの見解が、それぞれアルキメデス主義として批判される[69]。

なお、「アルキメデス主義」という表現は、ドゥオーキンが、ハートやバーリンを批判するために用いるものである。ハートやバーリン自身が、その表現を用いているわけではないし、それを自分たちの立場だと考えているわけでもない。念のため、このことを確認しておく。

ともあれ、ドゥオーキンが提起した、「法哲学は、実践をその外側から道徳的に中立的な用語で記述するものなのか、あるいは、実践をその内側で実質的・評価的・規範的・関与的に把握していくものなのか」という問いは、法実証主義の現代的展開について考える上で、避けて通ることのできないものである。

---

66) Ronald Dworkin, *Justice in Robes*, *supra* note 62, ch. 6. 邦訳、第6章。
67) Ibid., pp. 141-142. 邦訳、180-181頁。「アルキメデス主義」の原語は 'Archimedeanism' である。ドゥオーキンの言うアルキメデス主義については以下も参照。Arthur Ripstein, 'Introduction', *supra* note 47, pp. 5-7.
68) Ronald Dworkin, 'Objectivity and Truth: You'd Better Believe It', in *Philosophy and Public Affairs*, vol. 25, no. 2 (1996). ドゥオーキンのメタ倫理学批判については、髙橋秀治「メタ倫理学はどのように規範倫理学なのか？──ドゥオーキンによるアルキメデス主義批判とその射程」宇佐美誠・濱真一郎編著・前掲注 (47)『ドゥオーキン』を参照。なお、法の性質を分析する際に、メタ倫理学の手法を用いている論者もいる。Kevin Toh, 'Hart's Expressivism and His Benthamite Project', in *Legal Theory*, vol. 11, no. 2 (2005). 邦語文献としては、例えば以下がある。井上達夫「規範と法命題 (1) − (4・完) ──現代法哲学の基本問題への規範理論的接近」国家学会雑誌98巻11・12号 (1985年)、99巻5・6号 (1986年)、99巻11・12号 (1986年)、100巻3・4号 (1987年)、安藤馨「メタ倫理学と法概念論」論究ジュリスト6号 (2013年夏号)。
69) Ronald Dworkin, *Justice in Robes*, *supra* note 62, ch. 6. 邦訳、第6章。

2 規範的法実証主義と記述的法実証主義

さて、法実証主義をめぐる最近の論争においては、「法と道徳分離論」を記述的テーゼとして捉えるべきか、それとも規範的テーゼとして捉えるべきか、という論争[70]が盛んになってきている。

ハートは、法についての一般的な記述的理論を展開し、「法と道徳分離論」を唱えた。しかし近年、法実証主義の「法と道徳分離論」を、法についての記述的テーゼではなく、規範的テーゼとして捉えようとする動きが現れている。ウォルドロンによると[71]、法実証主義は、規範的テーゼとして提示されるべきである。すなわち、法と道徳の分離は、道徳的・社会的・政治的観点から望ましいことであり、是非とも必要なことである。法実証主義を規範的

---

70) この論争については、深田三徳・前掲注（2）『現代法理論論争』225-228頁、井上達夫・前掲注（31）『法という企て』ix-x頁、および本書の第7章を参照。井上達夫によると、「規範的法実証主義は法実証主義と反実証主義との論争を『すれ違い』に終わらせず、同じ問題関心に立脚し係争点の理解を共有する生産的論争に転換させるために望ましい理論動向であり、今後の発展が期待される」。井上達夫『法という企て』ix-x頁。規範的法実証主義に好意的な井上に対して、深田三徳は以下のように述べている。すなわち、「筆者も、法実証主義の『法と道徳分離論』は、記述的テーゼとして理解すべきだと考えている。それが、19世紀のオースティン以降の古典的分析法理学ないし分析的法実証主義における伝統的考え方であったからである。『法と道徳分離論』をもっぱら規範的テーゼとして扱うことは、法実証主義の法理論についての従来の理解のしかた（つまり法を経験的に在るものとして捉え分析すること）を変えてしまうことになるだろう。『法と道徳分離論』に規範的部分が含まれているとしても、それは付随的ないし二次的なものであるにすぎない」。深田三徳・前掲注（2）『現代法理論論争』226頁。なお、憲法学者の愛敬浩二によると、「『『実践哲学の復権』に『便乗』するかたちで、ロナルド・ドゥオーキンは法実証主義を辛辣に批判している。ドゥオーキンによれば、記述的法実証主義の議論は政治哲学者や実務法曹にとって興味深い問題を提示できないため、アカデミー内部における法理学の権威は失墜した。そして、若い法学者の間で記述的法実証主義への関心が低下していることは『雲の切れ間の一筋の光』であるとさえ彼は述べる。しかし、私はドゥオーキンの論法に賛成しない。リーアム・マーフィーもいうとおり、『懐疑的態度は法を最善の光の下にみることの拒否であって、確信的批判の態度でも、法を最悪の光の下でみることでもない』し、『現状への懐疑的態度によって健康な法文化は最もよく促進されると信じる上で、ベンサムの功利主義を共有する必要もない』と考えるからである」。愛敬浩二「科学より哲学へ――憲法学の発展？」憲法理論研究会編『憲法学の未来』（敬文堂、2010年）。

71) Jeremy Waldron, 'Normative (or Ethical) Positivism', in Jules Coleman (ed.), *Hart's Postscript, supra* note 39, p. 411.

な立場として理解すべきだとする論者としては、トム・キャンベル、ニール・マコーミック、ジェラルド・ポステマ、スティーヴン・ペリー(そして、おそらくラズ)らがあげられる[72]。以上の「規範的実証主義(normative positivism)」の伝統は、ホッブズやベンサムにまで遡ることができる[73]——「規範的実証主義」に加えて、「規範的法実証主義(normative legal positivism)」ないし「倫理的実証主義(ethical positivism)」という呼称が用いられる場合もある[74]。

規範的法実証主義に対しては、否定的な見解もある。すなわち、法実証主義は、法についての概念的・分析的な主張をしており、その主張は、ベンサムのような一定の法実証主義がもっていたであろう綱領的ないし規範的な関心と混同されるべきではない[75]。こうした主張をなす論者としては、ハート、コールマン、クレイマー、マーモー、ジュリー・ディクソン[76]らをあ

---

72) これらの論者の文献としては以下があげられる。Gerald Postema, *Bentham and the Common Law Tradition* (Oxford: Clarendon Press, 1986), pp. 328ff; Tom Campbell, *The Legal Theory of Ethical Positivism* (Aldershot, Brookfield USA, Singapore, and Sydney: Dartmouth, 1996); Neil MacCormick, 'A Moralistic Case for A-moralistic Law?' in *Valparaiso Law Review*, vol. 20, no. 1 (1986); Stephen Perry, 'Interpretation and Methodology in Legal Theory', in Andrei Marmor (ed.), *Law and Interpretation: Essays in Legal Philosophy* (Oxford: Clarendon Press, 1995); Stephen Perry, 'Hart's Methodological Positivism', in Jules Coleman (ed.), *Hart's Postscript, supra* note 39. なお、ウォルドロンは、これらの論者にラズの名を付け加えている。しかし、その際ウォルドロンは慎重にも、「おそらくジョセフ・ラズ (*perhaps* Joseph Raz)」(強調は筆者)という表現を用いることによって、ラズが規範的法実証主義の擁護者であると断定することを避けている。Jeremy Waldron, 'Normative (or Ethical) Positivism', *supra* note 71, p. 411. ウォルドロンがそうした断定を躊躇することの理由については、本書第7章の第4節で検討を行う。

73) Ibid., pp. 412-413.

74) 「規範的法実証主義」という呼称は、マーモーによって用いられている。Andrei Marmor, 'Legal Positivism', *supra* note 42, p. 126.「倫理的実証主義」という呼称は、キャンベルやウォルドロンによって用いられている。Tom Campbell, *The Legal Theory of Ethical Positivism, supra* note 72; Jeremy Waldron, 'Normative (or Ethical) Positivism', *supra* note 71. なお、キャンベルは「規範的法実証主義 (prescriptive legal positivism)」という呼称も用いている。Tom Campbell, *Prescriptive Legal Positivism: Law, Rights and Democracy* (London: UCL Press, 2004).

75) Jules Coleman, 'Negative and Positive Positivism', *supra* note 40, p. 11.

76) ディクソン (Julie Dickson) は英国の法哲学者である。グラスゴー大学を卒業後、オックスフォード大学でラズの指導を受けて博士号を取得した。現在は、オックス

げることができる。以上の論者の見解は、「記述的実証主義（descriptive positivism）」と呼ばれている[77]——本書では、先述の「規範的法実証主義」と対比するために、「記述的法実証主義（descriptive legal positivism）」という呼称を用いる[78]。

お わ り に

　以上で、「法実証主義の現代的展開」について検討する準備作業として、自然法論と法実証主義の伝統的対立、ハートの法実証主義の基本的特徴、およびハートの法実証主義に対するドゥオーキンの批判について触れた上で、法実証主義をめぐる現代の主要な論争について整理した。

　次章以降では、本章で確認した内容を踏まえて、「法実証主義の現代的展開」にかんする三つの論題について、詳しく論じていくことにしたい。すなわち、第Ⅰ部では「司法的裁量論と解釈多元論」について、第Ⅱ部では「立法と司法の関係をどう捉えるか」という問題について、第Ⅲ部では「記述的法実証主義の擁護可能性」について、検討を行うことにしたい。

　　フォード大学のサマーヴィル・カレッジのフェローおよび法学部の准教授を務めている。
77)　Jeremy Waldron, *Law and Disagreement* (Oxford: Clarendon Press, 1999), p. 166.
78)　記述的法実証主義の擁護者たちの主張については、以下の文献を参照されたい。H. L. A. Hart, 'Postscript', *supra* note 20, pp. 239-240. 邦訳（上）、60-61頁; Jules Coleman, 'Negative and Positive Positivism', *supra* note 40, p. 11; Jules Coleman, *The Practice of Principle*, *supra* note 24, pp. 207-210; Matthew H. Kramer, *Where Law and Morality Meet*, *supra* note 40, pp. 158, 236; Andrei Marmor, 'Legal Positivism', *supra* note 42; Julie Dickson, *Evaluation and Legal Theory* (Oxford and Portland, Oregon: Hart Publishing, 2001); Julie Dickson, 'Descriptive Legal Theory', in *IVR Encyclopaedia of Jurisprudence, Legal Theory and Philosophy of Law* <http://ivr-enc.info/index.php?title=Descriptive_Legal_Theory> （2014年2月2日最終検索）。

第Ⅰ部
司法的裁量論と解釈多元論

第1章　J. ラズによる司法的裁量論の擁護
―― 解釈多元論と革新的解釈 ――

は じ め に

　本章は、法実証主義の法理論を擁護するジョセフ・ラズの解釈多元論（interpretive pluralism）を、司法的裁量をめぐる論争を踏まえて、検討することを目的としている。司法的裁量をめぐる論争として、本章がとくに念頭に置いているのは、法実証主義の擁護者の一人であるH. L. A. ハートと、反法実証主義的な法理論を提唱するロナルド・ドゥオーキンのあいだの論争のことである。

　ハートの「司法的裁量（judicial discretion）」論によると、法的ルールには、意味の明確な「確実な核心」の部分と、そうではない「疑わしい反影」の部分がある。当該事件に関係するルールが不明確な事件においては、裁判官は裁量を用いて事件を処理しており、創造的な立法活動を行うものとされる[1]。ドゥオーキンはこの理解を批判し、そうしたハード・ケースにおいて

1）　H. L. A. Hart, *The Concept of Law*, third edition (Oxford: Oxford University Press, 2012), pp. 123-136. 矢崎光圀監訳『法の概念』（みすず書房、1976年）133-148頁。なお、この邦訳は、原書初版を底本としているため、原書第2版および第3版に所収された「補遺（Postscript）」の訳文を含んでいない。「補遺」の原文および邦訳については、H. L. A. Hart, 'Postscript', edited by Penelope A. Bulloch and Joseph Raz, in H. L. A. Hart, *The Concept of Law*, third edition, *supra*. 布川玲子・高橋秀治訳「『法の概念』第二版追記　上」みすず438号（1997年）、高橋秀治訳「『法の概念』第二版追記　下」みすず439号（1997年）。以下で「補遺」の邦訳を参照する際には、「邦訳（上）」ないし「邦訳（下）」という表記を用いる。ハートの司法的裁量論については、深田三徳『現代法理論論争―― R. ドゥオーキン対法実証主義』（ミネルヴァ書房、2004年）22、200頁、深田三徳「H. L. A. ハートの司法的裁量論」深田三徳・濱真一郎編著『よくわかる法哲学・法思想』（ミネルヴァ書房、2007年）140-141頁、中山竜一『二十世紀の法思想』（岩波書店、2000年）48-52頁などを参照。

も、裁判官は原理を用いることによって、司法的裁量を行使することなしに、単一の正しい答え（a single right answer）を提示できるとする[2]。なお、ドゥオーキンはその後、彼独自の解釈理論に基づいて、裁判官ないし司法を中心とした、「統合性としての法（law as integrity）」という法理論を提示している[3]。

---

2) Ronald Dwrokin, 'Can Rights be Controversial?' in Ronald Dworkin, *Taking Rights Seriously*, with a new appendix, a response to critics (Cambridge, Mass.: Harvard University Press, 1978), p. 279. 小林公訳「権利には異論の余地がありうるか」、ロナルド・ドゥウォーキン著、小林公訳『権利論II』（木鐸社、2001年）75頁。ドゥオーキンはさらに、以下の論文で、ハード・ケースには正解がないというテーゼ——正解なしテーゼ（the no-right-answer thesis）——を支える複数の議論に、批判を加えている。Ronald Dworkin, 'Is There Really No Right Answer in Hard Cases?' in Ronald Dworkin, *A Matter of Principle* (Cambridge, Mass.: Harvard University Press, 1986). 森村進・鳥澤円訳「ハード・ケースには本当に正しい答えがないのか？」、ロナルド・ドゥオーキン著、森村進・鳥澤円訳『原理の問題』（岩波書店、2012年）。ドゥオーキンの司法的裁量論批判については、田中成明「判決の正当化における裁量と法的規準——H. L. A. ハートの法理論に対する批判を手がかりに」法学論叢96巻4・5・6号（1975年）、深田三徳『法実証主義論争——司法的裁量論批判』（法律文化社、1983年）第4章、深田三徳・前掲注（1）『現代法理論論争』25、98-99頁、井上達夫『法という企て』（東京大学出版会、2003年）第4章、亀本洋「司法裁量をめぐるR. ドゥオーキンとN. マコーミックの論争について」亀本洋『法的思考』（有斐閣、2006年）182-197頁、中山竜一・前掲注（1）『二十世紀の法思想』第3章などを参照。

3) Ronald Dworkin, *Law's Empire* (Cambridge, Mass.: Harvard University Press, 1986). 小林公訳『法の帝国』（未來社、1995年）。ドゥオーキンの「統合性としての法」については、深田三徳・前掲注（1）『現代法理論論争』116-123頁、中山竜一・前掲注（1）『二十世紀の法思想』第3章、植木一幹「R. ドゥオーキンの『インテグリティとしての法』の理論に関する一考察——J. ハーバマスによる批判を手がかりに（1）（2）」法学論叢135巻4号（1994年）、136巻3号（1994年）、宇佐美誠「ドゥオーキンの法哲学と政治哲学」宇佐美誠・濱真一郎編著『ドゥオーキン——法哲学と政治哲学』（勁草書房、2011年）8-13頁などを参照。ドゥオーキンの解釈理論については、Arthur Ripstein, 'Introduction: Anti-Archimedeanism', in Arthur Ripstein (ed.), *Roland Dworkin* (New York: Cambridge University Press, 2007), pp. 10-17. 邦語文献として、長谷川晃『解釈と法思考——リーガル・マインドの哲学のために』（日本評論社、1996年）第4章、平野仁彦「法の解釈と整合性——R. ドゥオーキンの法解釈理論に即して」山下正男編『法的思考の研究』（京都大学人文科学研究所、1933年）、大屋雄裕『法解釈の言語哲学——クリプキから根元的規約主義へ』（勁草書房、2006年）44頁以降などを参照。

以上で確認したように、ドゥオーキンはハートの司法的裁量論を批判し、ハード・ケースにおいても単一の正しい答えを提示できるとする。それとは対照的に、本章が注目するラズは、ハートから司法的裁量論を受け継ぎ、裁判所による司法的裁量の行使を認めている。ラズによると、裁判所は、法的ルールを修正（modify）する裁量や、法的ルールの適用の例外を作ったりする裁量を有している。裁判所がそのような裁量を有している場合には、裁判所は、裁量を行使すべきであるかを決定したり、裁量をどのように行使すべきかを決定したりするために、道徳的推論に訴えねばならないとされる[4]。

　ラズはさらに、近年に至り、解釈多元論を提示している。すなわち、彼によると、ある解釈対象について、その既存の意味を説明する解釈だけでなく、その新しい意味を明らかにするような革新的解釈が、しかも両立不可能（incompatible）な複数の革新的解釈（innovative interpretations）が、存在している[5]。ラズの解釈多元論は、この事実を踏まえて提示されたものである。

　ラズの解釈多元論は、ハートの司法的裁量論を補強するために提示されており、さらに、ドゥオーキンの司法的裁定論とは対照的な内容をもつ。よって、ラズの解釈多元論の詳細について検討することは、現代の英米における司法的裁定にかんする議論状況を把握する上で、少なくない意義を有すると思われる。

　ここで、本章の構成を確認しておこう。第1節では、ハートが提示した法実証主義の法理論の基本的特徴および、彼の司法的裁量論について概観す

4）　Joseph Raz, 'On the Autonomy of Legal Reasoning', in Joseph Raz, *Ethics in the Public Domain: Essays in the Morality of Law and Politics*, revised edition (Oxford: Clarendon Press, 1995), p. 335. 石井幸三訳「法的推論の自律性について」、ジョセフ・ラズ著、深田三徳編訳『権威としての法——法理学論集』（勁草書房、1994年）251頁。ラズの司法的裁量論については、深田三徳「J. ラズの法理学について」、ジョセフ・ラズ著、深田三徳編訳・前掲『権威としての法』12、20、25頁を参照。

5）　Joseph Raz, 'Interpretation: Pluralism and Innovation', in Joseph Raz, *Between Authority and Interpretation: On the Theory of Law and Practical Reason* (Oxford: Oxford University Press, 2009), pp. 301-304. ラズがこの論文で提示した解釈多元論については、本章の第3節で検討を加える。なお、この論文の概要を、名古屋大学グローバルCOEプログラム「テクスト付置の解釈学的研究と教育」第13回国際研究集会「哲学的解釈学からテクスト解釈学へ」（2011年12月11日）にて、報告する機会を得た。

る。第2節では、ドゥオーキンの司法的裁量論批判の概要を確認した上で、ドゥオーキン独自の解釈理論に基づく「統合性としての法」理論について確認する。第3節では、ラズの解釈多元論について検討する。「おわりに」では、ラズの解釈多元論は司法的裁量論を補強するために提示されている、という筆者の理解を提示する。さらに、ラズの解釈多元論が、現代日本の法状況を把握する上で有する含意についても、触れることにしたい。

第1節　H. L. A. ハートの司法的裁量論

1　ハートの法実証主義の法理論

　本節および次節では、司法的裁量をめぐる、ハートとドゥオーキンのあいだの論争について、概観する作業を行う。ハートは、主著である『法の概念』（初版は1961年）において、日常言語学派の手法などを駆使しながら、近代国家法の特徴・構造を解明しようとした。彼は、拳銃強盗が銀行員に「金を渡せ、さもなければ撃つぞ」と命令する状況の分析から出発する。この例は、法は制裁を伴った主権者の「命令（command）」であるという、ジョン・オースティン的な法-主権者命令説をモデルとしている[6]。しかしそのモデルでは、近代国家法の特徴は適切には説明できない。国家法は単なる命令ではないからである。

　そこで、「命令」に代えて「ルール（rule）」の概念が導入される。ルールは、義務賦課ルールと権能付与ルールに区別される。義務賦課ルールは、一定の行為を義務づけたり、責務を定めたりするものである。権能付与ルールは、公的権能や私的権能を付与することによって、さまざまな法的行為を可能にしたり、保護したり、促進したりするものである[7]。義務賦課ルールである第一次的ルールしかない法以前の社会では、ルールは静態的・非効率的・不明確である。そうした欠陥を是正するために、変更のルール、裁定のルール、承認のルールという三種類のルールが導入される[8]。これらの三種

6）　H. L. A. Hart, *The Concept of Law*, third edition, *supra* note 1, ch. 2. 邦訳、第2章。
7）　Ibid., p. 81. 邦訳、90頁。
8）　変更のルールは、社会的変化に応じて、従来のルールを改廃したり新しいルールを

類のルールは、法以前の社会における第一次的ルールにかんするルールであるため、第二次的ルールと呼ばれる[9]。

承認のルールは、その国において遵守されるべき妥当な法的ルールが何であるかを特定する重要なルールである。承認のルール自体は、公務員たち（裁判官など）のあいだにおける実践（practice）としてのみ存在するのであり、その実践の存在は事実の問題である[10]。承認のルールに妥当性を付与するものは何もないから、それは「究極的ルール」であるとされる[11]。第一次的ルールしかなかった法以前の社会は、第二次的ルールが加わることで、法的社会に移行する[12]。もしもわれわれが、このような第一次的ルールと第二次的ルールの結合から生じる構造について考察するならば、われわれは法体系の核心を把握できるのである[13]。

2　ハートの司法的裁量論

次に、ハートの司法的裁量論の概要を確認しよう[14]。ハートによると、法的ルールには、意味の明確な「確実な核心（core of certainty）」の部分と、そうではない「疑わしい半影（penumbra of doubt）」の部分がある[15]——ハートは後者の部分について、「不確定さの半影（penumbra of uncertainty）」という表現も用いている[16]——。当該事件に関係するルールが不明確な事件に

　　創造したりする権能を誰かに付与し、その手続を定めるルールである。裁定のルールは、ルール違反の有無やルールの解釈をめぐる争いを解決する権能を誰かに付与し、その手続を定めるルールである。承認のルールは、その国ないし社会において遵守されるべきルール、しかも妥当なルールが何であるかを定めるルールである。Ibid., pp. 91-97. 邦訳、100-107頁。

9)　Ibid., p. 94. 邦訳、103頁。
10)　Ibid., p. 110. 邦訳、120頁。
11)　Ibid., pp. 105-107. 邦訳、115-117頁。
12)　Ibid., p. 94. 邦訳、103頁。
13)　Ibid., p. 98. 邦訳、107頁。
14)　本文の以下の箇所で、ハートの司法的裁量論について執筆する際に、下記の文献を参照した。Brian Bix, *Jurisprudence: Theory and Context*, fifth edition (Durham, North Carolina: Carolina Academic Press, 2009), pp. 45-47. 邦語文献については、本章の注（1）を参照。
15)　H. L. A. Hart, *The Concept of Law*, third edition, *supra* note 1, p. 123. 邦訳、133頁。

おいては、裁判官は裁量（discretion）を用いて事件を処理しており、法創造の権能（law-creating power）を委ねられているものとされる[17]。以下、ハートの議論をみていこう。

ハートは、法的ルールに不確実さの反影の部分があることを示すために、以下の事例をあげている。すなわち、「公園内に乗り物（vehicle）を乗り入れてはいけない」という一般的ルールの場合、自動車、バス、オートバイなどは、明瞭な事例である。それに対して、自転車、飛行機、ローラー・スケーターなどのような、その一般的ルールを適用できるかが明らかでない事例も、存在している。これらの事例が示すように、ハートによれば、すべての一般的なルールには、確実な核心——ルールの適用が明瞭な部分——と、疑わしい半影——ルールの適用が明らかでない部分——が、存在しているのである[18]。

以上の事例から明らかなように、立法は、その適用が疑問となるような場合には、不確定である。というのも、人間たる立法者は、将来生じるかもしれないあらゆる可能な複合的状況を知りつくすことが、できないからである。こうした予知の不可能性から、目的についての相対的な不確定性（indeterminacy）がもたらされることになる[19]。なお、権威ある事例によって一般的ルールを伝達する場合にも、不確定性が存在する。というのも、判例（precedent）を法的妥当性の基準として認めるとしても、法体系が異なる場合や、同じ法体系でも時期が異なるときには、判例の意味するところはさまざまだからである。さらに、イングランドの判例理論で用いられている重要な用語——「判決理由（*ratio decidendi*）」「重要事実（material facts）」「解釈（interpretation）」——も、不確定さの反影をもっている[20]。

ハートは、以上を踏まえて、法には「開かれた構造（open texture）[21]」が

---

16) Ibid., p. 134. 邦訳、146頁。
17) Ibid., pp. 124-136, 145. 邦訳、135-148、158頁。
18) Ibid., pp. 126, 128-129. 邦訳、137、140頁。ここでは Brian Bix, *Jurisprudence*, *supra* note 14, p. 46 も参照している．
19) H. L. A. Hart, *The Concept of Law*, third edition, *supra* note 1, p. 128. 邦訳、139-140頁。
20) Ibid., p. 134. 邦訳、146頁。

存在すると主張する。すなわち、「行動の基準を伝達する手段として、先例または立法のいずれが選ばれるにせよ、それらは、大多数の通常の事例については円滑に作用したとしても、その適用が疑問となるような点では不確定であることがわかる[22]」。ハートによれば、先例の場合も立法（制定法）の場合も、開かれた構造の領域が存在し、その領域においては、創造的な司法活動（creative judicial activity）がなされることになる[23]。

結局、ハートによれば、法の開かれた構造は、「裁判所や公機関による展開にゆだねられざるをえないような行為の領域の多くがあることを意味して[24]」いる。すなわち、「あらゆる法体系においては、裁判所および他の公機関が裁量を用いて当初は漠然としていた基準を確定したものとしたり、制定法の不確実さを解決したり、権威ある先例がただおおまかに伝達したルールを発展させ、資格づけたりするように、広範で重要な分野が、開かれたまま残されている[25]」のである。そうした分野――すなわち、ルールの境界線上や、判例理論によって明確にされていない分野――においては、裁判所は、ルール定立機能（a rule-producing function）を果たしている[26]。以上が、ハートが提示した司法的裁量論の概要である。

---

21) ハートによると、「開かれた構造」という観念は、哲学者のフリードリッヒ・ヴァイスマンによって用いられている。Ibid., note at p. 297. 邦訳、284-285頁の注。ヴァイスマンの文献については、Friedrich Waismann, 'Verifiability', in Antony Flew (ed.), *Essays on Logic and Lanuguage*, vol. 1 (Oxford: Basil Blackwell, 1951)を参照。なお、中山竜一は「開かれた構造」にかんして、以下のように述べている。「難事案（Hard cases）は、F. ヴァイスマンの言葉によれば、概念の『多孔性 porosity』あるいは『開かれた構造』と呼ばれる、言語の『曖昧な周縁部』あるいは『疑わしい反影』に関わる問題であり、そこには一義的な意味が存在しない」のである。中山竜一「法理論における言語論的転回――『法と言語』研究序説（1）」法学論叢129巻5号（1991年）57頁。
22) H. L. A. Hart, *The Concept of Law*, third edition, *supra* note 1, pp. 127-128. 邦訳、139頁。
23) Ibid., p. 134. 邦訳、146頁。
24) Ibid., p. 135. 邦訳、147頁。
25) Ibid., p. 136. 邦訳、148頁。
26) Ibid., p. 135. 邦訳、147頁。

第2節　R.ドゥオーキンの司法的裁量論批判

1　ドゥオーキンの司法的裁量論批判

　本章の第1節では、ハートの法実証主義の法理論および、彼の司法的裁量論の概要について、確認する作業を行った。さて、ハートの司法的裁量論には、R.ドゥオーキンからの批判がある[27]。ドゥオーキンによると、ハード・ケースの司法的裁定では、法実証主義者のいう「ルール」とは違った性質や機能をもつ「原理（principle）」が用いられている。原理は、ルールとルールの衝突を解決したり、制定法の新たな解釈を正当化したり、新たなルールの採用および適用を正当化したりする働きをなす[28]。原理は、裁判官がそれを考慮に入れねばならないという意味で、裁判官を拘束している。したがってハード・ケースにおいても、司法的裁量は用いられていない[29]。またハートのいう承認のルールないし系譜テストによっては、このような原理は適切に捉えられない[30]。系譜テストとは、妥当な法的諸ルールとそうでないものを、その内容によってではなく、その系譜（pedigree）によって判断するテストを意味する[31]。

---

[27]　ドゥオーキンの司法的裁量論批判にかんする邦語文献については、本章の注（2）を参照。
[28]　Ronald Dworkin, 'The Model of Rules I', in Ronald Dworkin, *Taking Rights Seriously*, with a new appendix, a response to critics, *supra* note 2, pp. 27, 28-29. 小林公訳「ルールのモデルI」、ロナルド・ドゥウォーキン著、木下毅・小林公・野坂泰司訳『権利論〔増補版〕』（木鐸社、2003年）21、23頁。なお、ドゥオーキンは、法はルール（準則）だけでなく原理からもなると、主張しているのではない。彼は、「私の論点は『法』が固定した数の規準を含み、そのある部分が法準則で他の部分が原理である、ということではない。むしろ逆に私は『法』を固定した数からなる一定の規準群とみなす見解に反対したい」と述べている。Ronald Dworkin, 'The Model of Rules II', in Ronald Dworkin, *Taking Rights Seriously*, with a new appendix, a response to critics, *supra* note 2, p. 76. 小林公訳「ルールのモデルII」、ロナルド・ドゥウォーキン著、木下毅・小林公・野坂泰司訳・前掲『権利論〔増補版〕』90頁。ドゥオーキンのこうした主張については、井上達夫・前掲注（2）『法という企て』122-123頁、宇佐美誠「法をめぐる見解の不一致」宇佐美誠・濱真一郎編著・前掲（3）『ドゥオーキン』110頁を参照。
[29]　Ronald Dwrokin, 'The Model of Rules I', *supra* note 28, pp. 35-38. 邦訳、31-36頁。
[30]　Ibid., p. 40. 邦訳、39頁。

さて、ハートは、行為の指針としてルールを受容する社会集団の内的視点（internal point of view）と、ルールを自らは受容しない観察者の外的視点（external point of view）を区別する[32]。彼自身は、内的視点に外側から言及する観察者の外的視点から[33]、法を、法的ルールの体系として捉える[34]。承認のルールによって同定される体系が法なのであり[35]、法理論は、その構造を分析することを任務とするのである[36]。対するドゥオーキンは、超人的な裁判官であるヘラクレス[37]の内的視点を採用し、誰に権利があるかないかに関心を寄せる。ドゥオーキンによると、ハード・ケースにおいても、裁判官は原理を考慮に入れることができるのであり、単一の正しい答えが存在している[38]。彼は、法服を着ている裁判官[39]の内的視点から、どちらが勝つかという実践的関心を有しているのである。

2　解釈的アプローチと法の構成的解釈

以上で、ドゥオーキンによる、ハートの司法的裁量論に対する批判を概観した。以下では、ドゥオーキンが主著『法の帝国』（1986年）において提示する、彼自身の「統合性としての法（law as integrity）」という法理論について確認していこう[40]。

---

31)　Ibid., p. 17. 邦訳、7-8頁。
32)　H. L. A. Hart, *The Concept of Law*, third edition, *supra* note 1, pp. 88-91. 邦訳、98-100頁。
33)　Ibid; H. L. A. Hart, 'Postscript', *supra* note 1, p. 242. 邦訳（上）、62頁。
34)　H. L. A. Hart, *The Concept of Law*, third edition, *supra* note 1, pp. 94-98, 100-110. 邦訳、103-107, 109-120頁。
35)　Ibid., pp. 94-95. 邦訳、104-105頁。
36)　ハートは、自身の法理論における主要な問いの一つとして、「諸ルールが体系を形作るとはいかなることか」という問いをあげている。H. L. A. Hart, 'Postscript', *supra* note 1, p. 240. 邦訳（上）、61頁。
37)　Ronald Dworkin, *Law's Empire*, *supra* note 3, ch. 7. 邦訳、第7章。
38)　Ronald Dwrokin, 'Can Rights be Controversial?' *supra* note 2, p. 279. 邦訳、75頁。
39)　ドゥオーキンには『法服を着た正義』という著書がある。Ronald Dworkin, *Justice in Robes* (Cambridge, Mass. and London: Harvard University Press, 2006). 宇佐美誠訳『裁判の正義』（木鐸社、2009年）。
40)　ドゥオーキンの「統合性としての法」という法理論にかんする邦語文献については、

ドゥオーキンの法理論について理解するためには、彼の解釈的アプローチを参照するのが有用である。ドゥオーキンにとって、解釈は、さまざまな領域の価値についてのわれわれの判断がいかにして正しくありうるかということの説明と、関連している。芸術作品の意味を理解することは、その作品の芸術的な特徴を、その作品の価値の観点から説明しようとする、解釈的な営みである。ドゥオーキンにとって、解釈的アプローチは、われわれが法哲学や政治哲学の問題について考える方法にとって、根源的な含意を有している[41]。

ドゥオーキンは、自分自身が採用する解釈の営みを、構成的解釈(constructive interpretation)として説明している。「大雑把に言えば構成的解釈とは、ある対象や実践に目的を課し、かくして、これらが属すると想定される実践形態や芸術ジャンルの最善の一例としてこれらを提示することである[42]」。彼は、例えば法の構成的解釈について、以下のように述べている。「法の一般理論は構成的解釈をこととするものである。つまり、それは法実務の総体を最善の光のもとで示すことを試み、現実に存在する法実務と、当該実務の最善の正当化との間で均衡を達成しようと試みる[43]」。

3 「統合性としての法」と連鎖小説の比喩

以上で、ドゥオーキンの解釈アプローチについて確認した。以下では、そのアプローチを念頭に置きつつ、彼の「統合性としての法」という法理論の概要を提示しておきたい。ドゥオーキンによると、われわれは法のなかで生き、法によって生活している。われわれは法の帝国の臣民である[44]。裁判所は法の帝国の首都であり、裁判官はその王侯である[45]。弁護士や裁判官や普通の人々は、法命題(propositions of law)が真ないし偽でありうることを想

　本章の注(3)を参照。
41) Arthur Ripstein, 'Introduction', *supra* note 3, pp. 8-9.
42) Ronald Dworkin, *Law's Empire*, *supra* note 3, p. 52. 邦訳、89頁。
43) Ibid., p. 90. 邦訳、155頁。
44) Ibid., p. vii. 邦訳、1頁。
45) Ibid., p. 407. 邦訳、621頁。

定している。法命題は非常に一般的なものでありうる——例えば「法は第十四修正の意味の中に含まれる平等保護を、州がどのような人間に対してであれ否定することを禁止している」といった法命題。あるいは、これほどには一般的ではないものもある——例えば「同僚の従業員による損害に対しては法は損害賠償を認めていない」といった法命題。さらに、きわめて具体的なものもある——例えば、「法はアクメ社に対して、先の二月にジョン・スミスが就業中に被った損害を賠償するよう要求する」といった法命題[46]。ドゥオーキンによると、「法令集が沈黙している場合でも、我々は法の規定が何であるかについて議論する。こうして我々は、はっきりとは聴きとれないほど低い声ではあるが、法が特定の規定を小声でささやいているかのように行動するのである[47]」（強調は原文）。

　ドゥオーキンは、連鎖小説の比喩を用いて、裁判官の役割について説明している。連鎖小説の企てにおいては、「小説家のグループが一つの小説を順次に書いていく。つまり、連鎖を構成する各々の小説家は、新たな一章を書き加えるために、彼に既に与えられているそれ以前の諸章を解釈するのであり、彼が新たに書き上げた章は、その後次の小説家が受け取るものに付け加えられることになる、等々。各々の小説家は、創作中の小説を可能なかぎり最善のものにするために、自分の章を書く任務を課されている[48]」。

　ドゥオーキンが論じるには、統合性としての法は、コモン・ロー上の事案を判決する裁判官に対して、自分をコモン・ローの連鎖に加わる作者として考えるように要求する。裁判官は「他の裁判官たちが、自分の事案と正確には同じでないがこれと関連する諸問題が扱われた他の事案を既に判決した事実を知っている。それゆえ、彼は他の裁判官が既に下した判決を自分が解釈すべき長大な物語の一部と考えねばなら[49]」ないのである。

---

46)　Ibid., p. 4. 邦訳、19頁。
47)　Ibid., p. vii. 邦訳、1頁。
48)　Ibid., p. 229. 邦訳、358頁。
49)　Ibid., pp. 238-239. 邦訳、372頁。

第3節　ラズの解釈多元論

1　司法的裁量論をめぐる論争の再確認

本章の第1節および第2節では、司法的裁量をめぐる、ハートとドゥオーキンのあいだの論争について確認を行った。ハートの司法的裁量論によると、法的ルールには意味の明確な「確実な核心」の部分と、そうではない「疑わしい反影」の部分がある。当該事件に関係するルールの意味が不明確な事件においては、裁判官は裁量を用いて事件を処理しており、創造的な立法活動を行うものとされる[50]。ドゥオーキンはこの理解を批判し、そうしたハード・ケースにおいても、裁判官は原理を用いることによって、司法的裁量を用いることなしに、単一の正しい答えを提示できるとする[51]。

なお、ハートは「補遺[52]」において、ドゥオーキンの司法的裁量論批判に対して、反論を試みている[53]。ハートによると、ドゥオーキンは、裁判官が法創造的な裁量を行使しているという見解を、否定する。よって、ドゥオー

---

50) H. L. A. Hart, *The Concept of Law*, third edition, *supra* note 1, pp. 123-136. 邦訳、133-148頁。

51) Ronald Dwrokin, 'Can Rights be Controversial?' *supra* note 2, p. 279. 邦訳、75頁。

52) H. L. A. Hart, 'Postscript', *supra* note 1. ハートの「補遺」は、彼の未完の遺稿を、ラズおよびペネロペ・A・ブロックが編集したものである。ハートの「補遺」については、例えば以下の論文集が刊行されている。Jules Coleman (ed.), *Hart's Postscript: Essays on the Postscript to the* Concept of Law (Oxford: Oxford University Press, 2001). ハートの「補遺」にかんする邦語文献としては、深田三徳・前掲注 (1)『現代法理論論争』178-182頁などを参照。なお、ドゥオーキンも、ハートの「補遺」について論じている。彼はハートの見解を、実践をその外側や上方から見下ろし、実践を道徳的に中立的な用語で記述（describe）する「アルキメデス主義（Archimedeanism）」と呼び、批判している。Ronald Dworkin, 'Hart's Postscript and the Character of Political Philosophy', in Ronald Dworkin, *Justice in Robes, supra* note 39. 宇佐美誠訳「ハートの補遺と政治哲学の要点」、ロナルド・ドゥウォーキン著、宇佐美誠訳・前掲注 (39)『裁判の正義』。ドゥオーキンの、この論文におけるハート批判については、深田三徳・前掲注 (1)『現代法理論論争』215頁の注 (44) および、本書第5章の147-149頁を参照。

53) 本文の以下の箇所を執筆する際に、深田三徳・前掲注 (1)『現代法理論論争』181頁、深田三徳・前掲注 (1)「H. L. A. ハートの司法的裁量論」141頁を参照した。

キンと自分（ハート）のあいだには、司法的裁定の説明にかんして、大きな違いが存在していた[54]。しかしながら、ドゥオーキンは『法の帝国』において、すべての法命題は彼のいう意味で「解釈的（interpretive）」であると主張したがゆえに、裁判所が法創造的な裁量を事実上もっており、それをしばしば行使していることを承認している。ここにおいて、司法的裁定にかんするドゥオーキンの実質的な立場は、裁判官は法創造的な裁量をしばしば行使しているという自分（ハート）の立場に、近くなったのである[55]。

さて、本章では、ドゥオーキンの解釈理論と対照的な、ラズの解釈理論に注目する。ラズは、ハートの法実証主義の法理論を受け継ぐ人物である。ドゥオーキンが司法的裁量に対して批判的であるのに対して、ラズは、裁判官による司法的裁量を認めている。ラズによると、裁判所は、法的ルールを修正する裁量や、法的ルールの適用の例外を作ったりする裁量を有している。裁判所がそのような裁量を有している場合には、裁判所は、裁量を行使すべきであるかを決定したり、裁量をどのように行使すべきかを決定したりするために、道徳的推論に訴えねばならないとされる[56]。

なお、ラズは、制定法解釈においては制定者の意図を重視すべきだという、権威的意図テーゼ（authoritative intention thesis）を提示している。このテーゼは、立法者が語ったものを意味するものとして立法を理解するように求めている[57]。ただし、ある法を制定する動機となった結果がその法によって生じないような場合には、裁判所は、立法者の意図に反してその法を解釈してもよいとされる[58]。

以上で確認したように、ラズは、裁判所が法的ルールを修正する裁量を有

---

54) H. L. A. Hart, 'Postscript', *supra* note 1, pp. 306-307. 邦訳（下）、104-105頁。
55) Ibid., p. 307. 邦訳（下）、104-105頁。
56) Joseph Raz, 'On the Autonomy of Legal Reasoning', *supra* note 4, p. 335. 邦訳、251頁。
57) Joseph Raz, 'Intention in Interpretation', in Joseph Raz, *Between Authority and Interpretation*, *supra* note 5, p. 288. ラズの権威的意図テーゼについては、深田三徳・前掲注（1）『現代法理論論争』202頁を参照した。さらに、丸祐一「権威と原意——ジョゼフ・ラズの解釈論と原意主義」日本法哲学会編『宗教と法——聖と俗の比較法文化（法哲学年報2002）』（有斐閣、2003年）も参照。
58) Joseph Raz, 'Intention in Interpretation', *supra* note 57, p. 292.

している場合や、裁判所が立法者の意図に反して法を解釈する場合があると、主張している。さて、筆者の理解では、ラズは以上の司法的裁量論および解釈理論を補強するために、彼独自の解釈多元論（interpretive pluralism）を提唱しているように思われる。

ここで、ラズの解釈多元論の概要を確認しておこう。すなわち、ある解釈対象について、その既存の意味を説明する解釈だけでなく、その新しい意味を明らかにするような革新的解釈が、しかも両立不可能（incompatible）な複数の革新的解釈（innovative interpretations）が、存在するのである、と[59]。ラズは、この解釈多元論を、法解釈の領域に応用し、革新的な司法的解釈が法を変化させる場合があると、論じることになる[60]。以上を確認した上で、本章の以下の箇所では、ラズの解釈多元論について検討を行っていきたい。

2 解釈とは何か

まずは、ラズが解釈をどのように捉えているかについて、確認しておこう。ラズによると、解釈とは、解釈対象の意味を説明ないし表示する営みのことである。ラズのいう解釈対象とは、意味を有する何か（something which has meaning）のことである[61]。解釈対象の具体例としては、例えば、歴史上の出来事、芸術作品、宗教的な儀式や文書、人間関係、法などがあげられる[62]。

ラズは、解釈対象を、彼独自の文化的財（cultural goods）という概念で説明している。文化的財とは、その意味が文化的実践に依存する事物（things）のことである。文化的財の第一の特徴は、それから便益を得るためには、それについて知る必要がある、というものである。例えば、優れた演劇を評価（appreciate）したり楽しんだりするためには、演劇とは何かを理解する必要があるし、友人を得るためには、友情とは何かを理解する必要がある。結局、いかなる場合でも、当該の文化的財が何であれ、それに関与（engaging）

---

59) Joseph Raz, 'Interpretation', *supra* note 5, pp. 301-304.
60) Ibid., p. 320.
61) Ibid., p. 299.
62) Ibid., pp. 300, 315-318.

したり、それに適した態度や期待をしながら、それに適した様式で行為したりすることによって、われわれはその財から便益を得るのである[63]。

文化的財の第二の特徴は、この財が文化に依存している、というものである。ラズによると、文化的財が存在するという場合、それは実際には、文化的財を享受したりそれから便益を得たりする——文化的財にアクセスする（having access to them）——能力が存在することを、意味する。この意味での文化的財の存在は、文化的財に関与したり、それから便益を得たり、それを尊重したりするという社会的実践の存在に、依存している。例えば、理解して楽しみながら、トルストイの『戦争と平和』を読んだり、アリストパネスの『雲』という喜劇を読んだり鑑賞したりする能力は、人々が小説や戯曲を書いたり読んだり論じたりする文化が、現在ないし過去のいずれかの場所に、存在していることに依存する[64]。

3 解釈多元論と革新的解釈

以上で、ラズが念頭に置く解釈とは何かについて、さらに、彼が解釈対象を文化的財という概念で説明していることについて、確認した。以下では、ラズの解釈多元論の概要を提示したい。ラズによると、解釈多元論については、穏健（tame）な理解の仕方がある。すなわち、例えば、一つの小説にかんする複数の異なる（しかも、場合によっては多くの解釈者による）解釈を、一つの包括的な解釈の多くの部分として結びつけることが、しばしば可能である[65]。

解釈多元論は、この事実には左右されない。というのも、解釈多元論の要点は、同一の解釈対象（the same object）にかんする複数の両立不可能な解釈（several *incompatible* interpretations）がいずれもよい（good）ということが可能だ、というものだからである。ある対象が、二つ以上の意味を有するならば、その意味には二つ以上の解釈が存在するだろう。しかし、同じ言葉に二つの意味がある（例えば英語の 'bank' には「土手」と「銀行」という意味

---

[63] Ibid., p. 305.
[64] Ibid., p. 306.
[65] Ibid., p. 302.

がある）という形で、意味の多元性を指摘しても、解釈多元論の何が重要なのかを説明することはできない。ラズが問題にしているのは、一つの解釈対象について、互いに両立不可能で、互いを取り替えることができないような複数の解釈が存在するという、解釈多元論なのである[66]。

以上で確認したように、解釈多元論とは、意味を有する解釈対象についての複数のよい解釈が存在しうる、という主張である。解釈多元論の要点は、「同一の対象についての両立不可能な複数の解釈がすべてよいということが可能である」というものなのである[67]（強調は原文）。

さて、ラズによると、解釈多元論の説明は、革新（innovation）の説明と密接に結びつけられている。すなわち、解釈のなかには、解釈対象の既存の意味（the existing meaning）について説明するような解釈が存在する。それに加えて、解釈のなかには、解釈対象の新しい意味を明らかにするような、「複数の革新的解釈（innovative interpretations）」が存在する[68]（強調は筆者）。よって、解釈は多元的である。結局、解釈対象の既存の意味を説明する解釈だけでなく、解釈対象の新しい意味を明らかにする複数の革新的解釈が存在するがゆえに、解釈は多元的であるという解釈多元論が、導出されるのである。

4　革新的解釈にかんする二つの難問

以上で確認したように、解釈多元論の要点は、同一の解釈対象にかんする両立不可能な複数の解釈がいずれもよいということが可能だ、というものである。さらに、解釈多元論について理解するためには、革新的解釈について理解する必要がある。ラズによると、革新的解釈について理解するためには、革新的解釈にかんする難問に取り組む必要がある[69]。彼は、革新的解釈にかんする難問を、以下のように説明している。

先述のように、解釈とは、解釈対象が有する意味を明らかにすることに

---

66)　Ibid., pp. 302-303.
67)　Ibid., p. 302.
68)　Ibid., pp. 304, 321.
69)　Ibid., p. 303.

よって、解釈対象について説明する営みである[70]。したがって解釈は、解釈対象の既存の意味（the existing meaning）を説明することによって、よいか悪いかが判定されるのである[71]。ところが、革新的解釈は、ある解釈対象について説明するために、その解釈対象の意味——革新的解釈がなされる以前には存在していなかった意味——を、説明したり明らかに（reveal）したりする。そのようなこと（存在していなかった意味について説明すること）は果たして可能なのか[72]。ラズはこの難問を、以下の二つの難問に敷衍している[73]。

まずは、革新的解釈にかんする第一の難問について確認しておこう。私がある解釈を提示したとしよう。その解釈がよい解釈（a good one）であるとすれば、その解釈は、私がそれを提示する以前から、よい解釈であったに違いない[74]。私の解釈が、それを提示する以前からよい解釈であったとすれば、私の解釈は革新的ではありえない。よって、革新的解釈は存在しえないのである[75]。

次に、革新的解釈にかんする第二の難問について確認しよう。この難問は、「説明（explanation）」の理解の仕方とかかわっている。もしも解釈が説明であるとすれば、解釈は革新的ではありえない。というのも、説明は「不活発（inert）」だから——筆者なりに表現を補うならば、「変化をもたらす力を有さない」から——である。すなわち、説明は、自らが説明しようとしている解釈対象を、創造したり修正したりはしないからである[76]。結局、不活発な説明をなす解釈は、解釈対象を創造したり修正したりするような、革新

---

70) Ibid., p. 301.
71) Ibid., p. 321.
72) Ibid., p. 303.
73) なお、ラズは、革新的解釈の「難問」という表現に加えて、革新的解釈への「反論（objection(s)）」という表現も用いている。Ibid., p. 303. 以下では「難問」で統一する。
74) Ibid., p. 311. あるいは、ある解釈が真（true）であるとすれば、その解釈は、私がそれを提示する以前から真であった（に違いない）。Ibid., p. 303. ラズは、「よい（good）」および「真である（true）」という表現を、同じ意味で用いているように思われる。
75) Ibid., pp. 303, 311.
76) Ibid., p. 303.

的なものではありえない。よって、革新的解釈は存在しえないのである[77]。

5 革新的解釈にかんする二つの難問を解く（1）
——不可避性を通しての議論

以上で、革新的解釈にかんする二つの難問を確認した。以下では、ラズが、それらの二つの難問をいかにして解決し、革新的解釈が存在する可能性を提示しているかについて、検討することにしたい。

なお、ラズは、革新的解釈にかんする二つの難問を解決するために、二つの議論を提示している。第一は、相対的不可避性を通しての議論（the argument from relative inevitability）である——第二の議論は、次項（本章第3節の6）で検討する——。この第一の議論は、革新的解釈が避けられない事例をあげることを通じて、革新的解釈が存在する可能性を提示しようとする議論である。なお、ラズは、革新的解釈が避けられる場合もあるという意味で、相対的不可避性という表現を用いている[78]。

ラズは、革新的解釈が避けられない事例（解釈対象の意味が完全には確定されていない事例）として、演劇をあげている。すなわち、一般的にいって、役者が舞台のどこに立ったり、舞台上をどのように移動したりするかについては、さまざまな仕方がある。あるいは、台詞にはさまざまな話し方がある。これらの仕方や話し方は、演技の意味に変化をもたらしたり、劇中の登場人物の行為・動機・気持に変化をもたらしたりする。さらに、登場人物の行為・動機・気持の意味は、演劇の台本によって描写されているけれども、どの演じ方で登場人物を演じるのが正しいかは、不確定的（indeterminate）

---

77) なお、ラズは議論の混乱を防ぐために、解釈対象（the object）と、解釈対象の意味（its meaning）を、明確に区別している。解釈は、解釈対象の意味を説明することによって、その対象について説明するのであるが、説明をする際に、対象を変化させているわけではない。このことは、革新的解釈の場合も同様である。解釈が影響を与えるのは、対象の意味なのであって、対象そのものではない。ラズはここで、革新的解釈の例として、フロイトによる『ハムレット』解釈をあげている。その解釈は、『ハムレット』という演劇（対象）に新しい光を当てた（対象の意味を変化させた）が、その演劇を変化させたわけではない。結局、いかなる解釈も、それがどれほど革新的であるとしても、対象そのものを変化させるわけではないのである。Ibid., pp. 303-304.
78) Ibid., p. 306.

である。そのような場合に、演劇を上演するためには、役者は、台本が要求していない演じ方で演じるべきである。ある役者が、台本が要求していない演じ方で演じるならば、それがどのような演じ方であっても、その役者の演じ方は、演劇（ないし演劇の一部）の革新的解釈となるのである[79]。

ラズは、以上の演劇の事例をあげることによって、解釈対象が不確定的であるがゆえに革新的解釈をなすのが避けられない場合がある、ということを示している。彼は、この事例を一般化して、革新的解釈をなすのが避けられない場合があるという、相対的不可避性を通しての議論を提示するのである。

6 革新的解釈にかんする二つの難問を解く（2）
——社会依存を通しての議論

以上で、革新的解釈にかんする二つの難問を解決するための、相対的不可避性を通しての議論について検討してきた。この議論が明らかにしたのは、革新的解釈が避けられない場合がある、ということである。なお、ラズによると、この議論は、二つの難問を解決するのではなく、それらの難問を解決するための素材（material）を提供するに過ぎない。二つの難問を解決するのは、社会依存を通しての議論（the argument from social dependence）である[80]。

　(a) **第一の難問の解決**　ラズは、革新的解釈にかんする第一の難問を、発見（discoveries）と発明（inventions）を対比させながら、以下のように再定式化している。すなわち、革新的解釈は、解釈対象についての新しい理解の仕方を生み出す。とすると、われわれは革新的解釈を、解釈以前から事実であったこと（what was the case all along）を明るみに出す発見ではなく、発明に類するものとみなすべきことになる[81]。ところが、解釈とは、解釈対象の意味を説明する営みである。ある解釈は、解釈対象の既存の意味（the existing meaning）を説明することによって、よい解釈となるのである[82]。すなわち、ある解釈は、解釈以前から存在していた解釈対象の特徴（features

---

79) Ibid., p. 307.
80) Ibid., pp. 310-311.
81) Ibid., p. 311.
82) Ibid., p. 321.

of interpretive object which were there all along)を説明することによって、よい解釈となるのである。とすると、われわれは解釈を、解釈以前から事実であったことを明るみに出す発見と、みなすべきことになる。解釈が発見であるとすれば、それは革新的ではありえない。よって、革新的解釈は存在しえないことになる[83]。

以上が、ラズによる、革新的解釈をめぐる第一の難問の再定式化である。以下では、ラズがその難問を、社会依存を通しての議論を用いてどのように解決するかについて、検討していこう。

ラズは、社会依存を通しての議論を、以下のように説明している。すなわち、ある解釈がよい解釈であるということを示してくれる特徴としては、解釈以前から存在していた解釈対象の特徴だけでなく、解釈対象が存在している文脈や、解釈と関連する一般的事実（人間の心理にかんする事実など）も、存在している。さらに、解釈対象が解釈以前から有していた意味が何であり、解釈対象の新しい意味が何であるかは、意味を固定する基準（meaning-fixing norms）の偶然性や、解釈に関連するその他の事柄（人間の心理など）の偶然性に、左右（depend on）される[84]。

以上のラズの説明を、筆者なりにまとめておこう。解釈は、解釈以前から存在していた解釈対象の特徴のみによって、よい解釈となるわけではない。ある解釈がよい解釈であるかについて判定するためには、社会依存的なさまざまな事柄や偶然性についても、考慮に入れる必要がある。よって、解釈は常に例外なく、解釈以前から事実であったことを明るみに出す「発見」なのであると、考える必要はない。ここにおいて、「発明」としての革新的解釈が存在する可能性が、開かれるのである。

結局、社会依存を通しての議論によると、解釈対象の意味は、社会依存的であるがゆえに、偶然的である。この偶然性は、革新的解釈が存する余地を認めるのであり、さらに、そうした余地が認められることによって、解釈対象についての複数の新しい意味が生まれるのである[85]。

---

83) Ibid., p. 311.
84) Ibid.
85) Ibid., pp. 311-312.

なお、以上の説明に対しては、以下のような疑問が投げかけられるかもしれない。解釈の提示は、解釈対象の潜在的意味（potential meaning）の発見に過ぎない。すなわち、われわれは解釈をなすことによって、解釈以前には知られていなかった潜在的意味を発見することはできるけれども、解釈対象を革新することはできない。あるいは、解釈をなすことによって、解釈対象の意味に影響を与えることはできない。ここにおいて、革新的解釈は存在しえないという結論がもたらされることになる[86]。

　ラズは以上のような、革新的解釈の存在を否定する議論に対して、解釈の脆弱性（fragility）と可変性（changeability）に注目しつつ、反論を試みている。すなわち、ラズによると、解釈だけでなく、解釈を統制する規範や考慮（よい解釈と悪い解釈を区別する規範や考慮）も、時間とともに変化する。さらに、将来は開かれているから、確定（definite）された将来も存在しない。とすると、確定された解釈も存在しないことになる[87]。ここにおいて、革新的解釈が存在する可能性が開かれることになる。

　以上で確認したように、ラズは、社会依存を通しての議論に加えて、解釈の脆弱性と可変性にも注目することによって、革新的解釈にかんする第一の難問を解決し、革新的解釈が存在する可能性を提示しようと試みているのである。

　(b) 第二の難問の解決　　次に、革新的解釈にかんする第二の難問について、再確認しておこう。解釈とは、解釈対象の説明である。もしも解釈が説明であるとすれば、解釈は革新的ではありえない。というのも、説明は「不活発（inert）」だから——筆者なりに表現を補うならば、「変化をもたらす力を有さない」から——である。すなわち、説明は、自らが説明しようとして

---

86) Ibid., p. 312.
87) Ibid. ラズは、確定された解釈が存在しないということに関連して、以下のように述べている。法律家になじみ深い考え方として（そしておそらく、音楽や演劇などの演奏／上演（performance）において典型的にみられる考え方として）、以下のものがある。すなわち、特定の解釈対象の意味は完全には確定されていないため、こうした不確定性（indeterminacy）は革新的解釈——解釈とは独立して存在している解釈対象の意味を再現（represent）するだけではないような解釈——の採用を余儀なくさせる、という考え方である。Ibid., p. 307.

いる解釈対象を、創造したり修正したりはしないからである。とすると、不活発な説明をなす解釈は、解釈対象に影響を与えることができない。よって、解釈は、説明的であると同時に革新的でもある、ということができない。以上から、革新的解釈は存在しえないということになる[88]。

ラズは、この第二の難問を、相対的不可避性を通しての議論（革新的解釈が避けられない場合があるという議論）によって、以下のように解決しようと試みている。すなわち、革新的解釈は、解釈対象の新しい意味を提示するのであるから、純粋に説明的であるというわけではない。ただし、ラズによると、革新的解釈は説明的でもある。というのも、革新的解釈は、自らが提示する新しい意味を用いて、解釈対象について説明するからである[89]。

なお、先述のように、相対的不可避性を通しての議論だけでは、難問を解決するには不十分である。そこでラズは、社会依存を通しての議論を提唱することになる。

ラズによると、革新的解釈がなされるのは、それが避けられない場合だけであるとか、それが遺憾ながら必要とされる場合だけである、というのは誤りである。というのも、革新的解釈は、われわれが文化的財に関与するための、好ましい特徴（a welcome feature）だからである。すなわち、文化的財の独特な特徴の一つに、実践を維持するための逸脱行動（deviant behaviour）を、完全に否定的なものとしては捉えない、というものがある。先述のように、われわれは、文化的財に関与する——文化的財から便益を得たり享受したりする——ために、文化的財についてある程度の理解を得なければならない。さらに、相対的不可避性を通しての議論によれば、革新的解釈が避けられない場合が存在する。ゆえに、そうした場合における、実践を維持するための逸脱行動は、すなわち、解釈対象としての文化的財について理解するためになされる革新的解釈は、完全に消極的なものではありえないのである[90]。

もちろん、特定の社会は、その社会の規範への厳格な服従を要求し、逸脱に敵対的である。とはいえ、解釈対象としての文化的財について知るための

---

[88] Ibid., pp. 303, 313.
[89] Ibid., p. 313.
[90] Ibid.

革新的解釈をなすことが、好ましい場合もある。ラズによれば、文化的財のこうした特徴を理解するならば、以下を認識することが可能となる[91]。すなわち、解釈対象としての文化的財が、伝統や実践に依存しており、その結果として、解釈対象の規範（解釈対象の意味を確定する規範[92]）や、よい解釈と悪い解釈を区別するための規範[93]）や解釈対象の意味が偶然に左右されていることを、認識することが可能となる。あるいは、穏当な解釈多元論や、特定の状況における革新的解釈の適切さを、許容することが可能となるのである[94]。

以上で確認したように、ラズによると、革新的解釈にかんする二つの難問を解決するためには、相対的不可避性を通しての議論だけでは不十分である。そこで彼は、社会依存を通しての議論を提示し、二つの難問を解決しようと試みている。すなわち、革新的解釈がなされる理由は、それが避けられない場合があるという、消極的な理由だけに限られない。革新的解釈がなされる理由は、それが、われわれが文化的財に関与するための、好ましい特徴だからなのである[95]。社会依存を通しての議論によれば、革新的解釈は常に、解釈対象の既存の意味と関連している。すなわち、革新的解釈は、解釈対象の既存の意味を取り込んだり、それを乗り越えたりする。あるいはそれは、場合によっては、既存の意味を無視（flouting）することによって、自らの説得力（force）を獲得するのである[96]。

7　革新的な法解釈が法を変化させるのはなぜか

以上で確認したように、ラズは、革新的解釈にかんする二つの難問を解決することを通じて、革新的解釈と、それと密接に関連する解釈多元論が存在する可能性を、擁護するのである。

さて、ラズは解釈対象の具体例として、芸術作品、人間関係、法を検討し

---

91) Ibid.
92) Ibid., p. 311.
93) Ibid., p. 312.
94) Ibid., p. 313.
95) Ibid., pp. 310-313.
96) Ibid., p. 313.

ている[97]。ラズによると、法解釈（legal interpretation）——ラズは「司法的解釈（judicial interpretation）」という表現も用いる——は、芸術作品や人間関係の解釈とは異なる意味で、多元的である。すなわち、法解釈は、他の解釈対象の解釈とは異なる機能をもっているのであり、そうした機能をもつことは、法にとって欠くことのできない特徴である。ラズは、法解釈の独自の機能について説明するために、法が権威的な構造をもっていることに注目する。以下、彼の議論をみていこう。法は権威的な構造（a structure of authority）をもっており、法が機能する（functioning）ための中核をなすのは、一方の、立法者およびその他の（立法的）権威と、もう一方の、法規範について権威的解釈をなすことを委ねられている裁判所のあいだの、相互作用である。司法的解釈は、それが正しいもの（correct）であろうとなかろうと、訴訟当事者を拘束する点において、権威的である[98]。

司法的決定のこうした最終性（finality）は、法および司法過程の不可欠な特徴である。司法的決定の最終性は、既判事項[99]（*res judicata*）や二重の危険[100]（double jeopardy）の原則などによって、表明されている。司法的解釈は、権威的決定に到達することを目指す過程の一部であるから、司法的解釈の役割は、芸術作品や社会関係の解釈の役割とは異なる。その役割は、相対的に安定した枠組のなかで多様性および個別性を許容することではなく、意見の画一性とまではいかないまでも、少なくとも行動における画一性を確保することである。裁判所が自らの役割を果たすためには、裁判所の決定は、（道徳的に）正当化されている（justified）とか正しい（correct）と認められる必要はなく、拘束力がある（binding）と認められるべきなのである[101]。

なお、裁判所が拘束力ある先例を確立する権限は、裁判所が目の前の裁判

---

97) Ibid., pp. 315-318.
98) Ibid., p. 320.
99) 「判決された事項の意。管轄を有する裁判所の本案判決が、以後、同一当事者……間で、当該請求について最終的な拘束力をもつことをいう」。田中英夫編集代表『英米法辞典』（東京大学出版会、1991年）726頁。
100) 「何ぴとも同一の犯罪について重ねて刑事責任を問われないとするコモン・ロー上の原則」。田中英夫編集代表・前掲注（99）『英米法辞典』275頁。
101) Joseph Raz, 'Interpretation', *supra* note 5, p. 320.

を権威的に解決する権限を、目の前の裁判の訴訟当事者だけでなく、将来の下級審の訴訟当事者——われわれ全員——をも拘束する法を定める権限へと、拡張したものである[102]。

　結局、裁判所が、革新的な司法的解釈によって法を変化させる（立法の解釈を通じて拘束力ある先例を確立する）のはなぜか。それは、活動の画一性を確保するために、目の前の訴訟当事者だけでなく、将来の下級審の訴訟当事者——われわれ全員——を拘束する必要があるからである。なお、ラズによると、解釈そのものが法を変化させるわけではない。むしろ、以上で確認したように、裁判所が拘束力ある先例を確立する権限を有しているがゆえに、裁判所による司法的決定は、法を変化させることができる（can change）のである。司法的決定は、革新的解釈によって裏づけられている場合に、法を変化させる（do change）のである[103]。

8　立法者と裁判所のあいだの相互作用

　以上で確認したように、法解釈の特殊性について理解するためには、一方の、立法者およびその他の立法的権威と、もう一方の、法規範について権威的解釈をなすことを委ねられている裁判所のあいだの、相互作用について理解する必要がある。

　さて、ラズによると、裁判所の法創造の権限（the law-making power of courts）に注目するならば、そのような権限の行使は、立法（legislation）とはどのように違うのか、という問題が生じる。すなわち、なぜ裁判所にそのような権限を付与するのか、という問題が生じるのである。この問題は、理論家たちによって研究され、優れた成果がもたらされている[104]。

　ラズ自身は、この問題について、政府の諸機関のあいだの権力分配（the distribution of power）との関連で、以下のように論じている。すなわち、立法者が、曖昧さや不確定性を最小化するような仕方で法を起草したとしても、法の解釈方法が曖昧で不安定ならば、立法者が制定した法も曖昧で不安

---

102)　Ibid.
103)　Ibid.
104)　Ibid., p. 321.

定なものとなる。このことは、解釈方法の曖昧さと不確定性は、立法者の立法の権限（legislative power of the law-makers）を制限する、ということを意味する。それと同時に、解釈方法の曖昧さと不確定性は、裁判所の権限（the power of the courts）――ないし、法を権威的に解釈する裁判所以外の機関の権限――を、増大させる。結局、ラズによると、解釈方法の選択は、政府の諸機関のあいだでの権力分配のための重要な方法である。他の条件が同じなら、法の解釈方法が確定的で予見可能性があればあるほど、規準（the standard）を定める者の権力はより大きくなり、規準を権威的に解釈する者の権力は小さくなる。結局、政府の異なる諸機関への権力の分配は、道徳的・政治的な帰結を大きく左右する問題である。それは、当該の国家の国制（the constitution）の問題である。したがって、解釈方法の選択は、各国の国制の一部をなすのである[105]。

さて、ラズの弟子であるアンドレイ・マーモーは、アイザィア・バーリンの価値多元論やジョン・ロールズの「穏当な多元性の事実」という認識を援用しながら、立法には整合性（coherence）はないと主張する[106]。マーモーはさらに、以上の認識を踏まえた上で、多元的な諸価値のあいだの妥協を目指す議会と、制定法を解釈する裁判所のあいだには、「戦略的コミュニケーション（a strategic form of communication）」が存すると説明している[107]。彼はさらに、憲法の道徳的正統性について論じる際にも、立法府と司法府が相互調整するような立憲主義の改革案を提示している[108]。

---

[105] Joseph Raz, 'On the Nature of Law', in Joseph Raz, *Between Authority and Interpretation*, *supra* note 5, pp. 124-125.

[106] Andrei Marmor, 'Should We Value Legislative Integrity?' in Andrei Marmor, *Law in the Age of Pluralism* (New York: Oxford University Press, 2007). ロールズの「穏当な多元性の事実」については、John Rawls, *Political Liberalism*, paperback edition (New York: Columbia University Press, 1996), Lecture IV を参照。

[107] Andrei Marmor, *Philosophy of Law* (Princeton, NJ and Oxford: Princeton University Press, 2011), p. 154. マーモーはさらに、以下の論文で、法における戦略的発話（strategic speech in the law）について論じている。Andrei Marmor, 'Can the Law Imply More Than It Says?: On Some Pragmatic Aspects of Strategic Speech', in Andrei Marmor and Scott Soames (eds.), *Philosophical Foundations of Language in the Law* (Oxford and New York: Oxford University Press, 2011).

なお、ジェレミー・ウォルドロンは、法哲学者たちの多くが司法的裁定に主たる関心を向けてきたと指摘した上で、立法の尊厳を回復するための議論を行っている[109]。あるいは、既存の「法理学」——この言葉は多義的だが、本書では「法哲学」と同義で理解しておく[110]——の方法を踏まえて、「立法の法理学(legisprudence)」の確立が目指されている[111]ことも、ここで確認しておこう。

9 解釈とは何か、なぜ解釈するのか、いかにして解釈するのか

ラズは、解釈多元論について論じる際に、「解釈とは何か」、「なぜ解釈するのか」、および「いかにして解釈するのか」という問いに答えることも、目指している。これらの問いに対するラズの解答を、ここで整理しておこう。

「解釈とは何か」。ラズによると、解釈とは、解釈対象の意味を説明ないし表示する営みのことである。彼のいう解釈対象とは、意味を有する何かのことである[112]。なお、解釈対象の具体例としては、例えば、歴史上の出来事、芸術作品、宗教的な儀式や文書、人間関係、法などがあげられる[113]。ラズは、解釈対象を、彼独自の「文化的財」という概念で説明している。文化的財とは、その意味が文化的実践に依存する事物のことである。われわれは、文化的財から便益を得るためには、それについて理解する必要がある[114]。

---

108) Andrei Marmor, 'Are Constitutions Legitimate?' in Andrei Marmor, *Law in the Age of Pluralism, supra* note 106. この論文の概要については、本書の第4章を参照。
109) Jeremy Waldron, *The Dignity of Legislation* (Cambridge: Cambridge University Press, 1999). 長谷部恭男・愛敬浩二・谷口功一訳『立法の復権——議会主義の政治哲学』(岩波書店、2003年)。
110) 「法理学 (jurisprudence)」と「法哲学 (philosophy of law; legal philosophy)」を区別して捉えることも可能であるが、本書ではその両者を厳密に区別する必要はないため、それらをほぼ同じものとして捉えておく。「法理学」および「法哲学」という用語については、亀本洋『法哲学』(成文堂、2011年) 2-11頁を参照。
111) Luc J. Wintgens, 'Legisprudence as a New Theory of Legislation', in *Ratio Juris*, vol. 19, no. 1 (2006). 邦語文献として、井上達夫「特集にあたって」ジュリスト1369号 (2008年) 9-10頁を参照。なお、*Legisprudence: A New Theoretical Approach to Legislation*という国際学術誌が、Hart Publishingから刊行されている。
112) Joseph Raz, 'Interpretation', *supra* note 5, p. 299.
113) Ibid., pp. 300, 315-318.

文化的財は社会に依存しているから、変化する。そこで、われわれには、文化的財についての革新的解釈が必要となる。

「なぜ解釈するのか」[115]。この問いに対する答えは、解釈対象（芸術作品、人間関係、法など）によって異なってくる。ラズによると、法解釈——先述のように、ラズは「司法的解釈」という表現も用いている——は、権威的決定に到達することを目指す過程の一部であるから、司法的解釈の役割は、芸術作品や人間関係の解釈の役割とは異なる。その役割は、相対的に安定した枠組のなかで多様性および個別性を許容することではなく、意見の画一性とまではいかないまでも、少なくとも活動の画一性を確保することである。裁判所が自らの役割を果たすためには、裁判所の決定は、（道徳的に）正当化されている（justified）とか正しい（correct）と認められる必要はなく、拘束力がある（binding）と認められるべきである[116]。さらに、拘束力ある先例を確立する裁判所の権限が、革新的解釈によって裏づけられている場合には、司法的決定は、法をまさに変化させるのである[117]。結局、「なぜ解釈するのか」という問いに対する答えは、法解釈の場合は、意見の画一性とまではいかないまでも、少なくとも活動の画一性を確保するため、ということになると思われる。

「いかにして解釈するのか」。ラズによると、彼はこの問いには答えていないけれども、その問いにかんする最も重要なことは述べている。すなわち、われわれは、伝統に慣れ親しんだり伝統的な様式を放棄したりすること——伝統が許容する範囲で自由に革新すること——を通じて、ある領域や伝統のなかで「いかにして解釈するのか」を、学ぶのである。結局、解釈には、便利で普遍的な秘訣（recipes）は存在しない。もちろん、解釈にかんする理論的考察は、役に立つであろう（そうした考察は、解釈の性質や解釈する理由に

---

114) Ibid., p. 305.
115) この問いは、三つの解釈対象（芸術作品、人間関係、法）ごとに考察されている。Ibid., pp. 315-321. さらに、この問いは以下で詳しく論じられている。Joseph Raz, 'Why Interpret?' in Joseph Raz, *Between Authority and Interpretation, supra* note 5.
116) Joseph Raz, 'Interpretation', *supra* note 5, p. 320.
117) Ibid.

ついて、われわれが理解するのを助けてくれるだろう)。しかしながら、理論的考察は、正しい (correct) 解釈の方策は教えてくれないのである。なお、例えば法においては、特有の解釈のルール (interpretive rules) が存在する。しかしながら、そのようなルールは、網羅的な指針 (exhaustive guides) ではなく、変化しやすい局所的ルール (local rules) にすぎない。ラズによると、「いかにして解釈するのか」についての唯一の真なる一般的指針は、「なぜ解釈するのか」について理解することなのである[118]。

お わ り に

　本章の主題は、司法的裁量をめぐる論争を踏まえた上で、ラズの解釈多元論について検討を行うことであった。ここで、本章の概要を振り返っておこう。第1節では、ハートの司法的裁量論の概要を確認した。第2節では、R.ドゥオーキンによる司法的裁量論批判と、彼の解釈理論に基づく「統合性としての法」という法理論について概観した。第3節では、ドゥオーキンの解釈理論と対照的な、ラズの解釈多元論について検討を行った。

　以下では、第一に、ラズの解釈多元論が、ハートの司法的裁量論を補強するために提示されているという、筆者の理解を提示したい。第二に、ラズの解釈多元論が、現代日本の法状況を理解する上で有する意義についても、若干の検討を行っておきたい。

　ラズは、ハートの法実証主義の法理論を受け継ぐ人物である。ドゥオーキンが司法的裁量に否定的であるのに対して、ラズは、裁判所による司法的裁量の行使を認めている。すなわちラズは、裁判所が法的ルールを修正する裁量を有する場合[119]や、裁判所が立法者の意図に反して法を解釈する場合[120]があると、主張している。筆者の理解では、ラズは、以上の司法的裁量論および解釈理論を補強するために、彼独自の解釈多元論を提示しているように

---

118)　Ibid., p. 322.
119)　Joseph Raz, 'On the Autonomy of Legal Reasoning', *supra* note 4, p. 335. 邦訳、251頁。
120)　Joseph Raz, 'Intention in Interpretation', *supra* note 57, p. 292.

思われる。すなわちラズは、解釈多元論を法解釈の分野に応用し、革新的な司法的解釈が法を変化させる場合があると、論じているのである[121]。

以上を踏まえた上で、ラズの解釈多元論の概要を振り返っておこう。解釈多元論によると、ある解釈対象には、その既存の意味を説明する解釈だけでなく、その新しい意味を明らかにするような革新的解釈が——しかも、両立不可能な複数の革新的解釈が——存在する[122]。革新的解釈がなされる理由は、それが避けられない場合が存在するからであるという、消極的な理由だけに限られない。われわれが革新的解釈をなすことには、積極的な理由も存在している。この積極的理由について理解するために、ラズが解釈対象を文化的財として説明していることを、再確認しておこう。

ラズによると、文化的財とは、その意味が文化的実践に依存する事物のことである。文化的財の第一の特徴は、それから便益を得るためには、それについて知る必要がある、というものである。例えば、優れた演劇を評価したり楽しんだりするためには、演劇とは何かを理解する必要があるし、友人を得るためには、友情とは何かを理解する必要がある。すなわち、いかなる場合でも、当該の文化的財が何であれ、それに関与したり、それに適した態度や期待をしながら、それに適した様式で行為したりすることによって、われわれはその財から便益を得るのである[123]。

結局、革新的解釈がなされる理由は、それが避けられない場合があるという、消極的な理由だけに限られない。革新的解釈がなされる理由は、それが、われわれが文化的財に関与するための、好ましい特徴だからである。すなわち、文化的財の独特な特徴の一つに、実践を維持するための逸脱行動を、完全に否定的なものとしては捉えない、というものがある。われわれは、文化的財に関与する——文化的財から便益を得たり享受したりする——ために、文化的財についてある程度の理解を得なければならない[124]。しかしながら、解釈対象の意味が完全には確定されていないために、革新的解釈

---

121) Joseph Raz, 'Interpretation', *supra* note 5, p. 320.
122) Ibid., pp. 301-304.
123) Ibid., p. 305.
124) Ibid., p. 313.

が避けられない場合が存在する[125]。そうした場合における、実践を維持するための逸脱行動は、すなわち、解釈対象としての文化的財について理解するためになされる革新的解釈は、完全に消極的なものではありえないのである[126]。ラズによると、革新的解釈は常に、解釈対象の既存の意味と関連している。すなわち、革新的解釈は、解釈対象の既存の意味を取り込んだり、それを乗り越えたりする。あるいはそれは、場合によっては、既存の意味を無視することによって、自らの説得力を獲得するのである[127]。

以上で確認したように、ラズの解釈多元論によれば、革新的解釈がなされる理由は、それが避けられない場合があるという、消極的な理由だけに限られない。革新的解釈がなされる理由は、それが、われわれが文化的財に関与するための、好ましい特徴だからなのである。

筆者の理解では、ラズの解釈多元論は、法解釈の場合も同じことを主張するように思われる。すなわち、司法的裁量――ハード・ケースにおける裁判官による革新的な法解釈――がなされる理由は、それが避けられない場合があるという、消極的理由だけに限られない。司法的裁量がなされるのは、それが、われわれが法という文化的財に関与するための、好ましい特徴だからなのである、と。以下、筆者の理解を敷衍しておこう。

われわれは、法（文化的財としての法）に関与する――法から便益を得たり享受したりする――ために、法についてある程度の理解を得なければならない。しかしながら、法の意味が完全には確定されていないために、革新的な法解釈が避けられない場合が存在する。そうした場合における、法実践を維持するための逸脱行動は、すなわち、法について理解するためになされる革新的な法解釈は、完全に消極的なものではありえない。なお、革新的な法解釈は常に、法の既存の意味と関連している。すなわち、革新的な法解釈は、法の既存の意味を取り込んだり、それを乗り越えたりする。あるいは、革新的な法解釈は、場合によっては、法の既存の意味を無視することによって、自らの説得力を獲得するのである。

---

125) Ibid., pp. 307, 313.
126) Ibid., p. 313.
127) Ibid.

続いて、ラズの解釈多元論が、現代日本の法状況を理解する上で有する意義について、若干の検討を行っておきたい。なお、以下では、ラズの解釈多元論を、ドゥオーキンの「統合性としての法」理論と対比させながら、議論を進めたい。

現代の日本では、司法制度改革が行われている[128]。改革の内容としてはさまざまなものがあるが、一つには、法科大学院(ロースクール)の創設があげられるだろう。ドゥオーキンによると、われわれは法のなかで生き、法によって生活している。すなわち、われわれは法の帝国の臣民であり[129]、裁判所は法の帝国の首都であり、裁判官はその王侯なのである[130]。ドゥオーキンの、裁判官を中心に据えた「統合性としての法」という法理論は、法科大学院の学生たち、すなわち裁判官や弁護士になろうとしている人たちに向けられたものと捉えるならば、たいへん理解しやすいものである[131]。

ただし、法科大学院の「法哲学」ないし「法理学」[132]の講義においては、裁判官のコミットした内的視点からなされる法理論だけでなく、外的視点からなされる法理論についても、講義する意義があるように思われる[133]。実

---

[128] 司法制度改革の背景、展望および課題については、田中成明『転換期の日本法』(岩波書店、2000年) 第2部およびエピローグを参照。さらに、田中成明『法への視座転換をめざして』(有斐閣、2006年) III章およびVI章も参照。
[129] Ronald Dworkin, *Law's Empire*, supra note 3, p. vii. 邦訳、1頁。
[130] Ibid., p. 407. 邦訳、621頁。
[131] 参照、中山竜一「コメント 解釈主義の困難をめぐって——長谷川・森村両論文について」宇佐美誠・濱真一郎編著・前掲注 (3)『ドゥオーキン』236頁。あるいは田中成明は、ドゥオーキンの法理論について、「ハード・ケースにおける裁判官の法的判断という実践の説明と正当化に関する内的視点からの理論としては、基本的に的確なものと評価している」と述べている。ただし田中は、その直後に以下のように続けている。「ただ、法解釈理論としては、司法的決定理論から出発していることもあって、裁判官による判決の正当化という裁判過程の最終段階だけに眼を向け、しかも、裁判官のコミットした内的視点を全体化しているきらいがあ」る、と。田中成明『現代法理学』(有斐閣、2011年) 498頁。同様の指摘として、中山竜一・前掲注 (1)『二十世紀の法思想』99-100頁、森村進「法は解釈的実践とは限らない」宇佐美誠・濱真一郎編著・前掲注 (3)『ドゥオーキン』94-98頁を参照。
[132] 本章の注 (110) で確認したように、「法理学」と「法哲学」を区別して捉えることも可能であるが、本書ではその両者を厳密に区別する必要はないため、それらをほぼ同じものとして捉えている。

際、法科大学院では、ドゥオーキンの法理論だけでなく、ハートの分析的法実証主義やロールズの正義論など、多様な内容が扱われている[134]。あるいは、「法社会学」「法制史」「比較法」「外国法」などの講義も置かれている。

なお、法学部からは、法科大学院に進学する者もいるが、それ以外の道に進む者も多い。一般企業や公務員、あるいは隣接法律職（例えば司法書士）など、さまざまである。日本の多くの法学部で、法律学だけでなく、政治学も教えられていることも、念頭に置く必要があるだろう。大学院については、法科大学院の他に、法学研究科や公共政策大学院があり、そこでは裁判

---

133) 田中成明によると、「法律学は、法実務のように、必ずしもつねにコミットした内的視点をとる必要はなく、法実務への参加者のこのような内的視点を前提とし、それにいわば寄生しているけれども、法実務の意味を認知的に解明するという『距離をおいた内的視点』をとることができる」。田中成明・前掲注（131）『現代法理学』19頁。田中は、以上のように述べた上で、法理学的視点の特質を以下のように説明している。「法理学的考察の本領は、距離をおいた内的視点と多様な外的視点との境界線上でいわば複眼的視座から、内的視点・外的視点の相互移行・転換を自由に行い、それぞれの問題領域に適した視点をとることによって、異なる視点間の媒介役を果たし、法および法学全体の解明と批判を総合的に行うところにみられる」。同書、19-20頁。あるいは小林公も、以下の指摘を行っている。「法理論家は内的視点に立って自分が属する法体系の裁判官たちに、法として受け容れるべきものを教示し、法をどのように解釈し適用すべきか助言する一方で、外的視点に立って法それ自体の概念的ないし実在的本質に関する自己の理解を提示する」。小林公『法哲学』（木鐸社、2009年）410-411頁。さらに長谷部恭男も、以下の問題提起を行っている。「〔法律家〕共同体の内側からの整合性を追求するだけでなく、外部の基準に照らして内側の準則や慣行の正当化を評価することは意味をなさないのであろうか。〔原文改行〕それが意味をなさないとする立場は、法的実践を自己目的化する立場である。法学というゲームの意味を問題にすることは意味をなさない。ゲームをしてみれば、おのずと分かるというわけである。しかし、それでは、現在の法律学のあり方を外側から根底的に問い直すことも、その変革を提唱することも不可能だということになりかねない。法律家共同体内部のメンバーが、全く疑いを抱くこともなく、日々の法言語ゲームに従ってさまざまな法命題を基礎づけているとしても、それが（少なくともその一部が）社会全体の観点から見て的の外れた活動になっていることは十分ありうる」。長谷部恭男「法源・解釈・法命題——How to return from the interpretive turn」長谷部恭男『憲法の理性』（東京大学出版会、2006年）220-221頁（引用文の亀甲括弧内は筆者）。

134) 法科大学院における「法哲学」ないし「法理学」や、関連科目において、いかなるテーマが取り扱われているかについては、北村隆憲「法科大学院及び法学部における法哲学関連科目に関する実態調査の概要」日本法哲学会編『法哲学と法学教育——ロースクール時代の中で（法哲学年報2006）』（有斐閣、2007年）を参照。

制度だけでなく、立法や行政にかんする研究・教育も行われている。

　さて、ラズは解釈多元論を提示する際に、法の中心的機能は立法者と裁判所のあいだの相互作用である、という主張も行っている[135]。あるいはマーモーは、バーリンの価値多元論やロールズの「穏当な多元性の事実」という認識を踏まえつつ[136]、多元的な諸価値のあいだの妥協を目指す議会と、制定法を解釈する裁判所のあいだには、「戦略的コミュニケーション」が存すると説明している[137]。こうしたラズやマーモーの議論は、立法と司法の関係を把握する視座を提供している。結局、「立法のインフレーション」や「衆参ねじれ現象」といった問題について理解するための視座が求められる現代日本の法状況[138]からすれば、われわれは、裁判官を中心に据えるドゥオーキンの法理論と、議会と裁判所の相互作用に注目した上で提示されるラズやマーモーの解釈理論の両者から、学ぶことができるように思われる。

　本章で確認したように、ラズの解釈多元論は、ハートの司法的裁量論を補強するために提示されており、ドゥオーキンの司法的裁定論とは対照的な内容をもつ。よって、ラズの解釈多元論の詳細について検討することは、現代の英米における司法的裁定にかんする議論状況を把握する上で、少なくない意義を有する。あるいは、ラズの解釈多元論は、現代日本の法状況を理解する上でも、示唆的であると思われる。

---

[135]　Joseph Raz, 'Interpretation', *supra* note 5, p. 320.
[136]　Andrei Marmor, 'Should We Value Legislative Integrity?' *supra* note 106, pp. 44-46.
[137]　Andrei Marmor, *Philosophy of Law*, *supra* note 107, p. 154.
[138]　参照、井上達夫「立法学の現代的課題——議会民主政の再編と法理論の最定位」ジュリスト1356号（2008年）128-131頁、井上達夫・前掲注（111）「特集にあたって」8-9頁。「ねじれ国会」を立法学の観点から分析した論考として、Takehiro Ohya, 'Twisted Diet: A Failure in Legislating Politics in Japan', in *Legisprudence: International Journal for the Study of Legislation*, vol. 2, no. 3 (2009) を参照。なお、2013年7月21日の第23回参議院選挙で、ねじれ国会は解消されている。ただし、御厨貴によると、「確かに衆参のねじれは解消した。とはいえ、昔の衆参共に自民党が多数派であった時の運営のあり方を実感として分かる者はいない。〔原文改行〕ねじれ解消後の参院自民党体制を担うことになった幹事長の脇雅史。実は脇にとっても、これは古くて新しい課題なのだ」。御厨貴「御厨貴の政界人物評論——第14回　脇雅史　官僚的匿名性を貫徹」毎日新聞2014年5月8日（東京朝刊）。

第Ⅱ部
立法と司法の関係をどう捉えるか
―― 民主的立法と憲法の正統性も視野に入れて ――

第2章　A. マーモーの価値多元論と「立法の統合性」批判

は じ め に

　本章の目的は、法哲学者アンドレイ・マーモーの立法論を手がかりとして、彼が擁護する価値多元論と、彼による「立法の統合性[1]」に対する批判について、検討することである。

　具体的な検討をはじめる前に、本章の問題意識を確認しておきたい。法哲学者のジョセフ・ラズは、法の機能の中心部分にあるのは「立法者と裁判所のあいだの相互作用」である、という主張を行っている[2]。ラズの弟子であるマーモーは、多元的な諸価値のあいだの妥協を目指す議会と、制定法を解釈する裁判所のあいだには、「戦略的コミュニケーション」が存するという、独自の解釈理論を提示している[3]。

　こうしたラズやマーモーの議論は、立法と司法の関係を把握する視座を提

---

1) 「立法の統合性（legislative integrity）」は、マーモーが、ドゥオーキンの以下の議論を踏まえて用いている用語である。Andrei Marmor, 'Should We Value Legislative Integrity?' in Andrei Marmor, *Law in the Age of Pluralism* (New York: Oxford University Press, 2007). すなわち、ドゥオーキンによると、われわれは政治的統合性にかんして二つの原理を有している。一つは立法上の原理である。この原理は、立法者に対して、諸法の総体（the total set of laws）を、道徳的観点からみて整合的（coherent）なものにするように努力すべきだと求める。他の一つは裁定上の原理である。この原理は、裁判官に対して、法を可能な限り整合的なものとみなすべきことを教示する。Ronald Dwrokin, *Law's Empire* (Cambridge, Mass.: Harvard University Press, 1986), p. 176. 小林公訳『法の帝国』（未來社、1995年）280頁。
2) Joseph Raz, 'Interpretation: Pluralism and Innovation', in Joseph Raz, *Between Authority and Interpretation: On the Theory of Law and Practical Reason* (Oxford: Oxford University Press, 2009), p. 320.
3) Andrei Marmor, 'The Language of Law', in Andrei Marmor, *Philosophy of Law* (Princeton, NJ and Oxford: Princeton University Press, 2011), p. 154.

供するものである。「立法のインフレーション」や「衆参ねじれ現象」について理解するための視座が求められる、現代日本の法状況[4]からすれば、われわれは、ラズやマーモーの議論から多くを学ぶことができるように思われる。

以上で、筆者の問題意識を確認した。さて、マーモーは、立法府と司法府の関係にかんして、価値多元論の立場から、①立法の統合性に懐疑的な立法論、②立法府と司法府のあいだには「戦略的コミュニケーション」が存するという法解釈理論、および③立法府と司法府が相互調整するような憲法改革案を、提示している。本章の検討対象は①である。②および③については、本書の別の章[5]で検討を行っている。

第1節　価値多元論と法の支配

1　価値多元論の重視

マーモーは、著書『多元性の時代における法[6]』（2007年）において、価値多元論（value pluralism）の理念を真剣に捉えるべきだと指摘[7]した上で、多元的社会における法の支配について、彼独自の見解を示している。

なお、マーモーは「多元論（pluralism）」という表現も用いるけれども、それを「価値多元論」の意味で用いている。マーモーが「価値多元論」をどのように捉えているかは、以下でも触れるが、詳しくは本章の第2節で検討する。

マーモーは、価値多元論の理念が、法と政治についての道徳的に受容可能な見解を提示していると、考えている。彼が多元論を重視するのはなぜか。

---

4) 参照、井上達夫「立法学の現代的課題——議会民主政の再編と法理論の最定位」ジュリスト1356号（2008年）128-131頁、井上達夫「特集にあたって」ジュリスト1369号（2008年）9-10頁。「ねじれ国会」を立法学の観点から分析した論考として、Takehiro Ohya, 'Twisted Diet: A Failure in Legislating Politics in Japan', in *Legisprudence: International Journal for the Study of Legislation*, vol. 2, no. 3 (2009) を参照。なお、2013年7月21日の第23回参議院選挙で、ねじれ国会は解消された。
5) ②について第3章を、③については第4章を参照されたい。
6) Andrei Marmor, *Law in the Age of Pluralism*, supra note 1.
7) Andrei Marmor, 'Introduction', in Andrei Marmor, *Law in the Age of Pluralism*, supra note 1, p. vii.

それは彼が、政治哲学者のジョン・ロールズの見解に、すなわち、多元論はわれわれが生きる社会的・政治的世界の最も重要な道徳的特徴であるという見解に、共感を覚えているからである[8]。

このロールズの見解は、一方で、価値の多元性が存在することは事実（a fact）である、というものである。すなわち、われわれは事実として、社会の異なる層が善と正にかんして深刻に衝突し合う見解を有しているような社会に、生きているのである。ロールズの見解は、他方で、一つの価値判断である。すなわち、彼の見解は、差異の多くは道理に適っている（reasonable）から、それゆえに（道理に適っているがゆえに）尊重されるべきである、という一つの価値判断なのである[9]。

なお、マーモーは、多元的社会における法的・政治的諸問題について、ロールズと現状認識を等しくする。しかしながら彼は、それらの諸問題の解決策については、ロールズと意見を異にする。マーモーはとくに、ロールズの中立性の理想と公共的理性（public reason）の概念に対して、批判的である[10]。マーモーがロールズと共有する現状認識と、彼のロールズに対する批判については後ほど（本章の第2節で）検討する。以下ではマーモーの、多元的社会における法の支配にかんする議論について、検討する。彼のこの議論は、立法の統合性に懐疑的なマーモーの立場を理解する上で、大いに示唆的であると思われる。

2 法の支配にかんする論争

マーモーは、法の支配[11]について論じる際に、法の支配の徳（virtues）が多元的社会において果たす役割に言及している[12]。法哲学者・契約法学者のロン・L. フラーによると、法は、人々の行為を導く（guiding）という主た

---

8) Ibid.
9) Ibid.
10) Ibid., pp. vii-viii.
11) 法の支配については、日本法哲学会編『現代日本社会における法の支配——理念・現実・展望（法哲学年報2005）』（有斐閣、2006年）を参照。
12) Andrei Marmor, 'Introduction', *supra* note 7, p. viii.

る機能を果たすために、いくつかの条件を満たすべきである。すなわち、法は、その内容とは無関係に、人々の行為を導くために、いくつかの条件を満たすべきなのである[13]。

フラーは、法の支配の条件として、法の公布、一般性、明瞭性、無矛盾性、恒常性、遵守可能性、非遡及性、公権力の行動と宣言されたルールの一致を、あげている[14]。彼は、これらの条件を法理論の中心に据えて、これらの条件は「法の内面道徳（inner morality of law）」を示していると主張する。法が満たすべきこれらの条件——法が、その内容とは無関係に、法として機能するために満たすべきこれらの条件——は、何らかの道徳的徳を示しているから、これらの条件それ自体として価値があり、法を（その内容とは無関係に）形式面で道徳的に価値あるものとするのである[15]。

H. L. A. ハートとラズは、フラーに対して以下のように反論する。法の支配の徳は、機能的な価値（functional values）なのであって、道徳的な価値ではない[16]。ナイフの鋭さ——その鋭さがナイフを善い[17]もの（a good one）にする——と同じく、法の支配の徳は法を善いもの（good）にするが、それ

---

13) Andrei Marmor, 'The Rule of Law and Its Limits', in Andrei Marmor, *Law in the Age of Pluralism*, *supra* note 1, p. 34.

14) Lon L. Fuller, *The Morality of Law*, revised edition (New Haven and London: Yale University Press, 1969). 稲垣良典訳『法と道徳』（有斐閣、1968年）。

15) Andrei Marmor, 'The Rule of Law and Its Limits', *supra* note 13, p. 34.

16) マーモーは以下の文献をあげている。H. L. A. Hart, 'Lon L. Fuller: *The Morality of Law*', in H. L. A. Hart, *Essays in Jurisprudence and Philosophy* (Oxford: Clarendon Press, 1983), pp. 349-350. 小林和之・松浦好治訳「ロン・L. フラー著『法と道徳』」矢崎光圀・松浦好治訳者代表『法学・哲学論集』（みすず書房、1990年）395-396頁; Joseph Raz, 'The Rule of Law and Its Virtue', in Joseph Raz, *The Authority of Law: Essays on Law and Morality*, second edition (Oxford: Oxford University Press, 2009), p. 226.

17) 'good' には、倫理的な意味での「善い」、美的な意味での「よい」、実用的な意味での「よい」などの、さまざまな用例がある。そこで例えば、倫理的な 'good' だけ「善い」と表記し、ほかは「よい」と表記して区別することができる。参照、伊勢田哲治『動物からの倫理学入門』（名古屋大学出版会、2008年）83頁の注（15）。本章では、以上の区別のしかたを認識しつつも、'functional good' に「機能的な善」という訳語をあてたこともあり、'good' には「善い」ないし「善いもの」という訳語をあてている。なお、本章の他の箇所（第2節の1）では、例えば 'good reason' に「良き理由」という訳語をあてている。

は単に、社会統制の道具として機能するという意味で、善いものなのである。ハートとラズが論じるには、機能的な善（functional good）は、道徳的な価値と混同されてはならない[18]。

しかしながら、マーモーの理解では、ハートとラズは間違っている。というのも、法の支配の徳は、基本的には機能的な徳であるけれども、道徳的・政治的な徳でもあるからである[19]。例えば、法の一般性（generality）は、純粋に機能的な価値であるのみならず、不当な身びいきや依怙贔屓に対する防波堤として、役に立つ。すなわち、法は、自分の家族を優遇しようとする人物に対して、一般性を基礎として対応するであろう[20]。あるいは、法の公布（promulgation）を求める根拠は、法を公的に監視したり、法を開かれた討議や批判的評価に服させたりするという、非機能的な価値（non-functional values）に求められる。すなわち、法の公布は、討議的・批判的価値に奉仕するのである[21]。

結局、マーモーは、現代法理学の内部において、法の支配を「法の内面道徳」として提示するフラーの説明と、法の支配を機能的に捉えるラズの説明のあいだで、中間的な立場を取ろうとしているのである[22]。なお、マーモーは、法の支配の非機能的な価値について詳しく論じている[23]けれども、その議論は本章の主たる検討対象ではないため、これ以上は踏み込まない。

3　多元的社会における法の支配

以上で、法の支配にかんする、フラーとハートおよびラズのあいだの論争について、確認した。さて、本章との関連で重要なのは、法の支配にかんす

---

18) Andrei Marmor, 'The Rule of Law and Its Limits', *supra* note 13, p. 34. なお、マーモーによると（ibid., note 54 at p. 34）、ラズは、法の支配が、機能的な価値に加えて、その他の何らかの善を間接的に促進することを、認めている。Joseph Raz, 'The Rule of Law and Its Virtue', *supra* note 16, p. 225.
19) Andrei Marmor, 'The Rule of Law and Its Limits', *supra* note 13, p. 34.
20) Ibid., p. 12.
21) Ibid., p. 19.
22) Andrei Marmor, 'Introduction', *supra* note 7, pp. viii-ix.
23) Andrei Marmor, 'The Rule of Law and Its Limits', *supra* note 13, pp. 10-38.

るマーモーの以下の主張である。すなわち、法の支配の徳は、多元的社会において高く評価される諸善を促進する点において、道徳的・政治的な徳である、という主張である[24]。以下で、彼のこの主張について、詳しくみていこう。

　マーモーは、法の支配の複数の条件（フラーがあげている複数の条件）のなかから、ルールの明瞭性（clarity）と無矛盾性（no contradiction）に注目する。まずは、明瞭性について。マーモーによると、明瞭性がなぜ必要なのかについて、多くを述べる必要はない。あるルールは、そのルールが求めていることを市民が理解する場合に、人々の行為を導くことができる。ゆえに、法は明瞭である必要がある。ただし、すべての法的ルールが一般市民に明瞭であるべきだ、というわけではない。大多数のルールは、一般市民ではなく、さまざまな公機関や法律の専門家を、名宛人としている。明瞭性の要請とは、単に、法が何を定めているかを理解する必要のある人々が、それを理解できるべきである、ということに過ぎない。ここにおいて、法は明瞭であればあるほど優れているのか、という問題が生じる[25]。

　マーモーによると、明瞭性は常に徳である、というわけではない。法が明瞭であればあるほど、それはより厳格化するが、厳格性（rigidity）はしばしば法における欠陥である。言い換えれば、法が時として曖昧だからこそ、裁判所やその他の法適用機関は、個別の必要性や状況に法を適用するために必要な柔軟性（flexibility）を、保有するのである。法の適用におけるある程度の柔軟さもまた、法の支配の徳なのである[26]。

　加えて、法がしばしば曖昧（obscure）なのは、立法者たち（あるいはその他の法制定者）が制定の際に誤りを犯しているからではない、ということを念頭に置くべきである。多元的で民主的な社会では、法律はしばしば、衝突し合う見解や目標のあいだの妥協の結果である。時として、妥協を達成する唯一の方法は、明瞭性を最大化するのを差し控えることである。対立する諸政党は、まったく明瞭ではない解決手段に合意するのが容易だと考え、将来

---

24) Andrei Marmor, 'Introduction', *supra* note 7, p. viii.
25) Andrei Marmor, 'The Rule of Law and Its Limits', *supra* note 13, pp. 25-26.
26) Ibid., p. 26.

の解釈が自分たちの立場を利するだろうと期待する[27]。

なお、もしもわれわれが、立法における曖昧さがまったく許されない世界を想像するならば、それは、固定化した多数的支配層が支持する法のみが存在する世界であろう。「勝者独り占め」戦略は、明瞭性を最大限に促進するけれども、それは高い代償を伴う。結局、多元的社会で妥協する必要性が遺憾なことだと考えるか否かは、われわれが、多元論の価値についていかなる道徳的・政治的見解を取るかに、かかっている。マーモーの理解では、多元論を一つの徳とみなす人にとって、妥協する必要性は必ずしも遺憾なことではない。言い換えれば、ある程度の不明瞭さが望ましい妥協を促進するのであれば、最大限の明瞭性は、われわれが常に探求すべき目的ではないのである[28]。

さて、マーモーは、法の支配の複数の条件のなかで、法の明瞭性に加えて、無矛盾性についても論じている。もしも法が、あることの遂行を定め、同時にその逆のことの遂行を定めたら、それは嘆かわしいだろう。もちろん、こうしたことはめったに起こらない。とはいえ、法の創設・発展・修正にはとても多くの機関が関与しているから、法は完全に整合的（coherent）ではありえない。法は、少なくとも三つの仕方で、非整合的でありうる。すなわち法は、論理的に非整合的であったり、プラグマティックな意味で非整合的であったり、道徳的に非整合的であったりするのである[29]。以下、これらの非整合性（incoherence; inconsistency）についてみていこう。

まずは、法の論理的な非整合性について。ある法が、すべてのFはCという状況でϕすべきだと定めると同時に、すべてのFはCという状況でϕすべきでないと定めるとしよう。この場合、その法は、論理的に非整合的であ

---

[27] Ibid. マーモーによると、立法の最もなじみ深い特徴の一つは、それがほとんど常に妥協の結果だということである。妥協はしばしば、マーモーのいう「暗黙に認められた不完全な決定（tacitly acknowledged incomplete decisions）」、すなわち未決問題を意図的に残すような決定である。Andrei Marmor, 'The Language of Law', *supra* note 3, pp. 154-155. 長谷部恭男は、マーモーの議論を参照しつつ、「議会での政治的交渉の場では、真意を語らないことが隠された意図を実現する効果的な手段となることがある」と述べている。長谷部恭男「世代間の均衡と全国民の代表」長谷部恭男『憲法の円環』（岩波書店、2013年）121頁の注50。

[28] Andrei Marmor, 'The Rule of Law and Its Limits', *supra* note 13, p. 26.

[29] Ibid., pp. 26-27.

る。その法は人々に、あることをせよと定めると同時に、逆のことをせよと定めている。よって、人々は、法の一方の要請に従うために、もう一方の要請に背かなければならないのである。この種の非整合性は、機能的な失敗であると同時に、道徳的な失敗でもある。すなわち、人々の行為を導くことに失敗すると同時に、人々を道徳的に受容できない苦境に追いやっているのである。法が、そこまであからさまに非整合的であることはめったにないので、マーモーはここで議論を終えている[30]。

次に、法のプラグマティックな非整合性（pragmatic inconsistency）について検討しよう。法は、複数の矛盾する目標、政策、行動様式を促進する場合に、プラグマティックな意味で非整合的である。マーモーは以下の例をあげている。すなわち、ある法律（税額控除にかんする法律）が、人々の長期の貯蓄を増加させるという（意図的な）効果を目指している。しかし、別の法律（低金利を設定する法律）は、収入の多くを消費財の購入にあてるように人々を促すという、逆の効果を目指している。この例では、法は、人々の行動にとって、反対方向の二つの誘因を作り出しているのである[31]。

最後に、道徳的な非整合性について検討しよう。マーモーによると、法は、道徳的に非整合的でもありうる。法のさまざまな規定や、法を根拠づけるさまざまな正当化（justifications）が、一つの整合的な道徳理論によって統合（subsume）されていなければ、法は道徳的に非整合的である。なお、マーモーの理解では、ロナルド・ドゥオーキンは「法における統合性（integrity in law）[32]」という表現を用いて、法は道徳的に整合的であるということを意味している。マーモーはここで、以下の問いを提起する。すなわち、われわれは、法が、ドゥオーキンのいう意味で道徳的に整合的であると考えるべきか、という問いである[33]。次節では、この問いに対するマーモーの答えを、検討することにしたい。

---

30) Ibid., p. 27.
31) Ibid., pp. 27-28.
32) Ronald Dworkin, *Law's Empire*, *supra* note 1, ch. 7. 邦訳、7章。
33) Andrei Marmor, 'The Rule of Law and Its Limits', *supra* note 13, p. 28.

第2節　マーモーの価値多元論と「立法の統合性」批判

1　立法の統合性

　前節で確認したように、マーモーは、多元的社会における法の支配について、独自の議論を提示している。彼の議論は、価値多元論を踏まえたものであり、法の支配は多元的社会の諸善を促進する、というものである。本節では、マーモーが、価値多元論の立場から、「立法の統合性（legislative integrity）」——この内容については以下で説明する——に懐疑的な姿勢を取っていることを示したい。

　なお、マーモーは、多元的社会の現状について、ロールズと認識を等しくする。しかしながら、彼は、ロールズの中立性の理想と公共的理性の概念に対しては、異を唱えている。マーモーのロールズ批判については本節の3で検討することとし、本節の1および2では、「立法の統合性」および価値多元論にかんするマーモーの議論について、検討を行いたい。

　まずは、「立法の統合性」について検討していこう。マーモーは、「立法の統合性」の意味を明らかにするために、ドゥオーキンの議論を参照している。ドゥオーキンによると、われわれは政治的統合性にかんして二つの原理を有している。一つは立法上の原理である。この原理は、立法者に対して、諸法の総体を、道徳的観点からみて整合的なものにするように努力すべきだと求める。他の一つは裁定上の原理である。この原理は、裁判官に対して、法を可能な限り整合的なものとみなすべきことを教示する[34]。マーモーの主要な関心は、前者の立法上の原理にある。彼の目的は、立法の統合性は追求すべき理想ではない、ということを示すことである[35]。

　以上で確認したように、ドゥオーキンは整合性の観念を用いて、政治的統合性について説明している。そこで、整合性の観念について、若干の確認作業を行っておこう。

---

34) Ronald Dworkin, *Law's Empire*, *supra* note 1, p. 176. 邦訳、280頁。
35) Andrei Marmor, 'Should We Value Legislative Integrity?' *supra* note 1, p. 39.

マーモーによると、理論家たちは整合性の観念を、二つの異なる仕方で用いている。第一に、「法とは何か」を説明するために、その観念を用いている。第二に、法が追求すべき（should）政治道徳上の価値として、その観念を用いている。それらの二つの用い方は、それぞれ別個のものである、ということに注意すべきである[36]。

さて、マーモーによると、ある理論は、矛盾（contradiction）を含んでいたり、一貫性（consistency）を欠いていたりしても、必ずしも非整合的（incoherent）というわけではない。われわれは、整合性について語るときに、一連の諸命題が何らかの形で相互に補完しあっている様子や、それらが包括的構想の下で互いに適合（fit）している様子を、思い浮かべるのである[37]。

以上で、整合性の観念について確認した。次に、整合性の観念によって説明される「立法の統合性」について、検討していこう。

マーモーによると、「立法の統合性」の理想は、その影響の及ぶ範囲が問題となる。その影響が及ぶのは、立法者たちなのだろうか。すなわち、立法者たちは、「立法の統合性」の理想に導かれて、法案に賛成票を投じるのだろうか。あるいは、「立法の統合性」の原理は、有権者——国会議員を選挙したり、国民投票に参加したりする有権者——にも、その影響が及ぶのだろうか。ドゥオーキンがこの問題をどう考えるかは不明だが、以下については明らかである。すなわち、彼が念頭に置く「立法の統合性」の主要な含意は、裁定理論と関連している。ドゥオーキンによると、裁判官は、「立法の統合性」の原理に従いながら、制定法を解釈すべきである[38]。裁判官は、法がこの原理を念頭に置いて制定されていると想定すべきである。たとえ、立法府がその原理の実現に失敗するとしても、より大きな整合性が、司法的解釈を通じて法律に付与されるのである[39]。

なお、政治的統合性は、道徳的に整合的な方法で法が制定されるべきだ、という要請である。ところが、法は、道徳とは無関係の（あるいは、それほ

---

36) Ibid., pp. 39-40.
37) Ibid., pp. 40-41.
38) Ronald Dworkin, *Law's Empire*, *supra* note 1, ch. 7. 邦訳、7章。
39) Andrei Marmor, 'Should We Value Legislative Integrity?' *supra* note 1, p. 41.

ど関係しない）仕方で、整合的であることに失敗することがありうる。例えば、法は、プラグマティックな観点（経済政策や環境政策などの観点）から、非整合的でありうる。とすると、法は、政治的統合性の原理を侵害することなく、非整合的であることができる[40]。

マーモーによると、法は、道徳的に非整合的であることもできる。すなわち、法のさまざまな指令や、法を根拠づけるさまざまな正当化を、一つの整合的な道徳理論の下に統合できないなら、法は道徳的に非整合的なのである。マーモーによると、これはドゥオーキンの主張である[41]。

しかしながら、残念なことに、「立法の統合性」を侵害する法としてドゥオーキンがあげる事例は、彼が定義する意味での「統合性」と、首尾一貫していない。彼が例としてあげるのは、「チェッカーボード」型の法律である[42]。この法は、例えば、偶数日に生まれた女性には人工妊娠中絶が許可されており、奇数日に生まれた女性には禁止されていると、指令する。ドゥオーキンによると、われわれが、そうしたチェッカーボード型の法律が受け入れられないと感じる理由は、その法律が、法の統合性を侵害するからである[43]。

マーモーにいわせれば、これは悪い例である。というのも、われわれは、そうしたチェッカーボード型の法律が誤っていることを説明するために、統合性ないし整合性の要請を必要としないからである。その法律が誤っているのはなぜか。それは、良き理由（a good reason）によって支持されていないからである。法が区別をなすとき——この事例では、女性の誕生日を基準として区別をなすとき——、その区別は、理由によって支えられていなければならないのである[44]。

---

40) Ibid., p. 42.
41) Ibid.
42) Ronald Dworkin, *Law's Empire*, *supra* note 1, pp. 178-184. 邦訳、283-292頁。
43) Andrei Marmor, 'Should We Value Legislative Integrity?' *supra* note 1, p. 42.
44) Ibid.

2　価値多元論

　以上で、マーモーに依拠しながら、「立法の統合性」の意味を確認した。さて、マーモーは、価値多元論の立場から、「立法の統合性」に懐疑的な立法論を提示している。そこで、以下では、マーモーが擁護する価値多元論について検討を行いたい。まずは、価値多元論の背景にある道徳的な非整合性に注目する。なお、マーモーが「価値多元論」と「多元論」を同義で用いていることを、ここでもう一度確認しておきたい。

　マーモーによると、「立法の統合性」と関連する二つの道徳的な非整合性が存在する。一つは内的な非整合性である。この非整合性は、ある一つの包括的な道徳的教説の内部における価値の分裂から、発生する。すべての包括的な道徳的教説は、ある程度は非整合的である。われわれの道徳的・倫理的関心事は、一つの問いに対して一つの答えが出るようなものではなく、人々の無数の関心事——私的・個人的な関心や公的・社会的な関心事——を反映している。多くの道徳哲学者が指摘するように、人々の無数の異なる関心事を、整合的な一連の諸原理の下に統合するような、道徳的・倫理的な包括的世界観を構築することはできないであろう[45]。

　もう一つは、外的な非整合性である。この非整合性は、世界の道徳的複雑

---

45) Ibid., pp. 44-45. マーモーは注（ibid., note 14 at p. 45）で、以下の文献をあげている。Joseph Raz, 'The Relevance of Coherence', in Joseph Raz, *Ethics in the Public Domain: Essays in the Morality of Law and Politics*, revised edition (Oxford: Clarendon Press, 1995); Thomas Nagel, 'The Fragmentation of Values', in Thomas Nagel, *Mortal Questions* (Cambridge: Cambridge University Press, 1979). 永井均訳「価値の分裂」、トマス・ネーゲル著、永井均訳『コウモリであるとはどのようなことか』（勁草書房、1989年）; Bernard Williams, 'Conflicts of Values', in Bernard Williams, *Moral Luck: Philosophical Papers 1973-1980* (Cambridge: Cambridge University Press, 1981). なお、マーモーによると、価値の分裂がリベラリズムの基礎の一部であると主張したのは、おそらく思想史家のアイザィア・バーリンである。さらに、ロールズも、そうした立場を『正義論』で取ったとされる。以下は、マーモーが言及している文献である（ロールズの著書については改訂版をあげた）。Isaiah Berlin, *Concepts and Categories: Philosophical Essays*, edited by Henry Hardy (London: The Hogarth Press, 1978); John Rawls, *A Theory of Justice*, revised edition (Cambridge, Mass.: Harvard University Press, 1999). 川本隆史・福間聡・神島裕子訳『正義論〔改訂版〕』（紀伊國屋書店、2010年）。

さにかんする、以上とは別の事実——穏当な多元性の事実（the fact of reasonable pluralism)——から発生する（マーモーはここでロールズの用語を用いている）。すなわち、ほとんどの現代社会では、複数の包括的な道徳的教説が存在しており、それらは互いに首尾一貫していないけれども、それらのあいだの見解の不一致は、穏当（reasonable）な範囲内に収まっている[46]。

さて、マーモーは次に、価値多元論が穏当であるということの意味を説明するために、「価値多元論」と「複数の道徳的教説の多元性（plurality of moral doctrines)」を対比させている。まずは、後者からみていこう。複数の道徳的教説が互いに排他的であるとしても、必然的に深刻な衝突（conflict）を伴うわけではない。一人の人物が、互いに排他的な複数の生活様式や道徳的世界観のなかから、二つ以上を受け入れたり生み出したりすることはできないだろう。しかし、だからといって、複数の生活様式や世界観のあいだに深刻な衝突が存在するわけではない。ここで存在しているのは、単に、通約不可能（incommensurable）な複数の価値や善のあいだの選択の問題にすぎない[47]。

次に、前者の価値多元論について。われわれは、価値多元論について語るとき、深刻な道徳的・倫理的衝突に言及している。多くの包括的な道徳的教説ないし生活様式が存在し、それらは互いに衝突し合っている。要するに、もしも一方が真であれば他方は誤っている——その逆もまたしかり——のである[48]。

以上から理解されるように、価値多元論は、包括的な複数の道徳的教説は潜在的に深刻に衝突している、という事実に根ざしている。ただし、マーモーが依拠するロールズによれば、価値多元論は穏当であるというのが、ここ数世紀のリベラリズムの基準となっている[49]。

穏当な多元論は、一方で、道徳の性質および道徳について認識することの限界についての、メタ倫理学的な見解である。それは他方で、それ自体が一

---

46) Andrei Marmor, 'Should We Value Legislative Integrity?' *supra* note 1, pp. 44-45.
47) Ibid., p. 45.
48) Ibid.
49) Ibid.

つの政治的見解である。すなわち、私は、あなたと道徳的見解を異にし、あなたの道徳的見解が間違っていると信じるとしても、あなたが間違いと共に生きる権利を認める。あなたが深刻に間違っているとしても、国家はあなたの間違いを矯正すべきではない[50]。

マーモーの理解では、ロールズの洞察——国家は特定の包括的道徳を市民に強制すべきでない——は、リベラルな国家観によって常に支持されてきた[51]。ロールズは、伝統的な寛容の原理を踏まえて、彼の洞察を提示しているのである[52]。

以上で、マーモーが価値多元論をどのように捉えているかについて、確認した。マーモーによると、価値多元論は穏当であり、それは穏当であるがゆえに、リベラルな国家によって尊重されるべきである[53]。マーモーはこの想定をもとにして、「立法の統合性」の失敗を論じることになるが、その検討は本節の4および次節（第3節）で行う。以下では、マーモーがロールズと意見を異にする部分（中立性の理想と公共的理性）について、確認を行っておきたい。

3 中立性の理想と公共的理性

本章の第1節で確認したように、マーモーは、多元的社会における法的・政治的諸問題について、ロールズと現状認識を等しくする。しかしながら彼は、それらの諸問題の解決策については、ロールズと意見を異にする。マーモーはとくに、ロールズの中立性の理想と公共的理性の概念に対して、批判的である[54]。以下では、マーモーのロールズ批判について検討したい。

ロールズは、強力な中立性の原理が可能となるのは、部分的には彼が、争いを乗り越えることのできる公共的討論および国家活動の領域——ロールズはそれを公共的理性[55]（public reason）の領域と呼んでいる——を、理論上

---

50) Ibid., p. 46.
51) Ibid., p. 47.
52) Ibid., note 22 at p. 47.
53) Ibid., p. 46.
54) Ibid., p. 47.

第2節　マーモーの価値多元論と「立法の統合性」批判　73

は描き出すことができると考えているからである[56]。ロールズによると、「リベラルな見解は、人々を最も敵対させる問題を、政治的検討事項から除去する[57]」。すなわち、「われわれは、憲法の必須事項（constitutional essentials）および基本的正義の問題について論じる際に、包括的な宗教的・哲学的教説に訴えてはならないのである[58]」。

ロールズは、彼のいう「憲法の必須事項」の概念によって、「統治および政治過程の一般的構造を規定する根源的原理」および「基本的な諸権利および諸自由」を意味している[59]。

マーモーが疑問視するのは、ロールズが、憲法の必須事項と、その他（憲法以外）の法および立法にかんする事項のあいだに、明確な線引きをしようとしていることである——前者が包括的教説に訴えてはならないのに対して、後者は包括的教説に訴えてもよい——。しかし、マーモーによれば、その線引きは以下の二点で疑わしい[60]。

第一に、何が「憲法の必須事項」の問題であるかがしばしば争われ、さらにその争いはしばしば公共的討議の核心部分でなされている。よって、憲法の必須事項と、その他の法および立法にかんする事項のあいだに、明確な線

---

55) John Rawls, *Political Liberalism*, paperback edition (New York: Columbia University Press, 1996), Lecture Ⅵ.
56) Andrei Marmor, 'Should We Value Legislative Integrity?' *supra* note 1, p. 47.
57) John Rawls, *Political Liberalism*, paperback edition, *supra* note 55, p. 157.
58) Ibid., pp. 224-225. 後期のロールズは、正義原理を哲学的に基礎づけるのではなく、正義原理を政治的コンセンサスによって表面的に支えるという、政治的リベラリズム（political liberalism）の構想を前面に打ち出している。立憲民主的な政治文化には、互いに対立する宗教的・哲学的・道徳的な包括的諸教説が、多元的に存在する。この多元性の事実を重く受け止めるならば、正義原理を、特定の包括的教説によって哲学的に基礎づけることはできない。そこで、ロールズは正義原理を、対立する包括的諸教説を擁護する人々のあいだの、部分的に重なり合うコンセンサス（overlapping consensus）によって支えられる、政治的構想（これは包括的教説と区別される）として提示するようになるのである。Ibid., Part Two.
59) Andrei Marmor, 'Should We Value Legislative Integrity?' *supra* note 1, p. 48. マーモーはロールズの以下の文献を参照している。John Rawls, *Political Liberalism*, paperback edition, *supra* note 55, p. 228.
60) Andrei Marmor, 'Should We Value Legislative Integrity?' *supra* note 1, p. 48.

引きをすることは難しい。マーモーはこのことを説明するために、アメリカの政治学・法律学における、同性婚にかんする近年の論争に言及している。ゲイやレズビアンが結婚する権利を擁護する人々は、この問題が憲法上の基本的権利にかんする問題の一つであるという理由で、その権利を擁護している。それに対して、結婚にかんする社会的変化に反対する人々は、逆のことを主張する。すなわち、その問題は、基本的権利にかんする問題ではなく、伝統にかんする問題——憲法の領域から切り離されるべき問題——だというのである。結局、法的・政治的論争の多くは、何が「憲法の必須事項」の問題であり、何がそうではないのか、についてのものなのである[61]。

第二に、法の中心的機能は衝突の解決であり、どのような衝突が実際に生じるかは分からないから、法が解決する衝突の範囲をあらかじめ限定することはできない。すなわち、人々を敵対させたり深刻な争いを生み出したりする問題を、法的・政治的検討事項から除外する実践的な方法は、存在しないのである。仮に、憲法の特定の部分を、公共的理性が統制する範囲内に封じ込めることができるとしても、すべての法をその範囲内に封じ込めることはできない。マーモーによると、これは驚くべきことではない。法は、人間の生のあらゆる領域で、すべての種類の行為を統制する権威を主張せねばならないから、それが適用される範囲内では、原則として包括的（essentially comprehensive）なのである[62]。

なお、マーモーによると、以上に鑑みれば、法を包括的な「帝国」——法は人間の生のすべての側面に潜在的に影響を及ぼす——として捉えるドゥオーキンの理解[63]の方が、周囲から閉ざされた公共的理性の領域という

---

61) Ibid., p. 48. 井上達夫もロールズに対して批判的である。すなわち、井上によると、「政治的リベラリズムは……多元的社会における対立を包容する『公共的理性』の発現として立憲主義を擁護する試みである。しかし、この種の政治的コンセンサス論は憲法の創出から解釈適用過程にまで浸潤する対立の根深さを隠蔽することにより、問題を解決せず解消しようとする試みであ」る。井上達夫「憲法の公共性はいかにして可能か」井上達夫編『立憲主義の哲学的問題地平（岩波講座　憲法1）』（岩波書店、2007年）308頁。

62) Andrei Marmor, 'Should We Value Legislative Integrity?' *supra* note 1, pp. 48-49.

63) Ronald Dwrokin, *Law's Empire*, *supra* note 1.

ロールズの理想よりも、現実に即している。公共的理性の領域を、理論的に描き出すことができたとしても（マーモーは理論的に描き出すことすらできないと考えている）、法をその領域内に封じ込める望みはないのである[64]。

4 価値多元論と「立法の統合性」批判

以上で確認したように、マーモーは、ロールズの強い中立性の理想および公共的理性の概念に批判的である。しかしながら、マーモーは、ロールズの穏当な価値多元論の理念については継承し、その理念を、「立法の統合性」の失敗について論じるための根拠としている。

マーモーによると、法に対して厳格な道徳的統合性を求めると、多元的社会に不可欠な穏当な道徳的分裂が失われてしまう。言い換えれば、法によって道徳的統合性を実現しようとすると、法は単一の包括的な道徳的見解を実現し、完全に整合的な法体制が生み出されてしまう。そのような法体制は、敵対し合う複数の（穏当な）包括的道徳から支持を得ることができない。というのも、道徳的統合性は「勝者独り占め」戦略を伴い、穏当な価値多元論の尊重と真っ向から対立するからである。価値多元論の尊重の核心は、勝者が自らの包括的な道徳的見解を他の人々に強制するような法的・政治的制度を有することを望まない、ということなのである[65]。

以上で、法が単一の包括的な道徳的見解を実現し、完全に整合的な法体制が生み出されてしまうことによって、穏当な価値多元論が脅かされる恐れについて、確認した。マーモーによると、ロールズも、これと同様の恐れを表明している。すなわちロールズは、正義の原理によって統治されている秩序だった社会は、「共同体（community）でも結社（association）でもない[66]」と、強調する。民主的社会は、共同体ないし結社が有するような、最終的な目的ないし目標を有さない。「秩序だった民主的社会は、結社ではない。もしもわれわれが共同体によって、共有された包括的な宗教的・哲学的・道徳的教説によって統治される社会を意味するとすれば、秩序だった民主的社会

---

64) Andrei Marmor, 'Should We Value Legislative Integrity?' *supra* note 1, p. 49.
65) Ibid.
66) John Rawls, *Political Liberalism*, paperback edition, *supra* note 55, p. 40.

は、共同体でもない[67]」。

マーモーによると、以上のロールズの見解は、ドゥオーキンの議論[68]と比較すると興味深い。ドゥオーキンの政治的統合性の擁護は、人々が自らの共同体に対して有する忠誠の義務（duty）を前提としている。この義務は、法に従う責務（obligation to obey the law）を伴う。そして法は、共同体の組織された総体としての声と、みなされるべきである。ドゥオーキンはここで、法を人格化している。法は一つの声（one voice）で語り、共同体の集合的決定を宣言していると、捉えられるべきなのである[69]。

ドゥオーキンの議論は複雑であるため、マーモーはその詳細には踏み込まない。ここで重要なのは、ドゥオーキンの議論において、秩序だった民主的社会が共同体とみなされている（みなされるべきだとされている）こと、および、共同体の法が共同体の集合的決定として理解されていること、である。マーモーによると、ロールズは、政治社会——リベラルな国家——の以上のような捉え方が、穏当な多元論の尊重の必要性と真正面から衝突すると論じる点で、正しかった。政治社会は、一つの道徳的声で語ることができない。というのも、政治社会の道徳的声は、基本的に分裂しており、全体として、深刻に非整合的だからである。政治社会に整合性を強制する試みは、特定の包括的教説が勝利を収め、その他の包括的教説が抑圧される、という結果を招いてしまう。これはリベラルな理想ではない[70]。

マーモーは、以上の議論を踏まえて、「立法の統合性」を理想として掲げるのは誤りである、という結論を提示する。すなわち、法に一つの声で語るように期待してはならない。というのも、社会の多様な層によって支持されている穏当で包括的な複数の道徳的教説を包含できるような、単一の声は存在しないからである[71]。

なお、マーモーによると、彼の議論には（ドゥオーキンからの）二つの応

---

67) Ibid., p. 42.
68) Ronald Dworkin, *Law's Empire*, *supra* note 1, pp. 195-214. 邦訳、308-334頁。
69) Andrei Marmor, 'Should We Value Legislative Integrity?' *supra* note 1, p. 50.
70) Ibid.
71) Ibid., pp. 50-51.

答が予想される。まずは第一の応答について。先述のように、マーモーは、立法の統合性を理想として掲げるのは誤りである、という結論を提示している。この結論を提示するためには、彼は「統合性にはまったく価値がない」ということを論証する必要があるが、彼はこのことを論証できていない。この応答に対して、マーモーは以下の再批判を行う。彼はたしかに、「統合性にはまったく価値がない」ということを論証できていない。しかし、実は彼は、このことを論証する必要があるとは考えていない。そもそも、一般的にいって、ある事柄にまったく価値がないということを示すのは、とても困難である。結局、マーモーが示しているのは、統合性に価値があるか否かを問わず、「立法の統合性」を理想として掲げるのは誤りである、ということなのである[72]。

　次に、予想される第二の応答について。法の「一つの声」は、多元論を尊重する必要性をあらかじめ取り込んでいる。よって、われわれは、法が一つの声で語ることを期待すべきなのである。この応答に対して、マーモーは以下の再批判を行う。この応答は、手の込んだものではあるが、同じ容器に新しいラベルを貼ったものにすぎない。「立法の統合性の理想」と「多元論の尊重の必要性」のあいだに、真の衝突が存在するとしたら、「多元論の尊重を取り込んだ統合性」という新しいラベルを貼るだけでは、その衝突は解決できない。結局のところ、マーモーは、一つの包括的道徳の無制限の追求に対する・外・在・的・制・約として、価値多元論が必要であると論じているのである[73]。

　最後に、本節で検討した内容を再確認しておこう。マーモーは、秩序だったリベラルな社会は価値多元論を尊重すべきだという、ロールズの洞察を議論の出発点とした。マーモーは、ロールズの強い中立性の原理には批判的だが、ロールズの価値多元論は継承している。価値多元論の理念は、以下の熱望（an aspiration）を含意する。それは、特定の道徳的・宗教的教説を実現するために国家とその法的な強制的機関を利用することを、可能な限り避け

---

[72]　Ibid., pp. 51-52.
[73]　Ibid., p. 52.

ようと努める熱望である[74]。

第3節　「立法の統合性」の失敗

1　「立法の統合性」の失敗と価値多元論の尊重

　以上で確認したように、マーモーは価値多元論の立場から、「立法の統合性」を理想として掲げるのは誤りであると、考えている。本節では、「立法の統合性」の失敗（failure）は、遺憾なことではなく、多元的な社会における重要な徳であり、価値多元論を尊重するものである、というマーモーの見解を検討する。具体的な検討をはじめる前に、彼の議論の前提を確認しておこう。

　マーモーは、「司法の統合性」ではなく、「立法の統合性」に焦点を合わせたいと考えている。そこで彼は、検討対象である法規範を、制定法（statutory law）に限定する。彼は制定法によって、諸々の立法機関——議会、州の立法府、行政機関など——によって制定されるすべての法規範を、含意している[75]。

　マーモーによると、「立法の統合性」の失敗には、多くの原因ないし理由がある。例えば、立法府は単純に間違いを犯すことがありうる。当然ながら、間違いは遺憾なことである。もっとも、「立法の統合性」は、ほとんどの場合、良き理由（good reasons）によって失敗する。マーモーは、「立法の統合性」が失敗する主要な原因として、以下の三つをあげている。すなわち、(1) 立法権の分割、(2) 立法が成立するための取引と妥協、および (3) 政権交代と法の継続性である。以下、それらを順番にみていこう[76]。

2　「立法の統合性」の失敗 (1) ——立法権の分割

　まずは、「立法の統合性」が失敗する第一の原因について、すなわち、立法権の分割（division of legislative power）について検討しよう。マーモーに

---

74)　Ibid., pp. 50-51.
75)　Ibid., p. 52.
76)　Ibid., p. 53.

よると、制定法の非整合性が生じるのは、立法機関が多数であること、および、さまざまな立法行為を中央政府が調整する手段が制限されていることに、その原因がある[77]。

さらに、制定法の非整合性は、立法機関の数だけでなく、立法機関の社会的・政治的役割の多様性にも、その原因がある。例えば、環境保護を任務とする立法機関——米国環境保護庁（EPA）など——は、環境保護を促進する社会的・政治的目的を支持し、他の立法機関の社会的・政治的目的とは敵対的であろう。あるいは、（米国の）ある州の立法府は、その州の住民の福祉および地域の利益を促進することを期待されており、その州の立法目的は、連邦政府や他の州の立法目的と相容れないだろう[78]。

このように、立法権は、数的および実質的に分割されている。適切に機能している民主国家は、種々の立法機関に立法を委任することによって、立法権の複雑な分割を意図的に創造するのである[79]。

マーモーによると、立法権の分割を創設することには、良き理由がある。第一に、法的・政治的な権限の分割は、専制政治への防御手段である。第二に、立法権の分割は、特殊な政治的課題を実現するように動機づけられている複数の立法機関を設立することによって、立法目的の多様性をもたらすことを目指す。一般的な立法機関と並んで、特殊な立法機関を創出することによって、特別のケアや配慮を施すに値する多様な利益を促進することが、目指されるのである[80]。

立法権が、競合し合う複数の立法機関のあいだで分割されているとしたら、「立法の統合性」はその土台を掘り崩されるけれども、以上で確認したように、それは良き理由に基づいて分割されている。立法権の分割によってもたらされる「立法の統合性」の失敗は、健全な道徳的・政治的原理に基づく政治制度の諸側面に、由来するのである[81]。

---

77) Ibid.
78) Ibid.
79) Ibid.
80) Ibid.
81) Ibid., pp. 53-54.

なお、いうまでもなく、法体系が機能するためには、ある程度の立法の整合性が必要である。非整合性が多すぎると、人が法に従うことが、とても困難になるからである。もっとも、必要なのは最小限の整合性なのであり、「立法の統合性」を理想として掲げる必要はないのである[82]。

3 「立法の統合性」の失敗(2)——立法が成立するための取引と妥協

次に、「立法の統合性」が失敗する第二の理由について検討しよう。以上（立法権の分割）では、複数の立法機関のあいだの多様性に注目した。以下では、単一の立法機関の内部における、立法が成立するための取引と妥協に注目する[83]。

なお、マーモーは、取引と妥協について論じる際に、「丸太転がし」という政治学の用語を用いている。これは、アメリカ議会における、議員相互間で多数派形成のためになされる「法案の相互支持の連携」のことである[84]。

マーモーによると、単一の立法機関——とくに政治的に多様な国会などの立法機関——の内部には、「立法の統合性」を浸食する立法的戦略が、すなわち妥協や取引が、存在する。こうした立法的戦略は、立法行為を達成するためにしばしば必要となるが、道徳的に非整合的な法を生み出す可能性がある。妥協には、大きく分けて二つのものがある。第一は、達成したいことを撤回するという妥協である。第二は、自分の欲するすべてを取るけれども、相手が欲するものは相手に与える、という妥協である。いずれの場合も、妥協が道徳的に整合的か否かは、具体的な状況に左右される[85]。

さて、丸太転がしと妥協は、「立法の統合性」の理想からかけ離れた立法を、もたらす可能性がある。とすると、丸太転がしと妥協は、民主的な決定過程にとって遺憾なことなのであろうか。この問いに答えるためには、代替

---

82) Ibid., p. 54.
83) Ibid.
84) 丸太転がしの言語は 'logrolling' である。アメリカ連邦議会では、「政党による拘束があまり働かないので、議員相互間で多数派形成のための『丸太転がし（ログ・ローリング）』（法案の相互支持の連携）……が行われる」。伊藤光利・田中愛治・真渕勝『政治過程論』（有斐閣アルマ、2000年）238頁。
85) Andrei Marmor, 'Should We Value Legislative Integrity?' *supra* note 1, p. 54.

案(丸太転がしと妥協に対する代替案)に注目することが有用である。代替案とは、妥協する必要のない政党による統治のことである。マーモーによると、妥協する必要のない政党は、強大な権力を有している。すなわち、そのような政党は、自分たちの包括的な道徳的・政治的課題を実現するための権力を有しており、自分たちの教説に反対したり自分たちと利害が対立したりする人々のニーズや利益に、十分な注意を払わないのである[86]。

結局、マーモーによると、少数党と妥協する必要のない、強大な権力を有している政党による統治——丸太転がしと妥協に対する代替案——は、良い統治ではない。すなわち、多元的な社会においては、妥協は遺憾ながら必要とされるものなのではなく、むしろ、民主的な決定過程にとって重要な徳なのである[87]。

4 「立法の統合性」の失敗 (3) ——政権交代と法の継続性

最後に、「立法の統合性」が失敗する第三の理由について、すなわち、政権交代[88]と法の継続性について、検討しよう。

マーモーによると、適切に機能している民主国家においては、一定期間ごとに、政権はさまざまな政党のあいだを行き来する。新しい政府は、その政治的・イデオロギー的な基本方針を実行に移すという目的のために、自らの見解を実現するための法を制定したり、その実現を妨げる既存の法を廃止したりする。他方、いかなる政府ないし立法府も、白紙の状態からはじめることはできない。以前の政府は、それ自身の道徳的・政治的な基本方針を、法として制定した。その既存の法は、なおも効力を有しており、新政府の道徳的・政治的見解と衝突しうる[89]。

こうした再編の状況は、道徳的に非整合的な立法上の変化をもたらす傾向

---

86) Ibid.
87) Ibid., pp. 54-55.
88) マーモーは 'partisan realignment' によって、「一定期間ごとに政権がさまざまな政党のあいだを行き来すること」を意味しているので (ibid., p. 55)、ここでは「政権交代」という訳語を用いる。
89) Ibid.

にある。新しい法および政策は、以前の体制から引き続いて効力を有する法や政策と、不安定に共存しているのである[90]。

ここでの「立法の統合性」の失敗は、実践的な理由（practical reasons）と原理上の理由（principled reasons）に由来する。まずは、実践的な理由について。新政府が、新しい法や政策と一貫しないすべての法や政策を白紙に戻したり、変更したり、廃止したりすることを欲するならば、それは通常は失敗するだろう。立法の大量さや複雑さは、そうした任務を遂行するのを、圧倒されるほどに困難にする[91]。

次に、政府がすべての法を白紙に戻さない原理上の理由について。原理上の理由は二つある。第一は、法的安定性および継続性の原理である。法を変更してはならないわけではないが、長期間の一定程度の安定性は、法がその目的（どのような目的であれ）を達成するために、必要不可欠である[92]。第二の原理上の理由は、多元論の尊重原理（principle of respect for pluralism）に由来する。もしも選挙の結果として、政権交代が起こるなら、少数派の政党は多数派になり、多数派は少数派になる。しかし、少数派になった以前の多数派は、消滅してはいない。それはいまだに現存しており、しばしば全住民のかなりの部分を代表している。適切に機能している民主国家においては、新しい多数派が、以前の多数派の立法によって達成されたすべてを根絶することは、誤りであろう[93]。

以上で、「立法の統合性」が失敗する、実践的な理由と原理上の理由について検討した。結局、マーモーによると、政権交代の状況は、かなり多くの立法の非整合性を生み出す。新政府は、新しい法や政策と衝突するような、以前の法や政策の堅固な網のなかで、立法上の変化をもたらすことを強いられる。こうした状況は、制定法の寄せ集めを生み出しがちである[94]。

しかし、だからといって、政権交代をもたらす民主政が、遺憾なものだと

---

90) Ibid.
91) Ibid.
92) Ibid., pp. 55-56.
93) Ibid., p. 56.
94) Ibid.

いうわけではない。というのも、政権交代の結果として生み出された立法の非整合性は、原理上の理由に支えられた道徳的・政治的考慮を、反映しているからである。原理上の理由とは、一定程度の法的安定性を保持する必要性と、価値多元論を尊重する必要性のことである。政権交代は、相争う考慮のあいだの繊細な妥協を求める。すべての妥協が遺憾なものというわけではない。ここでの妥協は、社会的・政治的な現実の道徳的複雑さを尊重するような、妥協なのである[95]。

以上、本節では、「立法の統合性」が失敗する主要な原因として、以下の三つを検討してきた。すなわち、(1) 立法権限の分割、(2) 立法が成立するための取引と妥協、および (3) 政権交代と法の継続性である。マーモーの理解では、これらの原因によってもたらされる「立法の統合性」の失敗は、遺憾なものではなく、多元的な社会における重要な徳であり、価値多元論を尊重するものなのである。

お わ り に

本章の目的は、マーモーの立法論を手がかりとして、彼が擁護する価値多元論と、彼による「立法の統合性」に対する批判について、検討することであった。最後に、本章の全体を振り返っておこう。

本章は、まずは第1節で、マーモーの法の支配にかんする議論を取り上げた。彼によると、法の支配の徳は、機能的な徳であると当時に、政治的・道徳的な徳でもある。さらに、多元的社会における法の支配は、価値ある多様な諸善を促進するのである。

第2節では、マーモーが、価値多元論の立場から、「立法の統合性」に懐疑的な姿勢を取っていることを、明らかにした。すなわち、マーモーは、ロールズの穏当な価値多元論の理念を継承し、その理念を、「立法の統合性」の失敗について論じるための根拠としている。法に一つの声で語るように期待してはならない。というのも、社会の多様な層によって支持されている穏

---

[95] Ibid.

当で包括的な複数の道徳的教説を包含できるような、単一の声は存在しないからである。

　第3節では、マーモーが、価値多元論の立場から、「立法の統合性」を理想として掲げるのは誤りであると考えていることを、確認した。彼によれば、「立法の統合性」の失敗は、必ずしも遺憾なことではない。むしろ、「立法の統合性」は、ほとんどの場合、望ましい理由によって失敗する。すなわち、「立法の統合性」の失敗は、立法目的の多様性を確保したり、少数派のニーズや利益に配慮する余地を残したりといった、望ましい理由によって失敗するのである。結局、「立法の統合性」の失敗は、遺憾なことではなく、多元的社会における重要な徳であり、価値多元論を尊重するものなのである。

第3章　A. マーモーの法解釈理論と立法論
——立法と司法の戦略的コミュニケーション——

は じ め に

　本章は、法哲学者アンドレイ・マーモーの法解釈理論と立法論を参照しつつ、立法と司法の戦略的コミュニケーションについて、検討することを目的とする。

　具体的な検討をはじめる前に、本章を執筆するに際しての、筆者の問題意識を確認しておきたい。法実証主義に批判的な法哲学者であるロナルド・ドゥオーキンは、裁判所（司法）を中心に据えた法理論を提示している[1]。それに対して、法実証主義を擁護するジョセフ・ラズと、ラズの弟子であるマーモーは、立法と司法の関係を把握する視座を提供するための法理論を提示している。すなわちラズは、法の機能の中心部分にあるのは「立法者と裁判所のあいだの相互作用」である、という主張を行っている[2]。マーモーは、

---

1) ドゥオーキンの「統合性としての法」という法理論によると、われわれは法のなかで生き、法によって生活している。すなわち、われわれは法の帝国の臣民であり、裁判所は法の帝国の首都であり、裁判官はその王侯なのである。Ronald Dwrokin, *Law's Empire* (Cambridge, Mass.: Harvard University Press, 1986), pp. vii, 407. 小林公訳『法の帝国』（未來社、1995年）1、621頁。ドゥオーキンの「統合性としての法」については、深田三徳『現代法理論論争——R. ドゥオーキン対法実証主義』（ミネルヴァ書房、2004年）116-123頁、中山竜一『二十世紀の法思想』（岩波書店、2000年）第三章、植木一幹「R. ドゥオーキンの『インテグリティとしての法』の理論に関する一考察——J. ハーバマスによる批判を手がかりに（1）（2）」法学論叢135巻4号（1994年）、136巻3号（1994年）、宇佐美誠「ドゥオーキンの法哲学と政治哲学」宇佐美誠・濱真一郎編『ドゥオーキン——法哲学と政治哲学』（勁草書房、2011年）8-13頁などを参照。

2) Joseph Raz, 'Interpretation: Pluralism and Innovation', in Joseph Raz, *Between Authority and Interpretation: On the Theory of Law and Practical Reason* (Oxford: Oxford University Press, 2009), p. 320.

多元的な諸価値のあいだの妥協を目指す議会と、制定法を解釈する裁判所のあいだには、「戦略的コミュニケーション」が存するという、独自の解釈理論および立法論を提示している[3]。本章は、マーモーの議論を参照して、立法と司法の関係を把握することを目的とする。

　以上で、本章の問題意識を確認した。ここで、本章の構成を確認しておこう。第1節では、マーモーの法解釈理論を踏まえて、「法とは何か」を理解するためには言語哲学を援用する必要があること、および、法は常に解釈されているわけではなく、修正ないし変更される場合もあることを、明らかにする。第2節では、引き続きマーモーの法解釈理論に依拠して、法が解釈されるのは不確定性が存する場合であることを、確認する。なお、第3節では、法における語用論的不確定性に焦点を合わせて、詳しい検討を行う。第4節では、マーモーの立法論に注目し、多元的な諸価値のあいだの妥協を目指す立法府と、制定法を解釈する司法府のあいだには、戦略的コミュニケーションが存在する、ということを確認する。以上の考察を通じて、裁判所（司法）を中心に据えるドゥオーキンの法理論に対する、立法と司法の関係を把握するための視座を提供するマーモーの法理論の特徴を、提示することを目指したい。

　なお、マーモーは、立法と司法の関係にかんして、価値多元論の立場から、①立法の統合性に懐疑的な立法論、②立法と司法のあいだには「戦略的コミュニケーション」が存するという法解釈理論および立法論、ならびに③立法と司法が相互調整するような憲法改革案を、提示している。本章の検討対象は②である。①および③については、本書の別の章[4]で検討を行っている。

3）　Andrei Marmor, 'The Language of Law', in Andrei Marmor, *Philosophy of Law* (Princeton, NJ and Oxford: Princeton University Press, 2011), p. 154.
4）　①については第2章を、③については第4章を参照されたい。

第1節　法は常に解釈されているのか
――法は修正・変更される場合もある

1　法と言語

本節では、マーモーの法解釈理論[5]に依拠して、法は常に解釈されているわけではなく、修正（modify）ないし変更（change）される場合もある[6]、

---

5) ここでは以下の文献を参照する。Andrei Marmor, 'The Language of Law', *supra* note 3. マーモーの法解釈理論については、Andrei Marmor, *Interpretation and Legal Theory*, revised second edition (Oxford and Portland, Oregon: Hart Publishing, 2005). マーモーの法解釈理論の紹介・検討として、長谷部恭男「制定法の解釈と立法者意思――アンドレイ・マルモー博士の法解釈理論」長谷部恭男『比較不能な価値の迷路――リベラル・デモクラシーの憲法理論』（東京大学出版会、2000年）がある。なお、長谷部論文は、マーモーの著書の初版（Andrei Marmor, *Interpretation and Legal Theory*, Oxford: Clarendon Press, 1992）を検討対象としている。

6) H. L. A. ハートの「司法的裁量（judicial discretion）」論によると、法的ルールには、意味の明確な「確実な核心」の部分と、そうではない「疑わしい反影」の部分がある。当該事件に関係するルールが不明確な事件においては、裁判官は裁量を用いて事件を処理しており、法創造の権能を委ねられているものとされる。H. L. A. Hart, *The Concept of Law*, third edition (Oxford: Oxford University Press, 2012), pp. 124-136, 145. 矢崎光圀監訳『法の概念』（みすず書房、1976年）135-148、158頁。ラズは、ハートから司法的裁量論を受け継ぎ、裁判官による司法的裁量の行使を認めている。ラズによると、裁判所は、法的ルールを修正（modify）する裁量や、法的ルールの適用の例外を作ったりする裁量を有している。裁判所がそのような裁量を有している場合には、裁判所は、裁量を行使すべきであるかを決定したり、裁量をどのように行使すべきかを決定したりするために、道徳的推論に訴えねばならないとされる。Joseph Raz, 'On the Autonomy of Legal Reasoning', in Joseph Raz, *Ethics in the Public Domain: Essays in the Morality of Law and Politics*, revised edition (Oxford: Clarendon Press, 1995), p. 335. 石井幸三訳「法的推論の自律性について」、ジョセフ・ラズ著、深田三徳編訳『権威としての法――法理学論集』（勁草書房、1994年）251頁。さらに、ラズによると、裁判所は拘束力ある先例を確立する権限を有しているがゆえに、裁判所による司法的決定は、法を変化（change）させることができるのである。Joseph Raz, 'Interpretation', *supra* note 2, p. 320. なお、R. ドゥオーキンはハートらの司法的裁量論を批判し、ハード・ケース（当該事件に関係するルールが不明確な事件）においても、裁判官は原理（principle）を用いることによって、司法的裁量を用いることなしに、単一の正しい答え（a single right answer）を提示できるとする。Ronald Dwrokin, 'Can Rights be Controversial?' in Ronald Dworkin, *Taking Rights Seriously*, with a new appendix, a

ということを明らかにする。具体的には、まずは、「法とは何か」を理解するためには言語哲学を援用する必要があることを、確認する。さらに、会話は常に解釈されているわけではないこと、および、法は常に解釈されているわけではないことを、確認する。

それでは、「法とは何か」を理解するためには言語哲学を援用する必要があることを、確認していこう。マーモーによると、立法府と裁判所は、自然言語を用いてコミュニケートする。よって、彼は、言語哲学の知見を援用しながら、議論を進めることになる[7]。

法哲学者のH. L. A. ハートは、法について理解する方法の中心には、言語を理解することが存すると考えていた。ただし、ハートは、「法」という言葉の意味にかんする日常言語学的な分析をしていたわけではない。彼は、法の言語分析に従事していなかったし、そうした企ての実り豊かさを明白に否定していた。マーモーによると、言語哲学が法の理解にとって中心的であるのは、別の理由に基づいている。すなわち、法は、権威的命令によって構成されている。法の内容は、諸々の法的権威（legal authorities）——筆者の理解では、立法府・司法府・行政府などの諸機関——がコミュニケートする内容と等しい。諸々の法的権威は、自然言語によってコミュニケートする。よって、「法とは何か」について理解するためには、言語によるコミュニケーションがどのように機能（work）するのかを、理解することが重要となる[8]。

マーモーによると、自然言語には以下の特徴がある。すなわち、発話者によって伝達される内容は、しばしば部分的に、文脈的要素や規範的要素によって決定される、という特徴である。マーモーは、言葉の内容が文脈的・規範的に決定されることを、「言語の語用論的側面（the *pragmatic* aspects of language）」と呼ぶ[9]。

---

　　response to critics (Cambridge, Mass.: Harvard University Press, 1978), p. 279. 小林公訳「権利には異論の余地がありうるか」、ロナルド・ドゥウォーキン著、小林公訳『権利論II』（木鐸社、2001年）75頁。
7）　Andrei Marmor, 'The Language of Law', *supra* note 3, p. 136.
8）　Ibid.
9）　Ibid., pp. 138-139.

マーモーは、言語の語用論的側面を、文脈的要素と規範的要素に分けて検討を行っている。まずは、文脈的要素についてみていこう。会話に関連する文脈を知ることは、話し手が伝達する内容を把握する際に、重要な役割を果たす。最もよく知られた例としては、一人称代名詞の「私」や、指示語の「こちら」などがある。われわれが発話（utterance）に際して、そうした表現を用いるとき、伝達される内容は、部分的には言葉の意味によって、部分的には話し手と聞き手が共有する事実——誰が話しており、どちらの方向を示しているのか——によって、決まってくる。あるいは、「残念ですがあなたは死にます」と、医者が患者に対して言う場合と、哲学者が人生に悩んでいる友人に対して言う場合とでは、会話の内容が変わってくる[10]。

次に、言語の語用論的側面の、規範的要素について検討しよう。コミュニケーションの文脈において規範的枠組（normative framework）がどのような役割を果たすかについては、言語哲学者のポール・グライスによる研究がある[11]。

グライスによると、「言葉のやり取りはふつう、少なくともある程度までは、協調的な企てである。……会話の中で発言をするときには、それがどの段階で行われるものであるかを踏まえ、また自分の携わっている言葉のやり取りにおいて受け入れられている目的あるいは方向性を踏まえた上で、当を得た発言を行うようにすべきである。これを協調の原理（Cooperative Principle）と呼ぶことができよう[12]」。

マーモーは、グライスの基本的な考えを以下のようにまとめている。すなわち、日常会話では、会話への参加者たちは、通常は「協調的情報交換（the cooperative exchange of information）」に従事している。会話の参加者たちは、協調的情報交換をなすために、特定の規範（norms）——グライスの言う「格率（maxims）」——に従わねばならない。会話の格率には、例えば以下のようなものがある——すなわち、話し手は、会話と関連することを、誠実に発

---

10) Ibid., p. 139.
11) Ibid., p. 140.
12) Paul Grice, *Studies in the Way of Words* (Cambridge, Mass. and London: Harvard University Press, 1989), p. 26. 清塚邦彦訳『論理と会話』（勁草書房、1998年）37頁。

話（utter）すべきである。発話（utterance）は、語る内容が少なすぎても、多すぎてもならない。発話は、秩序だってなされるべきであり、不明瞭さ（obscurity）や両義性（ambiguity）などを避けるべきである[13]。

会話の格率が日常会話に適用されるのはなぜか。それは、日常会話の目的が、協調的情報交換だからである。ただし、日常会話が、会話の格率から逸脱する場合はありうる。人は、日常会話に参加している振りをしたり、言葉を取り繕ったり、会話の格率に従うことに失敗したりすることがある。さらに、会話の格率が不確実な場合には、「戦略的コミュニケーション」が存在するであろう[14]。

マーモーは、日常会話では、協調的情報交換が行われるけれども、法の文脈では、立法府と裁判所のあいだで戦略的コミュニケーションがとられる、という議論を行うことになる。彼のこの議論については、本章の第4節で検討することとする。

2 会話は常に解釈されているのか

以上で、法を理解するために、言語哲学の知見を用いることができることを確認した。さて、マーモーの理解では、R. ドゥオーキンは、法の内容を把握することは常に解釈の問題であると論じている。ドゥオーキンは、法の内容を理解するためには解釈が必要であり、解釈は必然的に評価的問題であるから、法実証主義は誤りであると主張するのである[15]。もしもこれが事実であるとすれば、ドゥオーキンが、法実証主義には欠陥があると結論づけるのは、正しいであろう[16]。

---

13) Andrei Marmor, 'The Language of Law', *supra* note 3, p. 140.
14) 戦略的コミュニケーションの原語は 'certain forms of strategic communication' である。Ibid., p. 141.
15) Ibid., pp. 136-137. ドゥオーキンの見解は以下で提示されている。Ronald Dwrokin, *Law's Empire, supra* note 1, pp. 64-65. 邦訳、106-107頁; Ronald Dworkin, *Justice in Robes* (Cambridge, Mass. and London: Harvard University Press, 2006), p. 143. 宇佐美誠訳『裁判の正義』（木鐸社、2009年）182頁。ドゥオーキンの解釈理論を紹介・検討した邦語文献は複数存在するが、ここでは長谷川晃『解釈と法思考――リーガル・マインドの哲学のために』（日本評論社、1996年）第4章、および深田三徳・前掲注（1）『現代法理論論争』第3章をあげておく。

第1節　法は常に解釈されているのか　*91*

　しかし、法が何を言っているかを理解する際に、解釈はいかなる役割を果たしているのか、についてのドゥオーキンの想定は、疑わしい。そこでマーモーは、解釈は遍在する（ubiquitous）というドゥオーキンの想定は意味をなさない、ということを示そうと試みることになる[17]。

　マーモーは、解釈は遍在するというドゥオーキンの主張――マーモーはそれを「解釈の遍在テーゼ（the ubiquity of interpretation thesis）」と呼ぶ[18]――を論駁するために、言語哲学の知見を援用する。マーモーはまず、①通常の会話は常に解釈されているのか、という問題を検討する。彼はさらに、②法の文脈において、法は常に解釈されているのか、という問題を検討する。

　以下では、通常の会話は常に解釈されているのか、という問題についてみていこう（法は常に解釈されているのか、という問題については、本節の3で検討する）。そもそも、話し手が話した後に、一時停止があって、その一時停止のあいだに聞き手が解釈する、ということはない。通常の会話では、われわれは発話を聞いてすぐに、何が言われているのかを理解する。よって、解釈が常に求められるわけではない[19]。

　マーモーは、以上を確認した上で、通常の会話が常に解釈されているかという問題を、文脈的要素と規範的要素に分けて検討している。以下で、それらの要素を順番にみていこう。

　まずは、通常の会話は常に解釈されているのかという問題を、文脈的要素

---

16) Andrei Marmor, 'The Language of Law', *supra* note 3, p. 137. マーモーによると、いわゆる法実証主義者なら誰もが主張する見解が存在する。すなわち、「法とは何かの確定は、関連する状況における、法とは何であるべきかについての道徳的考慮ないしその他の評価的考慮に、必然的・概念的には依存し̇な̇い̇」という見解である（強調は引用者）。Andrei Marmor, 'Legal Positivism: Still Descriptive and Morally Neutral', in Andrei Marmor, *Law in the Age of Pluralism* (New York: Oxford University Press, 2007), p. 129. とすると、ドゥオーキンがいうように、もしも法の内容を理解するためには解釈が必要であり、解釈が必然的に評価的問題であるならば、法実証主義は誤りであるということになるだろう。なお、マーモーは、ドゥオーキンのこの考えを批判している。Ibid., pp. 145-147. マーモーがいかなる批判をしているかについては、本書第7章の202-205頁を参照されたい。
17) Andrei Marmor, 'The Language of Law', *supra* note 3, p. 137.
18) Ibid., p. 142.
19) Ibid., p. 138.

に着目して検討しよう。先述のように、日常会話においては、発話者が伝達する内容を把握する際には、その発話がなされる文脈について理解する必要がある。というのも、同じ発話が、会話の文脈によって、とても異なる内容を有することがあるからである。とすると、われわれは会話の文脈に応じて、伝達される内容を解釈するのだろうか。マーモーによると、そうではない。というのも、第一に、伝達される内容が常に文脈に依存するわけではないからである。第二に、伝達される内容が文脈に依存する場合であっても、聞き手が常に解釈に従事するわけではないからである。すなわち、日常経験のほとんどの場合には、会話の文脈は、話し手と聞き手が共有している「共通知識（common knowledge）」なのであり、聞き手は、大きな困難を感じたり、解釈したりすることなく、会話の文脈に応じた内容を把握することができるのである[20]。

次に、通常の会話は常に解釈されているのかという問題を、規範的要素に着目して検討しよう。これまた先述のように、日常会話においては、特定の規範が、すなわち会話の格率が適用されている。そうした規範的枠組が、会話の当事者たちに共有されているのでなければ、コミュニケーションは不可能だろう。さて、もしも会話の格率が容易に把握できて、会話の当事者たちがその格率についての異なる理解を有しているとしたら、会話の当事者たちはその格率についての解釈をしているのである——という結論を提示できるかもしれない。しかし、この結論は正しくない。なぜなら、人は、会話の格率に従っている振りをしたり、会話の格率を巧みに逃れて行為したり、会話の格率に従うことに失敗したりするからである。あるいは、会話の格率が不確実（uncertain）な場合もあるからである。さらに、会話の一当事者が、会話の格率について誤解している場合も存するからである。例えば、ある会話の聞き手が、一般的な会話（通常の情報交換）の格率に従っていると思っていたところ、話し手が「冗談ですよ」と言ったときに、実は自分が従事して

---

[20] Ibid., pp. 139-140. なお、解釈が必要となる場合はある。例えば、会話の背景にある文脈の特殊な側面が十分に明らかでない場合や、そうした背景が共有されてはいるが、伝達される内容の一部が不明確（unclear）で不確定的（indeterminate）である場合である。とはいえ、以上は例外的な事例であるとされる。Ibid., p. 140.

いるのは一般的な会話ではなく、冗談であったことに気づくのである[21]。

以上から明らかなように、われわれがコミュニケーションにおいて互いを理解するためには、自分たちがいかなる会話に従事しており、その会話を統制するのがいかなる規範であるかを、理解する必要がある。ただし、だからといって、われわれは会話の格率を解釈しているわけではない。聞き手が、自分たちの会話を統制する格率を解釈するまで、伝達される内容が、言わば「中空を漂う」ということにはならない。格率は、通常は、話し手と聞き手のあいだの「共通知識」なのであって、それを解釈する必要はないのである[22]。

3 法は常に解釈されているのか

以上で、会話は常に解釈されているわけではない、ということを確認した。以下では、法もまた常に解釈されているわけではなく、修正ないし変更される場合があるということを、マーモーの議論に即してみていこう[23]。

---

21) Ibid., pp. 141-142.
22) Ibid., p. 142.
23) マーモーは、「法は常に解釈されているのか」という問いについて検討する際に、哲学者ルードヴィヒ・ウィトゲンシュタインの議論を引用している。Andrei Marmor, *Interpretation and Legal Theory*, revised second edition, *supra* note 5, pp. 115-116. すなわち、ウィトゲンシュタインによると、「規則に従うそれぞれの行動は解釈である、と言いたくなるような傾向が生ずる。しかし、規則のある表現を別の表現でおきかえたもののみを『解釈』と呼ぶべきであろう」。Ludwig Wittgenstein, *Philosophical Investigations*, revised fourth edition, edited by P. M. S. Hacker and Joachim Shulte (Oxford: Wiley-Blackwell, 2009), No. 201. 藤本隆志訳『哲学探究(ウィトゲンシュタイン全集8)』(大修館書店、1976年) 201節。マーモー自身は、以下のように論じている。すなわち、解釈が必要となるのは、文脈や表現そのものにかんして、馴染み深くなかったり明確(clear)でなかったりする何かが存する場合のみに、限定される。解釈とは、明確にしたり翻訳(translating)したりする活動である。すなわち、ある表現を別の表現で説明しようと努めることである。解釈は、一つの言語ゲームの枠内にとどまる必要はない。われわれは、ある曲について、それを一定の仕方で演奏したり、あるいはそれを言葉で説明したりすることによって、その曲について解釈することができる。結局、解釈は常に、ある表現を別の表現によって説明ないし明確にする。よって、解釈は、言語をいかに使用するかについての予備知識(prior knowledge)に基づかねばならない。われわれは、ある表現の意味を、一つの言語のなかで知った後ではじめて、そ

マーモーは、法は常に解釈されているのか、という問いについて考えるために、芸術と法を区別している。芸術においては、芸術作品の理解はまさに解釈の問題である。芸術作品の創造は、コミュニケーションの一形態であるが、情報交換的なコミュニケーションではない。芸術作品は、複数の解釈——相互に矛盾する解釈——がなされることを念頭に置いて、創造されている。芸術作品は、少なくともわれわれの文化では、人々が別様に解釈できる文化的産物 (cultural objects) であると、意図されている。芸術作品は、簡単に理解（あるいは誤解）できるような確定的な伝達内容を伝えるものと意図されているわけではない。それは、内容が不確定的であったり、さまざまな仕方で曖昧であったりするものとして意識されており、多様な複数の解釈に開かれている[24]。

このことは、法には当てはまらない。法の指図は、具体的な結果を生み出すように意図して作られており、人々に行為理由[25]を与え、規定されたし

の表現の意味を、別の言語のなかで説明することができるのである。Andrei Marmor, 'The Separation Thesis and the Limits of Interpretation', in Andrei Marmor, *Positive Law and Objective Values* (Oxford: Clarendon Press, 2001), pp. 75-76. さて、長谷部恭男は「法は常に解釈されているのか」という問いにかんして、マーモーを参照しながら以下のように論じている。すなわち、「ドゥオーキンの新たな立場〔彼が『法の帝国』で提示した立場〕からすると、すべては解釈である。……すべては解釈であるという解釈的転回の結論からすると、『解釈なくして法命題なし』ということになる。……ウィトゲンシュタインがつとに指摘するように、解釈の結果生み出されるのは、それ自体、新たなテクスト（記号の列）なのであるから、それを理解するためにはまた新たな解釈が必要となり、その結果として生み出されるテクストを理解するためにも、さらに新たな解釈が必要となる。この作業をどこまで続けても当初のテクストの理解は達成しえない。〔原文改行〕つまり、およそ理解が可能なのだとすれば、解釈によらない理解があると考えざるをえない」。長谷部恭男「法源・解釈・法命題——How to return from the interpretive turn」長谷部恭男『憲法の理性』（東京大学出版会、2006年）208-209頁（亀甲括弧内は引用者）。なお、大屋雄裕も、「あらゆる法の意味は解釈行為によって媒介されることなしには知られ得ない」というドゥオーキンの理論の想定について、検討を加えている。大屋雄裕『法解釈の言語哲学——クリプキから根元的規約主義へ』（勁草書房、2006年）43-66頁を参照。

24) Andrei Marmor, 'The Language of Law', *supra* note 3, p. 143.
25) ラズによると、行為理由 (reasons for action) は、規範 (norm) について説明するための鍵概念である。Joseph Raz, *Practical Reason and Norms*, second edition (Princeton, NJ: Princeton University Press, 1990), p. 9. 例えば、母親の命令は、彼女の子どもに

かたでわれわれの行為に影響を与えることを目的としている。もちろん、詳細さの程度は変わるだろう。法のなかには、一方で、たいへん詳細で、行為様式を事細かに指図するものがあり、他方で、たいへん一般的なものもある。法規範が一般的であればある程、解釈が必要とされる状況が生じやすくなる。しかしながら、一般的に言って、芸術の場合とは異なり、法は、それが伝えようとしている内容から隔たった文化的産物となることを、その性質とはしない。マーモーによれば、芸術は、解釈されるために存在する。法は、人々がそれに依拠して行為するために、存在するのである[26]。

　さて、マーモーによると、法にはその他にも固有の特徴があり、その特徴は、解釈が常に必要とされるというのを事実に思わせている。その特徴とは、すべての法体系では、ある機関が法を制定し、別の機関がそれを個別の事例にどのように適用するかを決定する権限を与えられている、という特徴である。ここでいう別の機関とは、通常は、裁判所（ないしその他の司法的機関）のことである。裁判所は、自らが好む仕方で法を理解ないし解釈できる。裁判所が、法がどのように適用ないし解釈されるのかを決定した後でさえも、上位の裁判所や、あるいは後の時代の同位の裁判所が、その判決を変更して別の決定を下すだろう。以上からすると、法は常に解釈される、ということになるのだろうか[27]。

　マーモーによると、答えはノーである。以上が示しているのは、裁判所——とくに上位の裁判所——は、しばしば、司法的決定によって法を修正する法的権限を有している、ということなのである。例えば以下の事例を考えてみよう。ある制定法が、「FであるすべてのXはϕすべきである」と定めており、特定の個人Aが、明らかにFであると仮定しよう。この場合、他の

とって、行為理由の一つである。それに対して、行為理由のなかには、他者の行為理由を奨励したり禁止したりするものもある。例えば、「母さんのいうことをききなさい」とか「母さんのいうことをきいてはいけません」という父親の命令である。ラズは、特定の行為理由に従って行為することを奨励したり禁止したりする行為理由を、二次的レベルの理由（second-order reasons）と呼んでいる。Joseph Raz, *The Authority of Law*, second edition (Oxford: Oxford University Press, 2009), pp. 16-17.

26) Andrei Marmor, 'The Language of Law', *supra* note 3, p. 143.
27) Ibid., pp. 143-144.

潜在的に衝突する法がなければ、Aはφすべきである。さて、ある裁判所が別様に決定したとしよう。すなわち、その裁判所が、その状況では、Aは必ずしもφすべきではないと、決定したとしよう[28]。

われわれは、この決定を、どのように理解すればよいのだろうか。マーモーによると、二つの可能性がある。まず、第一の可能性について。この裁判所は法的な誤りを犯しており、法的権限を逸脱している。この事例では、法は「Xはφすべきである」というものであり続けているが、この法は適用されていない。次に、第二の可能性について。その裁判所は法的権限の範囲内で行為している。この事例では、裁判所は単に法を修正したのである。すなわち、法は今や修正されて、以下のように定めている。「FであるすべてのXは、XがAである（ないし、Aに類している、あるいはAと同じ効果を発生させる）場合を除いて、φすべきである」。ほとんどの法体系では、上位の裁判所は、法を修正する権限を有している。なお、これは制度の問題であり、事情は法体系ごとに違うだろう。ともあれ、一般的に言えば、裁判所はしばしば、法が何であるかが完全に明らかな場合でさえも、法を変更することができるのである[29]。

以上から理解されるように、マーモーによると、法は常に解釈されているわけではない。裁判所は、法を修正する権限を有しており、法を変更することができるのである。

第2節　法を解釈するのはなぜか——法における三つの不確定性

1　法の衝突に由来する不確定性

以上で確認したように、マーモーによると、法を理解するためには、言語哲学の知見を用いることができる。さらに、会話は常に解釈されているわけではないし、法もまた常に解釈されているわけではない。さて、以下では、解釈が必要とされるのはなぜか、解釈はいつ必要とされるのか、法の内容を

---

28)　Ibid., p. 144.
29)　Ibid.

不確定的にするものは何か、について検討する[30]。

マーモーによると、法の内容はしばしば十分に明白である。われわれは、日常会話の場合と同じく、ほとんどの場合に、法が言っていることを聞き（実際には「読み」）、法が要求していることを理解するのである。ただし、場合によっては、法が何を言っているのかが不明確（unclear）であるため、解釈が必要となる。すなわち、法は、それが適用される個別状況において、その内容が不確定的（indeterminate）である場合に、解釈を必要とするのである[31]。

法における不確定性（indeterminacy）の主要な源泉としては、以下の三つがある。すなわち、①法の衝突に由来する不確定性、②意味論的不確定性、および③語用論的不確定性である[32]。以下、順番にみていこう。

まずは、法の衝突（conflicts of law）に由来する不確定性について。現代の法システムにおいては、法が大規模であり、法規範の数が多いために、ある事例に適用可能な法規範が二つ以上存在するということが、しばしば起こる。時には、衝突する法規範のどちらを優先するかを定める、第三の法規範が存在することもある。しかし、多くの場合、そうした法は存在しない。そのような場合においては、二つ以上の法規範の衝突は、真の衝突である。もちろん、これは単純なモデルであり、実際は、より複雑な構造によって衝突が生じたり、衝突が存在していることが明らかでないような場合さえ生じたりするだろう。ともあれ、マーモーによれば、個別の事例における法規範の衝突は、法において解釈が必要となる主要な源泉の一つなのである[33]。

2 意味論的不確定性──両義性と曖昧さ

次に、意味論的不確定性（semantic indeterminacies）についてみていこう。法は自然言語を用いて表明される。自然言語における語と文は、特殊な諸事例で用いられると、しばしば不確定的になる。意味論的不確定性の源泉とし

---

30) Ibid., p. 137.
31) Ibid., pp. 144-145.
32) Ibid., p. 145.
33) Ibid., pp. 145-146.

ては、両義性（ambiguity）と曖昧さ（vagueness）がある[34]。

　まずは、両義性についてみておこう。両義性は、自然言語における特定の語ないし表現が二つの異なる意味（例えば英語の 'bank' は「金融機関」と「川の土手」を意味する）をもつという事実によって、あるいは、文の構文上の構造（例えば、'I know a man with a dog who has fleas' という文。誰にノミがいるのか――人間か犬か）によって、生み出される。両義性は、一般に、発話がなされる文脈を認識することで、解決される。通常、われわれは、文脈を前提として、二つの意味のどちらが現在の状況と関連しているかについて、語ることができる。もしもあなたが、川で釣りをしているときに、友人に対して「あなたと bank で会う」と述べるとき、おそらくあなたの友人は、あなたが念頭に置いているのは「金融機関」ではなく、「川の土手」であると理解するだろう[35]。

　次に、曖昧さについて。自然言語のほとんどの語は曖昧である。例えば、「青」という色にかんする語について、考えてみよう。色のなかには、青かもしれないし青でないかもしれないような、すなわち、青と呼ぶのは間違いではないが、青と呼ぶのが間違いかもしれないような、境界線上の範疇がある。同じことは、以下のような境界線上の事例にも当てはまる。例えば、厚めのパンフレットは「本」なのか、ローラースケートは「乗り物（vehicle）」なのか、といった問いである[36]。

　法は、用語を定義することによって、不確定性を避けることができる。例えば、乗り物について、「自転車」は含むが「ローラースケート」や「車いす」は除外すると、制定法によって定義することができるだろう。しかし、曖昧さは根絶できないし、実際は、減らすことすらできない。第一に、法が、用語をどれほど詳細に定義したとしても、詳細さには限界がある。第二に、立法者は、用語にかんして生じる可能性のある疑問や問題を、ある程度は予

---

34) Ibid., pp. 146-147.
35) Ibid., p. 147.
36) Ibid., pp. 147-148. マーモーもいうように、ローラースケートは「乗り物（vehicle）」なのかという問いは、ハートによって例示されている。H. L. A. Hart, *The Concept of Law*, third edition, *supra* note 6, pp. 126, 128-129. 邦訳、137、140頁。

測できるかもしれないが、予測には限界がある。第三に、曖昧さは根絶できない。なぜなら、定義において用いられる語も、曖昧になりがちで、境界線上の事例が生じてしまうからである。(例えば、「乗り物は『自転車』を含む」と定義したとしても、次に、「自転車」とは何かが問題となる。「一輪車」や「子ども用の三輪車」はどうなるのか。) 境界線上の事例は常に存在するのである[37]。

3　語用論的不確定性

マーモーによると、語用論的不確定性 (pragmatic indeterminacies) が存する場合にも、解釈が必要となる[38]。なお、すでに確認したように、彼は、言葉の内容が文脈的・規範的に決定されることを、「言語の語用論的側面」と呼んでいる[39]。

語用論的不確定性について理解するためには、①発話者の「言う (say)」こと、②発話者があることを「言う」ことを通じて何かを「主張 (assert)」すること、および、③発話者の「言う」ことが何かを「含みとする (implicate)」ことについて、理解する必要がある[40]。マーモーは、言語哲学者のグライスに依拠しつつ、議論を進めている。

日常会話においては、発話者の「言う」ことが、発話者の「主張」することと一致していない場合がある。例えば、共働きの夫婦がいて、夫が、夕刻に帰宅した妻に対して 'Have you eaten?' と「言う」とき、夫は「あなたは飲食行為をしたことがありますか?」と「主張」している (聞いている) のではない。夫は、「今夜、晩ご飯を外で済ませてきた?」と「主張」している (聞いている) のである[41]。

以上で確認したように、発話者は、あることを「言う」ことによって何かを「主張」することができる。さて、マーモーによると、発話者は、あるこ

---

37) Andrei Marmor, 'The Language of Law', *supra* note 3, pp. 148-149.
38) Ibid., pp. 145, 150ff.
39) Ibid., pp. 138-139.
40) Ibid., pp. 150-153.
41) Ibid., p. 150.

とを「言う」ことによって何かをはっきりとは「主張」していないけれども、何かを「含みとする」ことができる。例えば、ガス欠で止まっている車の運転手が、通りすがりの村人に、近くにガソリンスタンドがないかを聞く。その村人は、「隣村にガソリンスタンドがある」と「言う」。このとき、その村人は、「隣村のガソリンスタンドがその日に営業している」とは「主張」していない。しかし、会話の格率（例えば、状況に関連づけて話せ、間違っていると思うことは話すな、といった格率）からすれば、その村人の「言う」ことは、「隣村のガソリンスタンドがその日に営業している」という内容を「含みとしている」と考えるのが、自然であろう。マーモーによると、ここでの「含み」とは、グライスのいう「会話的含み（conversational implicature）」のことである[42]。

なお、会話的含みは、発話者によって取消可能（*cancelable*）である。以上の事例であれば、発話者（村人）は、こう付け加えることができただろう。「しかし、ガソリンスタンドが営業しているかは分からないよ」と。その場合、「含み」は明白に取り消されるのである[43]。

第3節　法における語用論的不確定性

1　法が「言う」ことと「主張」することの不一致

以上で確認したように、法は常に解釈されるわけではない。法の解釈が必要となるのは、「法の衝突に由来する不確定性」、「意味論的不確定性」、ないし「語用論的不確定性」が存在する場合に限られるのである。以下では、マーモーが、「法における語用論的不確定性」を検討することを通じて、立法と司法のあいだでは、通常の会話における協調的情報交換ではなく、戦略的コミュニケーションがとられていると考えていることを、示したい。

なお、本章の第2節でみたように、語用論的不確定性には二つのものがあ

---

42)　「含み（implicature）」という名詞はグライスの造語であり、「含意（implication）」とは区別される。さらに、「含みとする（implicate）」という動詞も、「含む（imply）」とは区別される。Ibid., p. 152.

43)　Ibid., pp. 152-153.

る。一つは、発話者の「言う」ことと「主張」することが一致しない場合における不確定性である。もう一つは、発話者がはっきりとは「主張」していないことが「含み」とされている場合における不確定性である。このことを確認した上で、法における二つの語用論的不確定性について、すなわち、(a) 法が「言う」ことと「主張」することが一致しない場合における不確定性と、(b) 法がはっきりとは「主張」していないことが「含み」とされている場合における不確定性について、検討していこう。

まずは、法が「言う」ことと「主張」することが一致しない場合における不確定性について。マーモーによると、法は、それが「言う」ことと違うことを、「主張」することができる。しかし、法はそうした「主張」を頻繁になすわけではない[44]。それはなぜか。マーモーは二つの理由をあげている。

第一に、立法者たちは、自分たちが意図することが誤解されやすいので、法が「言う」ことと違うことを「主張」するのを、避けようと努めるからである。第二に、もしも法が、それが「言う」ことと明らかに違うことを「主張」した場合に、そのことを人々が理解できないからである。再度、「公園に乗り物を乗り入れてはいけない」というルールについて考えてみよう。このルールの立法者が、このルールが「言う」ところの乗り物とは、実は原動機付き自転車のことなのであると「主張」するような状況を、想像することは可能ではある（例えば、原動機付き自転車による大気汚染を抑制するための立法）。しかしながら、その認識がすべての関係者に共有されているとしたら、それはきわめて特殊な状況に違いない[45]。

結局、法が「言う」ことと「主張」することが違う場合には、不確定性が存在するために、裁判所による解釈が必要となる。ただし、立法者が、法が「言う」ことと違うことを「主張」するような状況は、それほど多くはないのである。

---

44) Ibid., p. 150.
45) Ibid., pp. 150-151.

2　法が「含み」とする内容の不確定性

以上で、法における語用論的不確定性のなかで、(a) 法が「言う」ことと「主張」することが一致しない場合における不確定性について、検討した。以下では、(b) 法がはっきりとは「主張」していないことが「含み」とされている場合における不確定性について、検討したい。マーモーは、立法府の発話の「含み」を、裁判所が無視できない場合と、裁判所が無視する場合とに分けて、議論を進めている。

まずは、「含み」を無視することができない場合について。例えば、レストランにトイレを設置することを求める条例があるとしよう[46]。この条例は、わざわざ主張するまでもなく、トイレとは、いつも鍵がかかっているトイレのことではなく、客が利用可能なトイレのことである、という「含み」を有している。この事例の場合、その条例の「含み」を、裁判所が無視することはできない[47]。

次に、「含み」が無視される場合について。マーモーによると、立法者の発話の「含み」の内容が明白であるにもかかわらず、その「含み」が裁判所によって無視されることがある。例えば、ある法が「すべてのXはφすべきである」と「主張」した上で、別項を設けて、「XがF、G、ないしHである場合は例外とする」と規定しているとしよう。通常であれば、この法は、言及された例外（F、GないしH）は網羅的（exhaustive）であるという「含み」を有する――すなわち、（F、GないしHでない）すべてのXはφすべきである、という「含み」を有する。もちろん、立法者は、それらの例外が網羅的ではないと、指示することができる（取消可能性）。しかし、そのような指示（取消の指示）がなければ、立法者はF、G、およびHのみが例外だという「含み」を有している、と考えるのが自然であろう[48]。

しかしながら、マーモーによると、裁判所（裁判官）は、立法者のそうした「含み」を常に受け入れるわけではない。裁判所はむしろ、立法者が例外をあらかじめ網羅的に定立する能力に、懐疑的である。よって、裁判所は時

---

46)　Ibid., p. 151.
47)　Ibid., p. 153.
48)　Ibid.

として、「含み」を端的に無視する。すなわち、裁判所は例外のリストを、網羅的なものとしてではなく、例示的（suggestive）なものとして捉える[49]。この場合、裁判所は基本的に、立法者の発話が「主張」する内容は聞くけれども、立法者の発話がはっきりとは「主張」していない、単に「含み」としているだけの伝達内容については、無視しているのである[50]。

結局、法がはっきりとは「主張」していない、単に「含み」としているだけの伝達内容にかんしては、不確定性が存するがゆえに、裁判所による解釈が必要となる。なお、裁判所は、法の「含み」を常に受け入れるわけではなく、時としてそれを無視するのである。

---

[49] マーモーは、そのような場合の事例として、一八九二年の聖トリニティ教会事件をあげている。*Rector, Holy Trinity Church v. U.S.*, 143 U.S. 457 (1892). 当時のアメリカでは、低賃金の未熟な労働力の流入は、アメリカの労働市場の劣化を招くと考えられていた。そこで、ある法令が、アメリカへの「あらゆる労働とサービス」の流入を制限する目的で、制定された。さて、この事件で争われたのは、イングランドの聖職者を、米国の聖トリニティ教会に迎えるにあたって、その法令が本当に、あらゆる種類の労働の輸入を禁じているのか、あるいは、ここでいう労働は「単純労働」に限定されるのか、であった。裁判所は、この法令における「労働」という言葉の用法は、単純労働に限定されるのであり、聖職者の仕事は当てはまらないとした。ところが、この判決の批判者たちは以下の指摘を行っている。すなわち、第一に、その法令は、明白な例外のリスト（俳優、芸術家、大学講師、歌手、おおび家事使用人）を列挙している。通常、法が一般的な規範を定めた上で、さらに明白な例外のリストを付記しているのであれば、例外が例としてあげられている（formulated as examples）——あるいは例示（suggested）されている——のでない限り、そのリストは網羅的（exhaustive）と捉えられるべきである。第二に、より重要なことに、この問題については議会で議論がなされていた。すなわち、数名の議員が、法令のなかで「単純労働」という表現を用いてはどうかと示唆していたのである。しかしながら、次の会期で法律が可決されたときには、その問題は取り上げられなかった。マーモーによると、議会の腰が据わらないことの理由を推測するのは難しくない。立法の文脈からすれば、その法令の目的が低賃金の未熟な労働力の流入を阻止することであったのは、きわめて明白である。しかし、低賃金の労働力に注目しすぎること対して、議会は若干の後ろめたさ（uncomfortable）を感じていた。すなわち、その法令が、低賃金の単純労働の流入を標的にしていることを明白に宣言するのは、政治的に不都合であったに違いないのである。Andrei Marmor, 'The Pragmatics of Legal Language', in *Ratio Juris*, vol. 21, no. 4 (2008), p. 427.

[50] Andrei Marmor, 'The Language of Law', *supra* note 3, pp. 153-154.

3 法が「前提」とする内容の不確定性

なお、マーモーによると、法が「含み」とする内容の不確定性に加えて、法が「前提（presuppose）」とする内容の不確定性も存在する[51]。彼は、通常の会話の場合[52]と、法的な事例の場合を区別して、検討している。

通常の会話の場合は、発話が「前提」とする内容が不確定的であるとしても、聞き手がその内容を「斟酌（accommodate）」することができる。例えば、「サラはジェーンを空港に迎えに行くのを忘れた」という発話について考えてみよう。この発話の聞き手は、サラがジェーンを空港に迎えに行くことになっていた、という事実を知らなかったとしても、その発話を聞いたときに、サラはジェーンを空港に迎えに行くことになっていたのだなと、「斟酌」することができるのである[53]。

さて、通常の会話の場合とは異なり、法的な事例の場合は、法が「前提」とする内容を、聞き手（裁判所）が「斟酌」しない場合がある。マーモーは、具体例として、アメリカのTVA（テネシー川流域開発公社）対ヒル事件（*TVA v. Hill*）[54]をあげている。この事件は、テネシー川流域でのダム建設に対して、スネールダーターという小さな魚の生息地がダム建設によって危険にさらされており、新たに成立した絶滅危惧種保護法に違反しているとして、環境保護団体がダム建設の中止を求めた、というものである[55]。

連邦議会は、建設中止の求めがなされた後も、年次歳出予算案において、

---

51) Andrei Marmor, 'Can the Law Imply More Than It Says?: On Some Pragmatic Aspects of Strategic Speech', in Andrei Marmor and Scott Soames (eds.), *Philosophical Foundations of Language in the Law* (Oxford and New York: Oxford University Press, 2011), p. 87. この論文には翻訳（抄訳）がある。アンドレイ・マルマー著、森際康友・小林智・鈴木慎太郎訳「法における戦略的言語行為」松澤和宏編『哲学的解釈学からテクスト解釈学へ』（名古屋大学大学院文学研究科、2012年）。
52) マーモーは、通常の会話の場合における、発話が「前提」とする内容の不確定性について論じる際に、スコット・ソームズの議論を参照している。Scott Soames, 'Presuppositions', in Scott Soames, *Philosophical Essays*, vol. 1 (Princeton, NJ: Princeton University Press, 2009).
53) Andrei Marmor, 'Can the Law Imply More Than It Says?' *supra* note 51, pp. 101-102.
54) 437 U.S. 153 (1978).
55) Andrei Marmor, 'Can the Law Imply More Than It Says?', *supra* note 51, p. 102.

ダム建設に対して資金を供出し続けた。このことから、建設事業は法的に承認されていると考えることもできるだろう。しかしながら、連邦議会がダム建設を法的に承認していたということを、歳出予算案が含みとしていたとは解することはできない、という判決を合衆国最高裁判所は下した。すなわち、最高裁判所は、歳出予算案が伝達する内容（「連邦議会は建設事業を法的に承認している」）を「斟酌」することを拒否したのである[56]。

なお、マーモーによると、この事件は、立法言語行為の戦略的な性質をきわめて明確に示している点でも、注目に値する。すなわち、連邦議会は、ダムを建設するという目的を果たすために、絶滅危惧種保護法を覆すという一般の支持を得にくい手法は取らずに、ダム建設の予算を供出し続けるという、より遠回しな手法を取った。マーモーが重視するのは、立法の文脈が戦略的であればあるほど、裁判所は、立法府が明示的に主張すること以上のものを進んで聞こうとはしなくなる、という点なのである[57]。

結局、法が「前提」とする内容にかんしても、不確定性が存するがゆえに、裁判所による解釈が必要となる。なお、立法の文脈が戦略的であればあるほど、裁判所は、法が「前提」とする内容を「斟酌」することを拒否するのである。

第4節　立法と司法の戦略的コミュニケーション

1　立法と司法の戦略的コミュニケーション

本章の第3節では、マーモーが、「法における語用論的不確定性」を検討することを通じて、立法と司法のあいだでは、通常の会話における協調的情報交換ではなく、戦略的コミュニケーションがとられていると考えていることを、確認した。すなわち、裁判所は基本的に、立法者の発話が明示的に

---

56) Ibid.
57) Ibid., pp. 102-103. 長谷部恭男によると、立法における戦略的言語行為にかんするマーモーの理論は、経済活動規制の合憲性にかんする日本の判例原理と直接に関連している。長谷部恭男「Marmor 教授の『立法における戦略的言語行為』理論へのコメント」松澤和宏編・前掲注（51）『哲学的解釈学からテクスト解釈学へ』217-218頁。

「主張」する内容は聞くけれども、立法者の発話が「主張」していない、単に「含み」としているだけの伝達内容については、無視する場合がある。あるいは、裁判所は、立法府が「前提」とする内容を「斟酌」しない場合がある。

以上から理解されるように、裁判所は、立法の文脈が戦略的であればあるほど、立法府が明示的に主張すること以上のものを進んで聞こうとはしなくなる。それはなぜか。マーモーによると、それは、立法者と裁判所の会話が、通常の会話とは異なるからである。すなわち、立法者と裁判所の会話が、通常の会話でなされる協調的情報交換ではなく、部分的に、「戦略的コミュニケーション（strategic form of communication）」だからである[58]。

結局、立法者と裁判所のあいだで戦略的コミュニケーションがなされるのは、両者のあいだで、協調的情報交換をなすための会話の格率が、完全には確定（determined）されていない——あるいは、会話の格率が明確（certain）でない——からなのである[59]。

なお、マーモーは、立法者と裁判所の会話は、部分的に戦略的コミュニケーションなのである、としている[60]。すなわち、彼は、立法者と裁判所のあいだでの協調的情報交換を可能とするような、一定のグライス的格率が存在する場合があることを認めている——そうした格率が存在するか否かは、それぞれの法体系における裁判所の解釈の文化や、裁判所の解釈実践の首尾一貫性などに、左右されることになる——。とはいえ、それでもやはり、もしも解釈の規範（協調的情報交換を可能とするグライス的格率）が確定されていないとすれば、裁判所と立法府の両者は、そのような不確定的な規範に従う動機を必ずしも有さないのである[61]。

2　立法の内部における戦略的行動

以上で確認したように、マーモーの理解では、立法者と裁判所の会話は、

---

58) Andrei Marmor, 'The Language of Law', *supra* note 3, p. 154.
59) Ibid.
60) Ibid.
61) Ibid., pp. 157-158.

第4節　立法と司法の戦略的コミュニケーション　*107*

部分的に、戦略的コミュニケーションである。彼はさらに、その両者のあいだで戦略的コミュニケーションがとられるのは、立法が戦略的言語行為をなすからである、という議論を行っている。以下では、彼のこの議論を理解するために、立法府の内部における戦略的行動と、立法府が複数の声で語ることに分けて、検討を進めよう。

　マーモーによると、立法は、協調的情報交換ではない。それは、概して、戦略的行動である。すなわち、立法は一つの会話ではなく、複数の会話から成り立っている。まず、立法過程では、複数の立法者のあいだで会話がなされる。さらに、立法府の内部での会話の後に、立法府と裁判所（ないしその他の機関）のあいだで別の会話が生じる。立法府の内部での会話は、しばしば、本来的にとても戦略的である。この会話は、協調的情報交換をなすためのグライス的な格率には、必ずしも従わない。裁判所（ないしその他の機関）は、立法府の内部における会話の成り行きを見ているので、その会話の戦略的性質を無視するのは困難であろう[62]。

　結局、マーモーによると、立法の最もよく知られた特徴の一つは、それがほとんど常に妥協の結果だということである。妥協とは、「暗黙に認められた不完全な決定」、すなわち未決問題を意図的に残すような決定のことである[63]。

　マーモーはここで、このことを説明するために、二人の人物（XとY）による集合的決定について検討している。

　　　Xは、Qを含みとすることを意図して、「P」と言うことを望むだろう。
　　　Yは、Qを含みとしないことを意図して、「P」と言うことを望むだろう。
　　　XとYは、自分たちの集合的発話——「P」と言うこと——がQを含みとするか否かを未決のままにすると<u>意図して</u>、集合的に行為する[64]。

　マーモーは、線を引いた「意図して」の部分を、明瞭に説明しようと試みている。すなわち、Xは、「Qを含みとする」という自分の意図が優勢であ

---

62)　Ibid., p. 154.
63)　「暗黙に認められた不完全な決定」の原語は 'tacitly acknowledged incomplete decisions' である。Ibid., pp. 154-155.
64)　Ibid., p. 155.

ると、意図しているかもしれない。Yは、「Qを含みとしない」という自分の意図が、優勢であると意図しているかもしれない。しかしながら、実際のところは、XとYの両者は、Qを含みとするか否かを未決のままにすると意図して（とりあえず立法しておいて）、法が解釈される段階で、自分の政治的な基本方針が実現されることを望んでいるのである[65]。

3　立法府は意図的に複数の声で語る

さて、戦略的行為は、立法府の内部における会話だけに限定されない。例えば、立法府がその外部に向けて、意図的に複数の声で語るような場合を考えてみよう。すなわち、立法府が、市民に対して一つのメッセージを伝え、裁判所やその他の諸機関に対しては別のメッセージを伝えようと意図するような立法について、考えてみよう[66]。

マーモーは二つの事例をあげている。第一は、強要された行為（duress）を抗弁（defense）として認める法である[67]。立法者は一方で、市民に対しては、犯罪抑止の観点から、強要された行為は抗弁として認められない、というメッセージを伝える。ところが、立法者は他方で、裁判官に対しては、公正と慈悲の観点から、強要された行為を抗弁として認めよ、という指示を送る。これは、コモン・ローにおいては多かれ少なかれ実際に起こっていることであり、大いに筋が通っている。次に、第二の事例について。立法者は一方で、選挙資金の寄付を厳しく制限するようなそぶりを見せる。しかし、立法者は他方で、実際には逆のことを、すなわち、そうした寄付が無制限かつ不透明になされることを許容している[68]。

---

65) Ibid. 長谷部恭男は、マーモーの議論を参照しつつ、「議会での政治的交渉の場では、真意を語らないことが隠された意図を実現する効果的な手段となることがある」と述べている。長谷部恭男「世代間の均衡と全国民の代表」奥平康弘・樋口陽一編『危機の憲法学』（弘文堂、2013年）220頁の注50。
66) Andrei Marmor, 'The Language of Law', *supra* note 3, pp. 155-156.
67) マーモーは「強要された行為の抗弁（defense of duress）」について論じる際に、以下の文献を参照している。Meir Dan-Cohen, 'Decision Rules and Conduct Rules: On Acoustic Separation in Criminal Law', in Meir Dan-Cohen, *Harmful Thoughts* (Princeton, NJ: Princeton University Press, 2002).
68) Andrei Marmor, 'The Language of Law', *supra* note 3, p. 156.

以上の二つの事例では、立法者たちは、衝突する含み（a conflicting implicature）を有している。すなわち、ある角度から見ると、立法府はあることを含みとしているけれども、別の角度から見ると、立法府は別のことを含みとしているのである。なお、マーモーによると、強要された行為の事例では、立法府の曖昧な言い回しは大いに意義があり、おそらく道徳的に称賛すべきである。それに対して、選挙資金の事例では、曖昧な言い回し（二枚舌）はむしろ問題である[69]。

ともあれ、立法府が曖昧な言い回しをする際に、法の一義的な内容は何であるかという問いに対して、明確な答えを出すことはできない。結局、立法者の一つの発話行為は、文脈によって、あるいは聞き手によって、異なる内容（しかも、相互に首尾一貫していない内容）を含みとするのである[70]。

お わ り に

以上、本章では、マーモーの法解釈理論と立法論に依拠しながら、立法と司法の戦略的コミュニケーションについて、検討を行った。ここで、全体の概要を振り返っておこう。

第1節では、マーモーの法解釈理論を踏まえて、「法とは何か」を理解するためには言語哲学を援用する必要があることを確認し、さらに、法は常に解釈されているわけではないことを確認した。彼によると、たとえば芸術作品は、人々が別様に解釈できる文化的産物であり、多様な複数の解釈に開かれている。それに対して、法は、具体的な結果を生み出すように意図して作られており、人々に行為理由を与えるものである。よって、一般的に言って、芸術の場合とは異なり、法は、それが伝えようとしている内容から隔たった文化的産物となることを、その性質とはしない。さて、裁判所は、個別の事例において、法が何を意味するのかを決定する。すなわち、裁判所は、自らが好む仕方で法を解釈できるし、さらに、上位の裁判所や、後の時

---

69) Ibid.
70) Ibid., pp. 156-157.

代の裁判所が、判決を変更して別の決定を下すこともある。とすると、法は常に解釈されている、ということになるのだろうか。マーモーによると、答えはノーである。すなわち、裁判所——とくに上位の裁判所——は、しばしば、司法的決定によって法を修正する法的権限を有している。あるいは、裁判所はしばしば、法が何であるかが完全に明らかな場合でさえも、法を変更することができるのである。以上から、法は常に解釈されているわけではない、という結論が提示される。

　第2節では、法を解釈するのはなぜか、という問いについて検討した。マーモーによると、法の内容はしばしば十分に明白であるが、場合によっては、法が何を言っているのかが不確定的であるため、解釈が必要となる。法における不確定性としては、「法の衝突に由来する不確定性」「意味論的不確定性」および「語用論的不確定性」の三つがある。

　第3節では、マーモーがとくに重視する「法における語用論的不確定性」について、詳しい検討を行った。彼は、グライスの言語哲学に依拠しつつ、議論を進めている。すなわち、語用論的不確定性について理解するためには、①発話者の「言う（say）」こと、②発話者があることを「言う」ことを通じて何かを「主張（assert）」すること、および、③発話者の「言う」ことが何かを「含みとする（implicate）」ことについて理解する必要がある。マーモーによると、法における語用論的不確定性には、(a) 法が「言う」ことと「主張」することが一致しない場合における不確定性、(b) 法がはっきりとは「主張」していないことが「含み」とされている場合における不確定性、および (c) 法が「前提（presuppose）」とする内容の不確定性が、存する。結局、これらの語用論的不確定性が存する場合に、法を解釈する必要が生じるのである。

　第4節では、立法と司法の戦略的コミュニケーションについて検討した。通常の会話の場合は、話し手と聞き手のあいだでは協調的情報交換がなされる。しかし、法の場合は事情が異なっており、話し手（立法）と聞き手（司法）のあいだでは、戦略的コミュニケーションがとられているのである。すなわち、立法は一つの会話ではなく、複数の会話から成り立っている。まずは、立法過程では、複数の立法者のあいだで会話がなされる。さらに、立法

府の内部での会話の後に、立法府と裁判所（ないしその他の機関）のあいだで別の会話が生じる。立法府の内部での会話は、しばしば、本来的にとても戦略的である。この会話は、協調的情報交換をなすための会話の格率には、必ずしも従わない。裁判所（ないしその他の機関）は、立法府の内部における会話の成り行きを見ているので、その会話の戦略的性質を無視するのは困難である。かくして、立法と司法のあいだでは、協調的情報交換ではなく、戦略的コミュニケーションがとられることになる。

　以上で、本章の概要を確認した。最後に、立法と司法の関係について、若干の検討を行っておきたい。本章の冒頭で確認したように、法実証主義に批判的なR. ドゥオーキンは、裁判所（司法）を中心に据えた法理論を提示している[71]。マーモーの理解に従えば、ドゥオーキンが法の統合性[72]について論じる時、それは裁定理論と関連している。すなわち、裁判官は、「立法の統合性（legislative integrity）」の理想を踏まえて法が制定されたと、想定すべきである。さらに、裁判官は、立法者がその理想に従って立法することに失敗したとしても、司法的解釈を通じて、立法に最大限の整合性を付与すべきなのである[73]。結局、ドゥオーキンは、「立法の統合性」が存すると主張するけれども、立法府が「立法の統合性」を実現するという議論はしていない。彼はむしろ、裁判所の制定法解釈を通じて、「立法の統合性」を実現すべきであると、考えているように思われる。

　それに対して、法実証主義の法理論を擁護するトム・キャンベルやジェレミー・ウォルドロンは、立法を中心とした法理論を提示している。キャンベルは、立法府と司法府のあ・る・べ・き・関係を規範的に提唱する。彼によると、立法府と司法府の役割は区別されるべきである[74]。立法府は、民主的に選ばれ

---

71) Ronald Dworkin, *Law's Empire*, *supra* note 1.
72) ドゥオーキンによると、われわれは政治的統合性にかんして二つの原理を有している。一つは立法上の原理である。この原理は、立法者に対して、諸法の総体（the total set of laws）を、道徳的観点からみて整合的（coherent）なものにするように努力すべきだと求める。他の一つは裁定上の原理である。この原理は、裁判官に対して、法を可能な限り整合的なものとみなすべきことを教示する。Ibid., p. 176. 邦訳、280頁。
73) Andrei Marmor, 'Should We Value Legislative Integrity?' in Andrei Marmor, *Law in the Age of Pluralism*, *supra* note 16, p. 41.

ており、有権者に対して答責性を有する（accountable）。よって、司法府は、立法府に対して従属的地位にある[75]。次に、ウォルドロンは、従来の法哲学がもっぱら司法に関心を寄せていたとし、彼独自の「立法の尊厳」論を提示している[76]。彼は、すべての利害当事者が参加できる立法過程の方が、少数のエリートのみに参加が限られている司法過程や行政過程よりも、大きな権威を有するとしている[77]。

　本章で取り上げたマーモーも、キャンベルやウォルドロンと同じく、法実証主義の法理論を擁護する。しかしながら、ウォルドロンやキャンベルが、立法府は司法府に優位すべきであるという規範的な議論をしているのに対して、マーモーは、立法と司法の関係を価値中立的に記述（describe）している。

　結局、「立法の統合性」は裁判所の解釈によって実現されるべきだというドゥオーキンと、立法が司法に対して優越すべきだというウォルドロンおよびキャンベルは、立場は異なるけれども、規範的な議論をする点で軌を一にする。それに対して、マーモーは、立法と司法のいずれかに重点を置くことはしない。彼は、立法と司法の関係を、言語哲学の知見を援用しつつ、戦略的コミュニケーションとして価値中立的に記述しているのである[78]。

---

74)　Tom Campbell, *The Legal Theory of Ethical Positivism* (Aldersho, Brookfield USA, Singapore and Sydney: Dartmouth, 1996). キャンベルの見解については、横濱竜也「違法責任論序説（5）――統治者に対する敬譲と法の内在的価値」國家学会雑誌 123巻9・10号（2010年）81-86頁を参照。

75)　Tom Campbell, 'Democratic Aspects of Ethical Positivism', in Tom Campbell and Jeffrey Goldsworthy (eds.), *Judicial Power, Democracy and Legal Positivism* (Aldershot, Brookfield USA, Singapore and Sydney: Ashgate/Dartmouth, 2000). ここではJeffrey Goldsworthy, 'Preface', in *do.*, pp. xiv-xv も参照した。

76)　Jeremy Waldron, *Law and Disagreement* (Oxford and New York: Clarendon Press, 1999); *The Dignity of Legislation* (Cambridge and New York: Cambridge University Press, 1999). 長谷部恭男・愛敬浩二・谷口功一訳『立法の復権――議会主義の政治哲学』（岩波書店、2003年）。議論の詳細については、井上達夫「憲法の公共性はいかにして可能か」井上達夫編『立憲主義の哲学的問題地平（岩波講座　憲法1）』（岩波書店、2007年）314-315頁も参照。

77)　Jeremy Waldron, 'Legislation by Assembly', in Tom Campbell and Jeffrey Goldsworthy (eds.), *Judicial Power, Democracy and Legal Positivism*, *supra* note 75. なお、Jeffrey Goldsworthy, 'Preface', *supra* note 75, p. xv も参照した。

78)　マーモーのこの立場は、記述的法実証主義（descriptive positivism; descriptive

さて、本章の冒頭で確認したように、マーモーは価値多元論の立場から、立法と司法が相互調整するような憲法改革案[79]を、提示している。その改革案の検討については、次章で行うことにしたい。

---

legal positivism) と呼ばれる。それに対して、キャンベルやウォルドロンの立場は、規範的法実証主義 (normative positivism; normative legal positivism) と呼ばれている。これらの二つのタイプの法実証主義については、深田三徳・前掲注 (1) 『現代法理論論争』225頁以下、井上達夫『法という企て』(東京大学出版会、2003年) ix-x頁、および本書の第7章を参照。

79) Andrei Marmor, 'Are Constitutions Legitimate?' in Andrei Marmor, *Law in the Age of Pluralism*, *supra* note 16.

第4章　A. マーモーによる「憲法の正統性」の批判的検討
——民主的立法を制約する「頑強な憲法」は正統か——

は　じ　め　に

　本章は、アンドレイ・マーモーの「憲法の正統性」にかんする議論[1]に依拠して、彼の言う「頑強な憲法（robust constitution）」の基本的特徴と、民主的立法を制約する「頑強な憲法」は正統かという問題について、検討することを目的とする。

　立憲主義の支持者たちは、民主的立法を制約する「頑強な憲法」の道徳的な正統性を擁護する。ところが近年、そうした正統性を否認して、「立法の尊厳」を回復しようとする試みがなされつつある[2]。マーモーも、こうした理論動向を踏まえつつ、「頑強な憲法」の道徳的な正統性に疑念を呈している。彼はさらに、立法府と裁判所が相互調整するような憲法改革案も提示している。

　マーモーの提言は、立法と司法の関係を捉える上で、少なからぬ示唆を含んでいると思われる。以下、彼の議論を整理していこう。

---

1) Andrei Marmor, 'Are Constitutions Legitimate?' in Andrei Marmor, *Law in the Age of Pluralism* (New York: Oxford University Press, 2007). 注が煩雑になるのを避けるために、以下ではこの論文をACLと略記し、対応する頁数を本文中に挿入する。
2) Jeremy Waldron, *The Dignity of Legislation* (Cambridge: Cambridge University Press, 1999). 長谷部恭男・愛敬浩二・谷口功一訳『立法の復権——議会主義の政治哲学』（岩波書店、2003年）; *Law and Disagreement* (Oxford and New York: Oxford University Press, 1999). 議論の詳細については、井上達夫「憲法の公共性はいかにして可能か」井上達夫編『立憲主義の哲学的問題地平（岩波講座　憲法1）』（岩波書店、2007年）314-315頁も参照。

第1節　「頑強な憲法」とは何か

　本節では、マーモーの言う「頑強な憲法（robust constitution）」とは何であるかについて、確認する作業を行う。なお、マーモーは「頑強な立憲主義」という表現を用いる場合もあるが、本章では「頑強な憲法」という表現に統一する。

　まずは、マーモーに依拠して、「憲法（constitution）」という言葉の用法について確認しておきたい。ある法秩序の国制（constitution）や憲法（constitutional law）について語るとき、われわれはその法体系の基本構造に言及している。法体系は、誰がどのようにして法を創造するのか、誰が法を解釈・適用するのか、何が政府の主要な組織なのか、何が政府の権威なのか、等々を定めるルールや慣行を有していなければならない。すべての法体系は、この意味での「憲法」を必然的に有している。もっとも、ほとんどの国家は、この意味での「憲法」とは異なる何かを、すなわち成文憲法を有する。理論的には、「憲法（the Constitution）」と呼ばれる文書の存在は必ずしも重要ではない。しかしながら、実践的には、そうした文書の存在はきわめて重要である。というのも、成文憲法を有することは、通常の立法業務から、特定の重要な道徳的・政治的な決定を除外することを意味するからである。マーモーは、憲法の観念を、成文憲法という意味で用いている（ACL, p. 90）。

　さて、マーモーによると、憲法は六つの重要な特徴を有する。それぞれの特徴について概観していこう。

　(1) 規範的な優先性　　憲法は、法体系の基本構造を設立および規制するものとされており、したがって他の形式の法律に対して規範的に優位すると考えられている。憲法とは、いうなれば、その国の最高法規なのである。一般的に、憲法の条規が日常的な法律に優先するのでなければ、憲法という文書を有する意味はまったくない。ゆえに、優先性（supremacy）は、成文憲法の本質的な特徴なのである（ACL, p. 91）。

　(2) 違憲審査　　憲法の優先性を実現するために、法体系は一般的に、憲法の文言の解釈・適用を司法府に委ねる。優先性を実現するという目的で、

特別な憲法裁判所を設立する憲法もあるし、通常の司法裁判所に解釈・適用を委ねる憲法もある。いずれにせよ、重要なのは、憲法が何を意味するのかを判断するのは司法府であること、および、司法府の判断は民主的な立法機関の判断に優位すると解されているということである（ACL, p. 91）。

(3) 長期的存続（longevity）　憲法は、本質的に、とても長期間にわたって効力を有するものとされており、将来世代のために法体系の基本構造を立案している。憲法が長期的に存続するように作られ、その憲法を制定した世代をはるかに越えて、数世代にわたって適用されることを目的としているというのが、憲法の本質的な特徴である（ACL, p. 91）。

(4) 硬性　憲法が数世代にわたって存続することを保証するのは、憲法の硬性という特徴である。すなわち、憲法は一般的に、改正や修正の方法を自らが提示し、日常的な民主的な法律よりも自らを修正することを難しくしている。憲法を修正するのが困難であればあるほど、それはさらに「硬い（rigid）」のである。憲法は、どれくらい硬いかによって性質をかなり異にするが、日常的な民主的過程による正式な手続を経た改正からは相対的に保護されている。憲法は、ある程度の硬性がなければ、長期的に存続できないであろう（ACL, p. 92）。

(5) 二本の柱（two-pronged content）　ほとんどの憲法は二つの領域を統制している。第一は、基本的な統治構造（これは権力分立を伴う）の領域であり、第二は、人権や市民的権利の領域である。第一の領域では、通常、立法・行政・司法という主要な統治部門の設立と、それらの各部門の法的権限にかんする問題などが統制される。第二の領域では、憲法は一般的に、個人の（時には集団の）諸権利のカタログを規定しており、それらの権利は、立法府を含む政府機関によって侵害されないようにされている（ACL, p. 92）。

(6) 一般性と抽象性　多くの憲法の条規は、とくに人権の領域における条規は、かなり一般的に適用することができる。それらの条規は、公的な生にかかわるすべての領域に適用されるように定められている。ゆえに、憲法の条規は、かなり抽象的に定められるのである。あるいは、憲法を長期的に存続させるという理由でも、憲法は抽象的に定められている（ACL, p. 93）。

これらの特徴は、互いに密接に結びついている。すなわち、硬性という特

徴は、長期的存続という特徴と結びついている。憲法を修正するのが難しい（憲法が硬性である）のは、憲法を長期的に存続させるためである。硬性は、優先性という特徴とも結びついている。通常の民主的過程によって憲法を修正することが容易である（憲法が硬性でない）ならば、憲法の優先性は絵に描いた餅になってしまう。違憲審査権も、他の特徴と結びついている。例えば、憲法の条規がより抽象的に定められていて、権利や原理がより多く規定されているならば、裁判官は概して、より多くの司法審査権を有するであろう。あるいは、違憲審査権が存続する期間も、憲法の硬性によって決まってくる。憲法の修正が困難であればあるほど、裁判官の司法審査権はさらに長く存続するのである（ACL, pp. 93-94）。

　マーモーによると、憲法ないし立憲主義には「頑強さ（robustness）」という重要な特質が存する。憲法の頑強さは道徳的に重要である。なぜならば、憲法の頑強さは、通常の民主的過程から道徳的・政治的な諸問題を除外する範囲を、定めるからである。ある憲法が頑強（robust）であるかは、憲法の六つの特徴を一つのパッケージとして把握することによって、判定することができる。すなわち、ある憲法は、それらの六つの特徴をすべて備えているならば、「頑強な憲法（robust constitution）」ということになる（ACL, p. 93）。

第2節　「頑強な憲法」の正統性への道徳的懸念

1　「頑強な憲法」を正当化する論拠──プリコミットメント論

　マーモーによると、「頑強な憲法」の正統性には、道徳的な懸念（moral concern）が向けられている。この懸念が正しいとすれば、「頑強な憲法」の正統性は覆されることになる。本節は、この道徳的な懸念について検討することを目的とする。

　まずは、正統性（legitimacy）とは何かについて、整理しておこう。マーモーによると、法的・政治的な制度はさまざまな価値を有している。とはいえ、制度が有するすべての価値が、制度の正統性と関係しているわけではない。すなわち、もしもある制度が不正であるとしたら、それは正統ではないのだから、正統性以外のさまざまな価値を有しているとしても、その制度は

放棄されねばならない。例えば憲法は、教育的な価値を有している。憲法は、若者に教育できるものであり、その道徳的な内容はさまざまな教育的な文脈で引用され、称賛される。教育的な価値は、成文憲法が有する価値の一つなのである。もっとも、教育的な価値は、成文憲法を正統にするわけではない。憲法の教育的な価値は、憲法にとって、あくまでも副次的・付随的な価値なのである（ACL, pp. 95-96）。

以上で確認したように、制度はさまざまな価値を有するが、問題とされるべきなのは、正統性という価値である。マーモーによると、ある制度が正統性を有するか否かを判定するためには、その制度の論拠（rationale）について理解した上で、その論拠が道徳的に正当化（morally justified）されるかを問わねばならない（ACL, p. 96）。

それでは、憲法の論拠とは何かについて、検討していこう。憲法は、統治原理や道徳的・政治的な権利を、日常的な民主的意思決定の過程から保護するために、存在している。しかし、そもそもなぜ、そのような保護が必要なのだろうか。それは、憲法の特別保障（constitutional entrenchment）が必要な領域においては、日常的な民主的過程を信用しない理由がある、という想定が存するからである。すなわち、そうした領域では日常的な民主的過程は大いに間違うだろう、という想定が存するからである。この想定は、オデュッセウスの神話に由来する、プリコミットメント（precommittment）という理念と関係している（ACL, pp. 96-97）。

オデュッセウスは、自分の船が魔女のセイレンたちに近づく際に、自分の判断を信用しない理由を有する。すなわち彼は、セイレンの歌によって幻惑される将来における自分の判断は信用できないと、あらかじめ認識している。そこで彼は、自分を船の帆柱に縛りつけ、臣下たちに、自分の将来の命令を無視せよと命じるのである。このオデュッセウスの戦略こそが、立憲主義の論拠である。われわれは、民主的な手続はセイレンが歌うときには信用できないことを、あらかじめ知っているがゆえに、民主的な手続から特定の問題をあらかじめ除外しておくのである（ACL, p. 97）。以下では、オデュッセウスのこの戦略を「プリコミットメント論」と呼ぶことにする[3]。

2　「頑強な憲法」の正統性への道徳的懸念——世代間問題と価値多元論

マーモーによると、「頑強な憲法」を正当化する議論——プリコミットメント論——には、二つの道徳的な懸念が向けられている。すなわち、世代間問題と多元論問題である。以下、順を追って検討しよう。

(1)　世代間問題　　神話におけるオデュッセウスは、自分だけを帆柱に縛りつける。それに対して、憲法の場合、オデュッセウスは自分だけでなく、自分の政治的な後継者たちも一緒に帆柱に縛りつける。ここには、なぜ将来世代の人々も帆柱に縛りつける必要があるのか、という問題が存在する。すなわち、なぜ、ある世代の政治的な指導者たちが、自分たちの善と正の構想を、将来世代に押しつける権限をもつべきなのか、という問題である。なお、以上の疑念に対しては、「我ら人民 (We the people)」の意義を過小評価している——憲法は幅広く共有されている原理や理想を具体化しており、国民の国家理由 (raison d'état) を象徴しているのだ——という反論があるかもしれない。しかし、この反論が正しいとしても、世代間問題は残されるのである (ACL, pp. 97-98)。

世代間問題に答えることは難しくないと考える者もいるだろう。憲法の文書は概して、かなり柔軟な解釈を許容する。憲法の文書は、それが適用される時代の特殊なニーズや道徳的な構想に応じて、解釈・適用することができる。ゆえに、憲法が将来世代を拘束するとしても、その拘束力はさほど強くはない。憲法は、各世代の特殊なニーズや構想と、憲法解釈とを合致させることのできるだけの、十分な柔軟性を許容しているのである (ACL, pp. 98-99)。

以上の答えに対して、マーモーは二つの問題点を指摘している。第一に、柔軟性には限界がある。憲法の文言 (text) を解釈する際に、裁判官はかな

---

3)　マーモーは以下の文献を参照している。Jon Elster, *Ulysses Unbound: Studies in Rationality, Precommitment, and Constraints* (Cambridge: Cambridge University Press, 2000), ch. 2. プリコミットメント論については、阪口正二郎『立憲主義と民主主義』(日本評論社、2001年) 第6章、愛敬浩二「プリコミットメント論と憲法学」長谷部恭男・金泰昌編『法律から考える公共性 (公共哲学12)』(東京大学出版会、2004年) 等を参照。

りの自由を有するが、その自由はしばしば、憲法の文言の意味や過去の判例によって、非常に限定されている。次に、第二の問題について。憲法の文言が柔軟に解釈されるのであれば、憲法の世代を越えた拘束力が小さくなるようにみえる。しかし、憲法の内容を決定するための多くの権限が、裁判所に付与されるわけであるから、道徳的・政治的に重要な事柄を判断する際の、裁判所の反民主的な役割に対する憂慮が、大きくなってしまう（ACL, p. 99）。以上から明らかなように、「頑強な憲法」の正統性に対して向けられた、世代間問題という懸念を解決することは、難しいと思われる。

(2) 多元論問題　　神話におけるオデュッセウスは、セイレンの歌が死をもたらすほど魅力的であることを知っている。それに対して、憲法の場合、われわれは、セイレンの歌がそれほどまでに魅力的であることを十分には理解していないし、その歌がそれほどまでに魅力的であるかについて、必ずしも合意しているわけでもない。われわれは、セイレンがそこにいるかもしれないと警戒している場合でさえも、セイレンが誰（who）なのか、その歌声が死をもたらすのはいつ（when）なのかについて、深刻かつ道理に適った意見の不一致（serious and reasonable disagreements）を有するであろう（ACL, p. 97）。

　以上を確認した上で、価値多元論（value-pluralism）の立場からなされる立憲主義に対する二つの懸念について、整理しておこう。まずは、第一の懸念について。権利や原理が、憲法によって特別保障されると、その内容がいかに抽象的であっても、特定の善や正の構想が支持されることになってしまう。というのも、それとは別の構想を支持する人々が、憲法によって特別保障された構想を変化させることが、困難になるからである。次に、第二の懸念について。立憲主義にかんする論争は、基本的には、制度や手続をめぐる論争である。価値多元論が、例えば言論の自由を必要とするということについては、意見が一致している。問題なのは、言論の自由とは何であるかを、誰が（who）決定する機会を得るのか、言論の自由の限界をいかにして（how）決定するのか、なのである。価値多元論は、「頑強な憲法」に対して以下のような異議を唱える。すなわち、言論の自由の問題にかんして、深刻な意見の不一致が蔓延していることを前提とすれば、そうした問題を民主的

過程に取り扱わせないことは正当化できないのである、と（ACL, p. 101）。

第3節 「頑強な憲法」の正統性とその限界

1 プリコミットメント論に依拠しない正当化

前節では、「頑強な憲法」の論拠を正当化する議論に向けられた、世代間問題と多元論問題という二つの懸念について検討した。本節では、それらの懸念を晴らすための——すなわち「頑強な憲法」の論拠を正当化するための——複数の論法（arguments）と、マーモーによるそれらの論法に対する反論について、検討を行う。まずは、プリコミットメント論に依拠しない三つの正当化論法について取り上げよう。

(1) 安定性論法　　立憲主義的な政治体制が必要なのはなぜか。それは、体制の安定性と予見可能性を確保するためである。この論法は、プリコミットメント論には依拠していない。むしろそれは、第一に、立憲主義的な政治体制の安定性の重要性や価値に依拠している。それは第二に、政治体制の安定性を達成するという目的にとって、憲法は道具的に必要不可欠である、という想定に依拠している。この論法の利点は、憲法の正統性に向けられた世代間問題からの懸念を、晴らす点にある。立憲主義的な政治体制の安定性に価値があるとすれば、憲法を、世代を超えて適用する論拠が存することになる。すなわち、憲法が必要なのは、世代を越えた安定性に価値があるからなのである。とすると、憲法の世代を越えた適用に対して、懸念を抱く必要はない。ここにおいて、憲法の正統性に向けられた世代間問題からの懸念は、晴らされることになる（ACL, p. 102）。

反論：　それでは、安定性論法に向けられた、マーモーからの反論をみていこう。憲法の統治構造にかんする問題については、安定性には価値がある。それに対して、権利や道徳的原理の問題については、価値があるのは安定性ではなく、真実である。すなわち、人々は、自分たちが長いあいだ有してきた権利ではなく、自分たちが有するべき権利を有するべきである。結局、安定性は、権利や道徳的原理の領域においては、重要な価値ではないのである。なお、成文憲法を有する政治体制が、成文憲法を有さない政治体制

よりも、必ずしも安定しているわけではない。その意味でも、安定性論法は支持できない[4]（ACL, pp. 102-103）。

（2）機会論法　　憲法によって保障されていないけれども、すでに広く支持されている価値や原理が存在するとしよう。憲法は、このような価値や原理を、憲法の文言に書き込むことによって、それらの価値や原理を揺るぎないものとする。ある国家の歴史において、憲法の文言のなかに、重要な道徳的原理を書き込む機会（opportunities）がめぐってきたら、その歴史的な機会を逃してはならない。そうした機会がめぐってくることで、そうした機会を利用することが正当化されるのである（ACL, p. 103）。

反論：　特定の価値や原理が、すでに広く支持されている場合に、それらを憲法によって特別保障しても、状況は何も変わらない。とすると、それらをわざわざ憲法によって特別保障することには、ほとんど意味はない。逆に、特定の価値や原理を、憲法によって特別保障することによって、それらの価値や原理が変化する場合がある。この場合、それらの価値や原理を変化させてよいのはなぜか、という問題が生じる。すなわち、それらの価値や原理を変化させることを、何らかの論拠によって正当化する必要が生じるのである。それらの価値や原理を変化させることを、憲法によって特別保障する機会が存在したという事実を論拠として、正当化することはできない。なお、機会論法は、憲法を制定する歴史的な瞬間に、制憲者たちはより優れた道徳的な知識を保有していると想定する。歴史における偉大な瞬間の神秘化や、道徳にかんする専門的知識が存在するという疑わしい想定に依拠する点においても、機会論法は誤っている（ACL, pp. 103-104）。

（3）実践論法　　コンヴェンションは、何が法とみなされるのか、法はいかにして制定ないし修正されるべきか、といった事柄を決定する。ゆえに、法とは、コンヴェンションによって確立された実践（conventional practice）である。コンヴェンションそれ自体は、コンヴェンションによって確立された実践の正しさを立証しない。というのも、コンヴェンションのなかには、

4）　イングランドは、成文憲法なしで、過去の数世紀のあいだにきわめて安定した政治体制を有してきた。逆に、称賛に値する憲法を有する国家が、政治的に不安定であることもしばしばある。ACL, note 21 at p. 103.

道徳的に許容できないものも存するからである。逆にいえば、コンヴェンションによって確立された実践が、道徳的に許容できるものであるならば、人々は、そのコンヴェンションが共同体のなかで他の人々に従われているコンヴェンションである、ということを論拠として、そのコンヴェンションに従う理由（reason）を有するであろう。マーモーによると、ジョセフ・ラズも同じ趣旨のことを主張している。すなわち憲法は、それが道徳的原理の定める範囲内にある限りにおいて、それが存在しているという事実自体から、妥当性を有する。したがって憲法は、自己妥当化的（self-validating）である。ある国の憲法は、その国が有する憲法であるがゆえに、正統な憲法なのである[5]（ACL, p. 104）。

　反論：　実践論法は、憲法の統治構造の領域に限っていえば、ある程度は筋が通っている。というのも、成文憲法の統治構造の領域で規定されている事柄（法律とみなされるものは何か、法律はいかにして制定ないし修正されるのか、等々）は、成文憲法を有さない法体系においては、コンヴェンションによって確立されているからである。しかしながら、ラズの論法には問題がある。というのも、その論法は、憲法が道徳的であるということを前提として、議論を進めているからである。これでは、証明されるべき事柄（憲法は本当に道徳的なのか）が、前提とされてしまうことになる。さらに、われわれが憲法に従うためには、憲法が存在しているという事実や、人々が憲法にたまたま従っているという事実が存在するだけでは、不十分である。それに加えて、憲法が、解決すべき問題を解決したり、従事するに値する実践を創造したりすることによって、何らかの価値を有することが必要なのである（ACL, pp. 104-105）。

---

[5]　Cf. Joseph Raz, 'On the Authority and Interpretation of Constitutions', in Joseph Raz, *Between Authority and Interpretation: On the Theory of Law and Practical Reason* (Oxford: Oxford University Press, 2009), pp. 348-349. ラズの議論については以下の諸文献を参照されたい。深田三徳『現代法理論論争——R. ドゥオーキン対法実証主義』（ミネルヴァ書房、2004年）203-204頁、長谷部恭男「憲法制定権力の消去可能性について」長谷部恭男編『憲法と時間（岩波講座　憲法6）』（岩波書店、2007年）60-62頁。

2 プリコミットメント論の正当化 (1)――多数決原理の本来的な限界論法

次に、「頑強な憲法」の主要な論拠としての「プリコミットメント論」を正当化しようとする、二つの論法を取り上げる。すなわち、多数決原理の本来的な限界論法と、深層的コンセンサス論法である。

まずは、多数決原理の本来的な限界――民主的過程の本来的な限界――を指摘することによって、「頑強な憲法」の論拠を正当化しようとする論法について検討を行う。なお、この論法は、さらに二つの論法に区分される。第一は、民主的な意思決定過程はマイノリティを適切に保護できないから、その過程には道徳的な限界が存する、という論法である。この論法に対するマーモーの反論を整理していこう (ACL, p. 106)。

なお、先述のように、マーモーは「頑強な立憲主義」という表現を用いる場合があるが、以下では「頑強な憲法」という表現に統一する。

(1) マイノリティの保護　マイノリティ[6]の保護はとても重要であるが、「頑強な憲法」がマイノリティを保護するための優れた手段であるかは、明らかではない。このことを明らかにするために、マーモーは、マイノリティの保護にかんして、裁判所と立法府のどちらがより良い結果 (better results) を生み出すかについて検討を行っている――ここでの「より良い」とは、公正 (fairness) の観点から見た「より良い」という意味のことである (ACL, p. 106)。なお、以下では 'better' を、文脈によって「より良い」と「うまく」とに訳し分けることにする。

マイノリティを保護する第一の方法は、裁判所が適用することになっている権利章典を論拠として、憲法裁判所に、マイノリティの保護を委ねるというものである。もう一つの方法は、マイノリティの交渉の権限を最大化するようなしかたで、通常の民主的過程を設計し、マイノリティの利益に注意が払われない場合には、支配的な多数派が決定に至るのを困難にする、というものである。どちらの方法がうまく機能する (works better) かは、基本的には経験的な問題である (ACL, p. 106)。

---

6) マーモーがここで念頭に置いているのは、とくに弱い立場にあり、かなりの長期間にわたってマイノリティでありつづけるような、「永続的で傷つきやすいマイノリティ」のことである。ACL, note 26 at p. 106.

第3節　「頑強な憲法」の正統性とその限界　　125

　マーモーの理解では、通常の民主的過程の方が、裁判所よりもうまく機能する。というのも、裁判官たちは、マイノリティを保護するための特別なインセンティブを有さないからである。たしかに、裁判官は政治家よりも、人々の感情的な圧力の影響を受けにくい。しかしながら、だからとって、マイノリティを保護するための特別なインセンティブを裁判官が有するわけではない。裁判官がマイノリティを保護するか否かは、結局のところ、裁判官の善意や良心にかかっているのである（裁判官が、恵まれた層の出身者である場合が多いことも、念頭に置く必要がある）。マーモーにいわせれば、ごく少数の個人（裁判官たち）の善意や道徳的英知に頼ることは、マイノリティを保護するための安定した仕組みではない。そうした仕組みは、機能する場合もあるが、機能しない場合がほとんどである。むしろ、通常の民主的過程に組み込まれた、支配的な多数派の権限に対する構造的な制約の方が、多数派がマイノリティの利益を無視することを防ぐ上で、うまく機能するものとされる（ACL, p. 107）。

　しかし、立憲主義を擁護する側からは、民主的過程に対して以下のような懸念が呈されるかもしれない。すなわち、マイノリティを保護するような代議制（支配的な多数派の権限を構造的に制約するような代議制）をいかにして採用し、そのような代議制をいかにして安定的なものにすればよいのか。そのような代議制の、憲法による特別保障（constitutional entrenchment）が必要なのではないか——という疑念である（ACL, p. 107）。

　この懸念に対しては、二つの応答のしかたがある。第一は、マイノリティを保護するような代議制を特別保障する憲法に対しても、同様の懸念が突きつけられる、という応答のしかたである。同様の懸念とは、そもそも憲法をいかにして制定し、それをいかにして安定的なものにすればよいのか、という懸念のことである。次に、第二の応答のしかたについて。「憲法による特別保障」が必要だとしても、それが必要とされるのは、民主的過程の構造の領域に限られる。実質的な権利や道徳的原理の領域においては、それは必要とはされない。この応答のしかたは、ジョン・ハート・イリィの「手続的」な違憲審査の捉え方に由来する。彼がアメリカ合衆国の違憲審査において正統であると考えるのは、「実質的」な権利の保護ではなく、民主的過程の保

護なのである[7]（ACL, pp. 107-108）。

(2) 道具主義論法　続いて、多数決原理の本来的な限界——民主的過程の本来的な限界——を指摘することによって、「頑強な憲法」の論拠を正当化しようとする、第二の論法について検討を行う。すなわち、民主的過程そのものが道徳的限界を有しているのだ、という論法である。なお、この論法はさらに、道具主義論法と本来的価値論法とに区別される。まずは道具主義論法についてみていこう（ACL, p. 108）。

道具主義論法によると、民主制の価値は、基本的には道具的である。民主制は、例えば優れた統治を実現したり、優れた決定を可能にしたりすることを通じて、道具的に正当化されるのである。民主制そのものに価値がない（道具的にしか価値がない）とすると、非民主的な制度がうまく機能する（works better）のであれば、その制度に道徳的に反対することはできないことになる。以上の論法が正しいとすれば、以下のようなかたちで、「頑強な憲法」の擁護論を展開することができる。すなわち、民主制は、うまく機能する場合に限って価値がある。うまく機能しない場合には価値がない。うまく機能しない場合とは、セイレンが歌う場合のことである。セイレンが歌う場合には、民主制には価値がないのであるから、憲法裁判所に判断を任せる方が望ましいということになる。結局、セイレンが歌うときには、立法府よりも裁判所の方が、正しい決定に到達する蓋然性が高い。以上の道具主義的な擁護論によって、立憲主義は正当化されるのである（ACL, p. 108）。

反論：　道具主義論法によると、民主制は、うまく機能しない場合（セイレンが歌う場合）には価値がない。逆に、うまく機能する場合（通常の立法業務をなす際）には道具的に価値がある。マーモーは、以上の道具主義論法を、民主制の信頼性（reliability）という観点から以下のように説明し直している。すなわち、民主制は、憲法にかかわる文脈では信頼できない。よって、この文脈では裁判所が機能する。逆に、民主制は、通常の（憲法にかかわらない）文脈では信頼できる。よって、この文脈では民主制が機能する。マー

---

[7] John Hart Ely, *Democracy and Distrus: A Theory of Judicial Review* (Cambridge, Mass.: Harvard University Press, 1980). 佐藤幸治・松井茂記訳『民主主義と司法審査』（成文堂、1990年）。

モーは、民主制の信頼性にかんする以上の説明は正しくない、ということを示すことによって、道具主義論法を退けようと試みる（ACL, p. 109）。

　例えば、国家の緊急時や、国家が外敵からの脅威にさらされている際には、民主的な手続はあまり信頼できない。道具主義論法に従えば、民主制が信頼できないこのような場合には、憲法によって民主制を制御する必要があるはずである。しかし実際には、国家の緊急時には、憲法によって民主制を制御することはなされず、行政府が政治的決定についての発言権を握る傾向が強い。つまり、民主制が信頼できない場合であっても、裁判所が機能できないのである。次に、事実問題にかんする高度な専門知識が必要とされる領域における、民主的な手続の信頼可能性について考えてみよう。民主制は、そうした問題について正しい結論を出すための専門知識を、十分には有していない。すなわち、そうした問題にかんしては、民主制は信頼できないのである。道具主義論法に従えば、民主制が信頼できないこのような場合には、裁判所が機能することになるはずである。しかし、裁判所も、そうした問題について正しい結論を出すための専門知識を、十分には有していない。そうした問題は、裁判所が取り扱うことのできるような、憲法にかかわる問題ではないのである。以上の二つの例は、民主制が信頼できない（うまく機能しない）場合であっても、裁判所が機能できないということを、示している。とすると、民主制の信頼性にかんする道具主義論法の考え方は誤りということになるから、道具主義論法は退けられることになる（ACL, p. 109）。

　さて、道具主義論法によれば、重要な道徳的問題にかんしては、立法府ではなく、裁判所がより良い決定をなすことになる。しかし、この想定は必ずしも正しいわけではない。もちろん、裁判所がそうした問題にかんしてより良い決定をなす上で、有利な立場にあるというのは正しい。というのも、裁判所は制度的に、事案の当事者たちの議論に耳を傾けた上で、理由に基づく議論（reasoned arguments）によって、判決を公的に正当化せねばならないからである。つまり、制度的に、健全な道徳的熟議を促す形で裁判を行うことになっているからである。他方で、裁判所の制度的な側面には、いくつかの深刻な問題も存する。第一に、裁判所は、法律用語で議論をせねばならないという、強い政治的圧力の下にある。すなわち、裁判所は、自らの判断を、

リーガリスティックなしかたで正当化せねばならない。裁判所によるリーガリスティックな主張は、健全な道徳的熟議を促すわけではない。第二に、裁判所は、当事者たちの意見を聞いた上で裁判を行う。しかしながら、重要な道徳的・政治的な問題を解決するためには、当事者たちが語るだけでは適切に再現（represented）できないような、幅広い分野の問題や関心を、考慮に入れねばならない。第三に、裁判官が道徳的熟議にかんする専門家ではないことも、念頭に置かねばならない。法学教育や法的な専門知識は、裁判官を、立法者よりも優れた道徳的熟議にかんする判断者――哲人王――にするわけではないのである（ACL, p. 110）。

　いずれにせよ、裁判所が有する制度的な強みは、決定的なものではない（逆に、弱みである場合もある）。もちろん、立法はしばしば汚い仕事にみえるため、人々は裁判所の方が優れていると考えたり、裁判所の礼儀正しさや熟慮の手続を称賛したりしがちである。とはいえ、だからといって、裁判所は立法府よりも道徳的に正しい決定に到達しやすいという結論に飛躍することは、あまりに安易であり、かなりミスリーディングである。憲法にかかわる事案において、裁判官たちは一般市民と同じくらい、結論についてしばしば意見を異にしている。この点を考慮に入れるだけでも、道具主義論法（立法がうまく機能しない場合は、裁判所が適切に機能することができる）を疑うべきだし、その論法は決定的ではないと考えるべきである（ACL, pp. 110-111）。

　(3) 本来的価値論法　　この論法は、民主的な意思決定過程には本来的な価値（intrinsic value）があるが、その価値には道徳的な制約があると示唆することを通じて、「頑強な憲法」を正当化する。

　この論法によると、民主制には本来的な価値がある。すなわち、民主制は、例えば政治的な権限（political power）を平等に分配するがゆえに、本来的な価値を有するのである。さて、民主制に本来的な価値があるとすれば、すべてを民主制に任せればよいのか（裁判所の出番はないのか）。必ずしもそういうわけではない。このことを理解するために、民主制が平等に分配すべき政治的な権限とは何かについて、考えてみよう。人々は、日常的にさまざまな決定を行っている（筆者の理解では、例えば、昼食に何を食べるのかにかんする決定を行っている）。こうした決定を行う権限は、民主制によって平等に

分配されるべき政治的な権限ではない。あるいは、人々は、他者の生に影響を与えるような決定を行う場合もあるだろう。もっとも、このような重大な決定を行う権限も、民主制によって平等に分配されるべき政治的な権限ではない（ACL, p. 111）——例えば、『ハリー・ポッター』の作者による次回作を執筆するか否かにかんする決定は、数百万人の生に大いに影響するが、それは民主的過程に服するべき決定ではない（ACL, note 34 at p. 111）。

以上から、民主制が政治的な権限を平等に分配できる領域と、分配できない領域が存することが理解されるであろう。後者の領域では、日常的な民主的過程に特定の決定をさせないことの論拠が、存するのである（ACL, p. 111）。結局、本来的価値論法は、民主制が政治的な権限を平等に分配できない領域では、裁判所に決定を委ねる必要があるという観点から、「頑強な憲法」を正当化するのである。

反論：「頑強な憲法」を擁護するためには、日常的な民主的過程に特定の決定をさせないことの理由を正当化するだけでは、十分ではない。それに加えて、裁判所にそれらの決定を委ねることの理由も、正当化する必要がある。すなわち、潜在的に論争的で道徳的に重要な、一般の人々の懸案事項が存在しており、そうした懸案事項については、立法府ではなく裁判所が解決すべきなのである、ということを示すための論法が、「頑強な憲法」を擁護するためには必要なのである。しかしながら、マーモーにいわせれば、そうした懸案事項については裁判所が解決すべきであると、公正な仕方で主張することはできないのである（ACL, pp. 111-112）。

3 プリコミットメント論の正当化 (2) ——深層的コンセンサス論法

続いて、「頑強な憲法」の主要な論拠としての「プリコミットメント論」を正当化しようとする、第二の論法を取り上げる。すなわち、深層的コンセンサス論法である。この論法によると、憲法は、共同体の深層レベルのコンセンサスを反映する道徳的・政治的な原理を、特別保障する。憲法を制定することの核心は、深層レベルで市民によって支持されている価値を、一時的・近視眼的・政治的な誘惑から、保護することである。深層的コンセンサス論法によれば、通常の民主的過程ではなく裁判所に、深層レベルで支持さ

れている価値の保護を委ねることは、完全に正当化されるのである。この論法の提唱者としては法哲学者のW. J. ワルチャウ[8]をあげることができる（ACL, p. 112）。

深層的コンセンサス論法は、表層レベルの道徳的判断と、深層レベルの道徳的コンセンサスとを区別する。そのような区別をするのは、価値多元論から「頑強な憲法」に向けられた懸念を晴らすためである。すなわち、多元的な社会では、善や正の構想にかんする表層レベルの道徳的判断について、コンセンサスを確立することは難しい。しかし、深層的コンセンサス論法によれば、共同体において幅広く共有されている深層レベルの道徳的コンセンサスが存在する。憲法にかかわる事案において前面に押し出されるべきなのは、このようなコンセンサスなのである（ACL, pp. 112-113）。

さて、「頑強な憲法」を正当化するためには、深層的コンセンサス論法はさらに以下の疑念を晴らす必要がある。すなわち、司法府の方が民主的な立法府よりも、深層レベルのコンセンサスに基づいて、「頑強な憲法」を支える価値を正しく作動させる可能性が高いのはなぜか、という懸念である。いいかえれば、表層レベルの誤った価値と、深層レベルの真正（authentic）な価値とのあいだに区別があるとして、裁判官の方が立法府よりも、深層レベルの真正な価値を基礎として、憲法に適った決定に到達できるのはなぜか、という懸念である（ACL, p. 113）。

その懸念には、立法府と司法府の性質の違いを踏まえることによって、答えることができる。立法過程は、基本的には取引ないし妥協の過程である。すなわち立法は、利害を等しくする集団と、それとは対立する他の集団とのあいだの、取引なのである。そうした取引過程が、共同体全体の基調をなす真正な道徳的価値に依拠する可能性は、きわめて低い。他方、裁判官たちは有権者を代表してはいないので、取引をする必要がない。したがって裁判官たちは、共同体において深層レベルで共有されている道徳的価値に、自らの判決を根拠づけることができる。さらに、憲法にかかわる事案における判決

---

[8] W. J. Waluchow, *A Common Law Theory of Judicial Review: The Living Tree* (Cambridge: Cambridge University Press, 2007).

は、ワルチャウが「ボトムアップ」アプローチと呼ぶところの、以下の重要な利点を有する。すなわち、憲法解釈は、ケース・バイ・ケースの原則に基づいて進められる。憲法は、特殊な問題にかんする具体的な決定からはじめて、次第により一般的なものに至るという、コモン・ロー方式で発展していくのである（ACL, p. 113）。

結局、深層的コンセンサス論法に従えば、立憲主義は、表層的な意見の不一致が存在することを認めた上で、深層レベルのコンセンサスを、憲法によって特別保障する。さらに、立憲主義は、各世代の判決を尊重するケース・バイ・ケースの原則に依拠して、憲法を発展させていく。すなわち、立憲主義は、(a) 表層レベルの意見の不一致が存在することを認めるがゆえに、価値多元論を否定するわけではない。さらに、立憲主義は、(b) 各世代の判決を尊重するケース・バイ・ケースの原則に依拠しているがゆえに、プリコミットメント論が想定するような、将来世代を拘束する機能を有さない（ACL, pp. 114-115）。

反論：　マーモーは、深層的コンセンサス論法が依拠する二つの主要な神話に焦点を合わせて、その論法への反論を試みている。

(1) ルソーの神話　　ワルチャウは自著でルソーを引用していないが、彼の議論にはルソーの精神が宿っている。というのも、ワルチャウは、表層レベルの諸個人の特殊な意志の下に、深層レベルの真正かつ共同的（communal）な道徳的自我が、すなわちルソー的な「一般意志」が存在すると考えるからである。なお、ルソーにおいては、民主制が「一般意志」を生み出す。それに対して、ワルチャウにおいては、裁判所が「一般意志」ないし「憲法道徳（constitutional morality）」を生み出すのである（ACL, p. 115）。

さて、マーモーによると、価値多元論の立場から「頑強な憲法」を批判する論者（例えば法哲学者のジェレミー・ウォルドロンやマーモー自身）は、多元的な社会においては、人々は正と善の構想について深刻に分断されており、こうした深刻な意見の不一致は尊重に値するのであると、主張する。対する深層的コンセンサス論法は、人々は実際には深刻に分断されていないのだと論じたり、もしも分断されているとしても、人々の表層的な意見の不一致は十分に真正ではない（inauthentic）から、そうした意見の不一致は尊重に値

しないのであると、論じたりする。いずれにせよ、深層的コンセンサス論法は、価値多元論を無視しがちである（ACL, pp. 115-116）。

ここにおいてマーモーは、価値多元論の立場から、深層的コンセンサス論法に対して以下の反論を試みる。すなわち、実は価値多元論は、われわれが共有している多くの道徳的な価値が存在することを、認めている。価値多元論が問題とするのは、共有された価値はあまりにも一般的・抽象的すぎるため、憲法にかかわる事案において生じる特殊な道徳的・政治的な争いを解決できない、という点である。例えば、中絶を許容できるかにかんする論争について考えてみよう。ある人々は、中絶は殺人である（あるいは殺人に似ている）がゆえに、禁止されるべきだと主張する。別の人々は、この主張を激しく否定する。さて、中絶は殺人に似ているということを否定する人々は、おそらく、もしも中絶が殺人に似ているならば、それは禁止されるべきだと主張するだろう。ゆえに、両陣営が合意する何かが存在する。われわれは皆、殺人はひどく誤っており、禁止されるべきであるという意見を、共有している。しかし、この一般的なコンセンサスはおそらく、中絶を許容できるかにかんする論争を解決できない。中絶は殺人と同じだと信じる人々は、自分たちの信念を、宗教的ないしその他の世界観に依拠させているが、その信念は「プロチョイス」的なリベラリストたちの世界観と、深刻に対立している。これは、真正ではないとして無視できるような、表層レベルの意見の不一致ではない。それは、尊重に値する意見の不一致なのである（ACL, p. 116）。

以上の例から理解されるように、問題なのは、価値についてわれわれが真に同意できるものがない、ということではない。むしろ、問題なのは、われわれが同意できる価値が存在するとしても、そうした価値はあまりにも一般的・抽象的であるために、具体的な争いを解決できないという点に存する。こうした問題が存するがゆえに、深層的コンセンサス論法は誤っているのである。

（2）ブラックストーン的な神話　次に、ブラックストーン的なコモン・ローの賢慮という神話について検討する。この神話によると、一般的なルールを制定せねばならない立法府とは対照的に、裁判所は、コモン・ロー的な

ケース・バイ・ケースの原則で、憲法を少しずつ、より謙虚に発展させることができる。マーモーは、コモン・ローの以上の利点を認めた上で、コモン・ロー的な裁判の三つの問題を取り上げている。すなわち、コモン・ロー的な裁判は概して、①偏狭で、②自己増殖的（self-perpetuating）で、③適切なフィード・バック機能を欠いている、という問題である。以下、順を追って検討しよう（ACL, p. 117）。

　①コモン・ロー的な裁判においては、裁判官は、自分たちが直面している事案の特殊さに焦点を合わせるように強いられ、訴訟当事者たちが提示する議論や証拠によって制約されている。このことによって、よい判決が下される場合もあるが、そうでない場合もしばしばである。②コモン・ロー的な裁判は、先例によって拘束されている。裁判官は、過去の裁決に依拠して、自らの思考範囲を少しずつ広げていく。この自己増殖的な機能は危険である。というのも、その機能は、正しい洞察を拡張する場合もあるが、誤った洞察を拡張しがちだからである。③閉じられたコモン・ロー・システムは、フィード・バック機能に基づいて自身を矯正する機会をほとんどもたない。裁判官が有する主要なフィード・バックは、新しい事案という形態で存在してはいる。しかし、裁判官は過去の先例に支配されているのであるから、これは大したフィード・バックではない（ACL, pp. 117-118）。

　対照的に、立法府は、より成熟したフィード・バック機能を有する。すなわち、利益集団、草の根組織、政府機関、選挙結果、そしてもちろん裁判所が、立法府に対して、立法の潜在的ないし実際の影響にかんする意見を提供する。立法府は任意の時点で、方針を修正することができる。時には制定法によって、方針を完全に転換することができる（ACL, p. 118）。

　なお、憲法にかかわらない事案（nonconstitutional cases）では、コモン・ローと制定法は互いを補完することができる。法は、司法府と立法府のあいだの継続的な交渉過程を通じて発展し、それぞれの組織は互いを補正できるのである。逆に、憲法にかかわる事案では、コモン・ローと制定法のあいだには、こうした相互調整過程が欠けている。裁判所が憲法問題における最終的な発言権を得ているため、裁判所の決定を修正することは困難なのである（ACL, p. 118）。

さて、マーモーによる「頑強な憲法」に対する批判に対しては、以下のような反論があるかもしれない。すなわち、われわれは立憲主義的な違憲審査の長い歴史を有している。もしも違憲審査がなければ、立法府はもっと誤ってきたであろう、という反論である。しかしながら、マーモーにいわせれば歴史の見方は人それぞれであって、もしかすると事実は逆かもしれない。すなわち、違憲審査がなければ、立法府は、自分たちの活動について完全な責任を負うがゆえに、（もっと）うまくやってきたかもしれない。どちらが正しいかを知るのはとても困難なのである（ACL, p. 119）。

第4節　マーモーの憲法改革案——立法府と裁判所の相互調整

　以上において、「頑強な憲法」の正統性を支える複数の論法と、それらの論法に対するマーモーの反論を整理してきた。もしも彼の反論が正しいとしたら、「頑強な憲法」は、正統性を失うことになる。もっとも、マーモーは、「頑強な憲法」の正統性を全面的に否定することはしない。むしろ彼は、「頑強な憲法」の正統性との関連で、憲法解釈の領域において生じる問題に触れた上で、若干の「憲法改革（constitutional reform）[9]」案を提示している。以下、その内容を検討することで、本章を閉じることにしたい。
　マーモーによると、憲法解釈の領域においては、「頑強な憲法」の正統性との関連で、裁判官たちは憲法の文言をどのように解釈すべきなのか、という問題が生じる。もしも「頑強な憲法」の正統性そのものが疑わしいとすれば、裁判官たちは、自分たちの憲法解釈を抑制すべきなのだろうか。マーモーはそのようには考えない。憲法問題は、ほとんどが（あるいは、少なくともかなり頻繁に）道徳的な問題である。よって、憲法にかかわる事案においては、裁判官たちは、重要な道徳的影響を及ぼす権限を有している。もしもそうした権限を有するのであれば、裁判官たちは、道徳的な判断をなすことを控えるべきではないのである（ACL, pp. 119-120）。

---

9) この表現は以下で用いられている。Andrei Marmor, 'Introduction', in Andrei Marmor, *Law in the Age of Pluralism, supra* note 1, p. ix.

マーモーはこのことを、学部長（＝裁判官）と教授会メンバー（＝立法府）の例をあげて説明している。学部長がすべての決定権を有する学部において、学部長がある人事案にかんする正しい結論を有しており、教授会メンバーが誤った結論を有しているとしよう。その人事案について、学部長は、自らの権威は道徳的に疑わしいとして、教授会メンバーの誤った結論を尊重することにした。この場合、われわれは悪いプロセス（学部長がすべてを決定するというプロセス）と悪い結果（教授会メンバーの誤った結論）を有していることになる。もしも悪いプロセスを変更できないとすれば、われわれは少なくとも、最良の結果を得るよう切望すべきである（ACL, p. 120）。以上の例から理解されるように、「頑強な憲法」の正統性が疑わしいとしても、裁判官は、憲法にかかわる事案において、道徳的な判断をなすことを控えるべきではないのである。

最後に、マーモーの「憲法改革」案を、憲法の基本設計（constitutional design）に即して検討しよう。もしも「頑強な憲法」の正統性に対して、大きな懸念があるのであれば、立憲主義的な政治体制をより頑強でない（less robust）ものにすることを望むべきである。より頑強でない憲法を有するための方法はいくつか存在するが、カナダ憲章第33条の「適用除外条項」[10]は、とくに魅力的な方法である。基本的に、第33条は立法府が、裁判所の憲法判断を覆すことを可能とする。しかし、それが可能となるのは、立法府

---

10) 「**第33条〔憲章の適用除外〕** ① 連邦議会または州の立法府は、連邦議会の法律または州の立法府の法律において、この憲章の第2条または第7条から第15条の規定にかかわらず、当該法律またはその一つの条項が適用される旨、明示的に宣言することができる。〔原文改行〕② 本条に基づき有効な宣言がなされた法律もしくはその一つの条項は、当該宣言で指摘されたこの憲章の規定がないものとして適用される。〔原文改行〕③ 第一項の規定に基づいてなされた宣言は、それが施行されてから5年後、または、当該宣言においてそれよりも早い日が定められている場合はその日に、失効する。〔原文改行〕④ 連邦議会または州の立法府は、第1項の規定に基づく宣言を再度行うことができる。〔原文改行〕⑤ 第3項は、第4項の規定に基づく再度の宣言に対しても適用される」。高橋和之編『〔新版〕世界憲法集』（岩波文庫、2007年）145-146頁（引用箇所の括弧内――〔原文改行〕の箇所――は筆者。なお、原文の漢数字をアラビア数字に変更している）。佐々木雅寿「カナダ（解説）」高橋和之編・前掲『〔新版〕世界憲法集』96頁も参照。

が政治的な代償を支払う場合に限られる。すなわち、立法府は、裁判所の憲法判断を正当に覆しているのだ（doing just）ということを、きわめて明示的に宣言せねばならない。さらに、裁判所の憲法判断を覆すということを、定期的に宣言し直さなければならない（ACL, pp. 120-121）。

　この法的な取り決めは、「頑強な憲法」の正統性に対する道徳的な懸念に答えるために、かなり有用である。第一に、その取り決めは、世代間の利害対立をかなり実質的に緩和する。憲法問題の最終決定権が、民主的に選ばれた立法府に留められさえすれば、将来世代への憲法の拘束力は、実質的に縮小されるからである。オデュッセウスは帆柱に縛りつけられているが、彼は民主的過程によって、いつでも縄をほどいてもらうことができる。もちろん、オデュッセウスの縄をほどくことには代償が伴うけれども、その代償は、民主制の権威を根本的に覆すわけではない。「適用除外条項」は、「頑強な憲法」に向けられた価値多元論からの懸念も、おそらくより少ない程度ではあるが、緩和する。ただし、どの程度まで緩和するかについては、それぞれの社会の特殊な環境や、政治文化や、抽象的には推測できないそれぞれの政治体制の特殊な側面が、関係してくるとされる（ACL, p. 121）。

お　わ　り　に

　本章は、マーモーの議論を素材として、「頑強な憲法」の正統性について検討を行った。彼は、「頑強な憲法」の論拠——プリコミットメント論——を正当化する複数の論法と、それらの論法に向けられた懸念（世代間問題と多元論問題）を批判的に吟味した上で、立法府と司法府が相互調整するような憲法改革案を提示する。

　マーモーの改革案は、彼のいう「頑強な憲法」が根づいているアメリカにおいては、一定の意義を有すると思われる。もっとも、彼の改革案が、日本においてどの程度の意義を有しているかについては、評価が分かれるところであろう。とはいえ、すでに日本でも、本章の冒頭で言及した「立法の尊厳」論が注目されると同時に、立法学の重要性が指摘されつつある[11]。そうした状況において、マーモーの議論を紹介することは、日本における憲法のあり

方を検討する上で、少なからぬ意義を有すると思われる。

---

11) その包括的な紹介として、井上達夫「立法学の現代的課題——議会民主政の再編と法理論の再定位」ジュリスト1356号（2008年）を参照。さらに、ジュリスト1369号（2008年）の「特集　立法学の新展開」も参照されたい。

第 III 部
記述的法実証主義の擁護可能性

第5章　H. L. A. ハートの記述的法理論

——ロナルド・ドゥオーキン「法哲学はおもしろくなくてはいけない」
——ジョン・ガードナー「わかっていないのですか？　そこがあなたの問題だということを」

第1節　R. ドゥオーキンの問題提起

　ロナルド・ドゥオーキンは、法哲学および政治哲学の方法にかんして以下の問いを提起した。すなわち、法哲学および政治哲学は、実践（practice）をその外側から道徳的に中立的な用語で記述（describe）するものなのか、あるいは、実践をその内側で実質的・評価的・規範的・関与的に把握していくものなのか、という問いである[1]。

　ドゥオーキンによると、今日の多くの哲学者たちは、実践をその外側や上方から見下ろし、実践を道徳的に中立的な用語で記述する。ドゥオーキンはこうした見解をアルキメデス主義と呼ぶ[2]。倫理学の領域では、メタ倫理学が、アルキメデス主義として批判される[3]。法哲学の領域ではH. L. A. ハートの見解が、政治哲学の領域ではアイザィア・バーリンの見解が、それぞれアルキメデス主義として批判される[4]。なお、「アルキメデス主義」という

---

1 ）　Ronald Dworkin, *Justice in Robes* (Cambridge, Mass.: Harvard University Press, 2006), ch. 6. 宇佐美誠訳『裁判の正義』（木鐸社、2009年）第6章。

2 ）　Ibid., pp. 141-142. 邦訳、180-181頁。「アルキメデス主義」の原語は 'Archimedeanism' である。

3 ）　Ronald Dworkin, 'Objectivity and Truth: You'd Better Believe It', *Philosophy and Public Affairs*, vol. 25, no. 2 (1996). ドゥオーキンのメタ倫理学批判については、髙橋秀治「メタ倫理学はどのように規範倫理学なのか？——ドゥオーキンによるアルキメデス主義批判とその射程」宇佐美誠・濱真一郎編著『ドゥオーキン——法哲学と政治哲学』（勁草書房、2011年）を参照。

4 ）　Ronald Dworkin, *Justice in Robes, supra* note 1, ch. 6. 邦訳、第6章。

表現は、ドゥオーキンが、ハートやバーリンを批判するために用いるものである。ハートやバーリン自身が、その表現を用いているわけではないし、それを自分たちの立場だと考えているわけでもない。念のため、このことを確認しておく。

本章の議論を開始するにあたり、法哲学および政治哲学におけるアルキメデス主義に対する、ドゥオーキンによる批判の概要を提示しておこう。ドゥオーキンによると、法哲学の中心問題に純粋な記述的解決（purely descriptive solution）を与えるというハートの野心は、多くの指導的な政治哲学者の野心と同じく、誤りである[5]。例えば、自由についてのバーリンの説明（定義や分析）は、アルキメデス主義的である。というのも、彼のその説明は、規範的な社会実践にかんする理論であるにもかかわらず、その説明自体は、自らが規範的理論であると、主張しないからである。その説明はむしろ、自らが、社会実践について記述的で、またそうした実践を作り上げる論争のあいだで中立的な、哲学的ないし概念的な理論であると、主張している[6]。

しかしながら、ドゥオーキンにいわせれば、平等・自由・法などの諸概念（concepts）についての定義や分析は、それらの概念をめぐって戦わされる政治的闘争において競合している諸見解（opinions）と同じくらい、実質的・規範的・関与的（substantive, normative, and engaged）である[7]。

本章の目的は、ドゥオーキンが提起した、法哲学および政治哲学は、実践をその外側から道徳的に中立的な用語で記述するものなのか、あるいは、実践をその内側で実質的・評価的・規範的・関与的に把握していくものなのか、という問いを検討することである。検討を進める上で、本章ではとくに、法哲学の領域で繰り広げられたハートとドゥオーキンの論争に注目する。

---

5) Ibid., p. 143. 邦訳、182頁。
6) Ibid., pp. 146-147. 邦訳、186-187頁。
7) Ibid., p. 143. 邦訳、182頁。

第2節　ハートの記述的法理論とドゥオーキンによる批判

1　ハートとドゥオーキンの論争

ハートは、日常言語学派の手法などを駆使しながら、近代国家法の特徴・構造を解明しようとした。彼は、拳銃強盗が銀行員に「金を渡せ、さもなければ撃つぞ」と命令する状況の分析から出発する。この例は、法は制裁を伴った主権者の「命令（command）」であるという、ジョン・オースティン的な法-主権者命令説をモデルとしている[8]。しかしそのモデルでは、近代国家法の特徴は適切に説明できない。国家法は単なる命令ではないからである。そこで、「命令」に代えて「ルール（rule）」の概念が導入される。ルールは、義務賦課ルールと権能付与ルールに区分される。義務賦課ルールは、一定の行為を義務づけたり、責務を定めるものである。権能付与ルールは、公的権能や私的権能を付与することによって、さまざまな法的行為を可能にしたり、保護したり、促進したりするものである[9]。義務賦課ルールである第一次的ルールしかない法以前の社会では、ルールは静態的・非効率的・不明確である。そうした欠陥を是正するために、変更のルール、裁定のルール、承認のルールという三種類のルールが導入される[10]。これらの三種類の

---

[8] H. L. A. Hart, *The Concept of Law*, third edition (Oxford: Oxford University Press, 2012), ch. 2. 矢崎光圀監訳『法の概念』（みすず書房、1976年）第2章。邦訳は、原書初版を底本としているため、原書第二版に所収された「補遺（Postscript）」の訳文を含んでいない。「補遺」の原文および邦訳については以下を参照。H. L. A. Hart, 'Postscript', in H. L. A. Hart, *The Concept of Law*, third edition, *supra*. 布川玲子・高橋秀治訳「『法の概念』第二版追記　上」みすず438号（1997年）、高橋秀治訳「『法の概念』第二版追記　下」みすず439号（1997年）。以下で「補遺」の邦訳を参照する際には、「邦訳（上）」ないし「邦訳（下）」という表記を用いる。

[9] H. L. A. Hart, *The Concept of Law*, third edition, *supra* note 8, p. 81. 邦訳、90頁。ここでは深田三徳の説明も参照した。深田三徳『現代法理論論争——R. ドゥオーキン対法実証主義』（ミネルヴァ書房、2004年）236頁。

[10] 変更のルールは、社会的変化に応じて、従来のルールを改廃したり新しいルールを創造したりする権能を誰かに付与し、その手続を定めるルールである。裁定のルールは、ルール違反の有無やルールの解釈をめぐる争いを解決する権能を誰かに付与し、その手続を定めるルールである。承認のルールは、その国ないし社会において遵守さ

ルールは、法以前の社会における第一次的ルールにかんする (about) ルールであるため、第二次的ルールと呼ばれる[11]。

　承認のルールは、その国において遵守されるべき妥当な法的諸ルールが何であるかを特定する重要なルールである。承認のルール自体は、公務員たち（裁判官など）のあいだにおける実践 (practice) としてのみ存在するのであり、その実践の存在は事実の問題である[12]。承認のルールに妥当性を付与するものは何もないから、それは「究極的ルール」であるとされる[13]。第一次的ルールしかなかった法以前の社会は、第二次的ルールが加わることで、法的社会に移行する[14]。もしもわれわれが、このような第一次的ルールと第二次的ルールの結合から生じる構造について考察するならば、われわれは法体系の核心を把握できるのである[15]。

　なお、ハートによると、法的ルールには意味の明確な「核」の部分と意味の不明確な「半影」の部分がある。当該事件に関係するルールが不明確な事件においては、裁判官は裁量を用いて事件を処理しており、創造的な立法的活動を行うものとされる[16]。

　さて、ハートの法実証主義の法理論には、ドゥオーキンからの批判がある。ハード・ケースの司法的裁定では、法実証主義者のいう「ルール」とは違った性質や機能をもつ「原理 (principle)」が用いられている。原理は、ルールとルールの衝突を解決したり、制定法の新たな解釈を正当化したり、新たなルールの採用および適用を正当化したりする働きをなす[17]。原理は、

れるべきルール、しかも妥当なルールが何であるかを定めるルールである。H. L. A. Hart, *The Concept of Law*, third edition, *supra* note 8, pp. 91-97. 邦訳、100-107頁。
11)　Ibid., p. 94. 邦訳、103頁。
12)　Ibid., p. 110. 邦訳、120頁。
13)　Ibid., pp. 105-107. 邦訳、115-117頁。
14)　Ibid., p. 94. 邦訳、103頁。
15)　Ibid., p. 98. 邦訳、107頁。
16)　Ibid., pp. 123-136. 邦訳、133-148頁。
17)　Ronald Dworkin, 'The Model of Rules I', in Ronald Dworkin, *Taking Rights Seriously*, with a new appendix, a response to critics (Cambridge, Mass: Harvard University Press, 1978), pp. 27, 28-29. 小林公訳「ルールのモデルI」、ロナルド・ドゥウォーキン著、木下毅・小林公・野坂泰司訳『権利論〔増補版〕』（木鐸社、2003年）21、23頁。

裁判官がそれを考慮に入れねばならないという意味で、裁判官を拘束している。したがってハード・ケースにおいても、司法的裁量は用いられてはいない[18]。またハートのいう承認のルールないし系譜テストによっては、このような原理は適切に捉えられない[19]。系譜テストとは、妥当な法的諸ルールとそうでないものを、その内容ではなく、その系譜（pedigree）によって判断するテストを意味する[20]。

2　ハートの記述的法理論とドゥオーキンによる批判

以上で、ハートとドゥオーキンの論争について、その概要を確認した。以下では、その論争のなかでとくに、ハートが提示する記述的理論と、その理論に対するドゥオーキンの批判に注目する。

ハートによると、法の性質についての彼の説明は、以下の意味で記述的である。すなわち、道徳的に中立的で、いかなる正当化の目的も有さず、法の性質に現れる形式や構造を、道徳などの根拠に基づいて正当化したり称賛したりすることを目指していない、という意味で記述的である[21]。ドゥオーキ

---

18)　Ibid., pp. 35-38. 邦訳、31-36頁。
19)　Ibid., p. 40. 邦訳、39頁。
20)　Ibid., p. 17. 邦訳、7-8頁。ドゥオーキンからの批判を受けて、法実証主義者たちは二つのグループに分かれた。第一のグループは、系譜テストないしラズの源泉テーゼ（本章の注（31）を参照）に固執する立場である。つまり立法行為、司法的決定、慣習などの社会的事実に照らして同定・確認されうるものしか法ではないとする立場である。この立場は、厳格な法実証主義（hard positivism; hard legal positivism）ないし排除的法実証主義（exclusive legal positivism）と呼ばれる。第二のグループは、系譜テストや源泉テーゼに固執しない立場であり、ソフトな法実証主義（soft positivism; soft legal positivism）ないし包摂的法実証主義（inclusive legal positivism）と呼ばれる。ハートは、後者のタイプの法実証主義を擁護している。H. L. A. Hart, 'Postscript', supra note 8, pp. 250-254. 邦訳（上）、68-72頁。これらの二つのタイプの法実証主義については、深田三徳・前掲注（9）『現代法理論論争』第4章、井上達夫『法という企て』（東京大学出版会、2003年）v-ix頁、および早川のぞみ「原理中心の法理論の特徴と可能性——法実証主義とドゥオーキンの対比から」宇佐美誠・濱真一郎編著・前掲注（3）『ドゥオーキン』を参照。
21)　H. L. A. Hart, 'Postscript', supra note 8, p. 240. 邦訳（上）、60-61頁。なお、法実証主義をめぐる最近の論争においては、法実証主義の「法と道徳分離論」を記述的テーゼとして捉えるべきか、それとも規範的テーゼとして捉えるべきか、という論争が盛

ンは、法の性質についてのハートの以上の説明を踏まえて、ハートは「記述的理論（descriptive theory）」を擁護していると述べている[22]――本章では以下で「記述的法理論（descriptive legal theory）」という用語を用いる。

ドゥオーキンは、ハートの記述的法理論に批判的である[23]。ドゥオーキンがハートの記述的法理論に批判的なのはなぜか。その理由を理解するために、ここで、ハートによる内的視点（internal point of view）と外的視点（external point of view）の区別について確認しておきたい。ハートによると、内的視点とは、行為の指針としてルールを受容（accept）して用いる集団――公務員や法律家や私人――の視点であり、外的視点とは、法を自らは受容しない観察者の視点である[24]。ハート自身は、内的視点に外側から言及する観察者の外的視点から、自らはルールを受容することなく、ある集団がそのルールを内的視点から受容するしかたを、記述している[25]。

対するドゥオーキンは、実践に参加する裁判官の内的視点を採用し、当の実践に加わりつつ、法実践の論証的（argumentative）な性格を把握しようと試みる。法実践が論証的であることは、実践の内部に身を置くことによってはじめて、理解することができる[26]。ドゥオーキンにとって、法の一般理論

んになってきている。「法と道徳分離論」を記述的テーゼとして捉える立場は、記述的法実証主義（descriptive legal positivism）と呼ばれる。「法と道徳分離論」を規範的テーゼとして捉える立場は、規範的法実証主義（normative legal positivism）と呼ばれる。ハートが擁護するのは、前者の記述的法実証主義である。Ibid., pp. 239-244. 邦訳（上）、60-64頁。これらの二つのタイプの法実証主義については、深田三徳・前掲注（9）『現代法理論論争』225頁以下、井上達夫・前掲注（20）『法という企て』ix-x頁、および本書の第7章を参照。さらに、ハートが提示した法の記述的・一般的理論については、森村進「法は解釈的実践とは限らない」宇佐美誠・濱真一郎編・前掲注（3）『ドゥオーキン』91-92頁も参照。

22) Ronald Dworkin, *Justice in Robes*, supra note 1, p. 164. 邦訳、207-208頁。
23) Ibid., p. 143. 邦訳、182頁。
24) H. L. A. Hart, *The Concept of Law*, third edition, supra note 8, pp. 88-91. 邦訳、98-100頁。
25) Ibid., pp. 88-91. 邦訳、98-100頁; H. L. A. Hart, 'Postscript', supra note 8, p. 242. 邦訳（上）、62頁。
26) Ronald Dworkin, *Law's Empire* (Cambridge, Mass.: Harvard University Press, 1986), pp. 13-14. 小林公訳『法の帝国』（未来社、1995年）32-35頁。

は構成的解釈（constructive interpretations）である。つまり、それは、法実践の総体を最善の光のもとで示すことを試み、現実に存在する法実践と、当該実践の最善の正当化とのあいだで均衡を達成しようと試みるものである[27]。ドゥオーキンは、ハートが記述的法理論を擁護し、自分（ハート）の理論が規範的理論でも評価的議論でもない——それはいかなる種類の価値判断でもない——とする点を、批判するのである[28]。

第3節　ドゥオーキンがハートに突きつけた二つの困難

1　ハートの源泉テーゼとソレンソン事件

　前節で確認したように、ドゥオーキンのハート批判には、法哲学は、実践をその外側から中立的に記述するものではありえない、という主張が通底している。本節では、この主張を踏まえた上で、ドゥオーキンがハート（の記述的法理論）に突きつけた二つの困難について、検討を行う。なお、それらの二つの困難については後述することとし、ここではその準備作業として、ドゥオーキンの議論に登場する、ハートの「源泉テーゼ（the sources thesis）」および架空の「ソレンソン事件（Sorenson's Case）」の内容について、確認しておく。

　まずは、ハートの源泉テーゼについて。ドゥオーキンは、ハートの以下の言葉を念頭に置き、それを源泉テーゼと呼んでいる。「私〔ハートのこと——引用者〕の理論によれば、法の存在および内容は、道徳への言及なしに、法の社会的源泉（例えば、立法・判決・社会慣習）への言及によって同定されうる。ただし、そのように同定された法がそれ自体で、当該の法の同定のための道徳的規準を包含してきた場合を除いてである[29]」。ドゥオーキンによると、ハートの源泉テーゼとは、どの事実や出来事が法的主張（claims

---

27)　Ibid., p. 90. 邦訳、155頁。
28)　Ronald Dworkin, *Justice in Robes, supra* note 1, p. 164. 邦訳、207-208頁。
29)　H. L. A. Hart, 'Postscript', *supra* note 8, p. 269. 邦訳（下）、98頁。（ここでの訳文はロナルド・ドゥウォーキン著、宇佐美誠訳・前掲注（1）『裁判の正義』183-184のものを用いた。）

of law）を真とする源泉であるかは、承認のルール次第であり、法体系によって異なる、というテーゼである。法的主張とは、ある法による一定の行為を禁止・許可・要求するという主張や、一定の権原（entitlements）を提供するという主張などのことである。ハートにとって、ある法的主張が真であるのは、その主張が、過去の議会が制定したものや過去の裁判官が判決したものであるからである[30]。（なお、ハートが自説を源泉テーゼと呼んでいるわけではない。さらに、ドゥオーキンがハートに帰する源泉テーゼが、ジョセフ・ラズの源泉テーゼ[31]とは異なることも、ここで確認しておく。）

次に、ソレンソン事件という、ドゥオーキンが考案した架空の事件について確認しよう。これは、ソレンソン夫人が、どの製薬会社のジェネリック薬品を服用したことによって慢性的心臓疾患を有することになったかがわからないため、複数の製薬会社は市場シェアに比例して彼女に対して有責であるという主張に基づき、その薬品を製造したすべての製薬会社を訴えた、という事件である[32]。

2　ドゥオーキンがハートに突きつけた二つの困難

それでは、ドゥオーキンがハート（の記述的法理論）に突きつけた二つの困難について、確認していこう。第一の困難とは、ハートとその追随者たちは、記述的法理論を擁護するための積極的言明を提示できていない、という

---

30) Ronald Dworkin, *Justice in Robes*, supra note 1, pp. 162-163. 邦訳、206-207頁。

31) ハートの源泉テーゼによれば、承認のルール次第で、ある法を同定するための道徳的規準も、法として認められうる。H. L. A. Hart, 'Postscript', *supra* note 8, p. 269. 邦訳（下）、98頁。それに対して、ラズの源泉テーゼは、そのような道徳的規準を法として認めない。ラズの源泉テーゼによると、ある法の存在と内容が、いかなる評価的議論にも訴えずに社会的事実（立法行為、司法的決定、慣習など）のみを参照することによって確認できるならば、その法は源泉に基づく法である。Joseph Raz, 'Legal Positivism and the Sources of Law', in Joseph Raz, *The Authority of Law: Essays on Law and Morality*, second edition (Oxford: Oxford University Press, 2009); Joseph Raz, 'Authority, Law, and Morality', in Joseph Raz, *Ethics in the Public Domain: Essays in the Morality of Law and Politics*, revised edition (Oxford: Clarendon Press, 1995). 深田三徳訳「権威・法・道徳」、ジョセフ・ラズ著、深田三徳編訳『権威としての法――法理学論集』（頸草書房、1994年）。

32) Ronald Dworkin, *Justice in Robes*, supra note 1, pp. 143-144. 邦訳、182-183頁。

ものである。すなわち、ハートの源泉テーゼはどのような仕方で「記述的」だと想定されるべきなのか。記述については数通りの様式があり、これらの様式のうちのどれにおいて、ハートは自分の理論が記述的であるといおうとしたのかを問わなければならない。ハートとその追従者たちが、自分たちの理論が記述的であると主張するための積極的言明や、自分たちの方法と野心が何であるかについての助けとなる積極的言明を、見出すことは困難である[33]。よって、記述的法理論を擁護することはできない。

　次に、ハートの立場のもう一つの困難について、すなわちハートの議論は中立的ではないという困難について、確認しよう。ドゥオーキンによると、ハートの源泉テーゼは、ソレンソン事件における両当事者のあいだで中立的ではない。ハートが念頭に置く源泉は、ソレンソン夫人の立場にある人々が、市場シェアを基礎とする損害賠償をとる権原がある（entitled）とは、規定しないだろう。ゆえに、ハートが正しいならば、ソレンソン夫人は、法が自分の側に味方していると主張することができなくなる。製薬会社の弁護士は、ハート（の源泉テーゼ）と同一の議論を法廷で行う。すなわち、当該州の明示された法（the explicit law）は、ソレンソン夫人の主張に有利な規定をしていない、と。他方で、ソレンソン夫人の弁護士は、源泉テーゼを否定する。すなわち、法に内在している原理は、ソレンソン夫人に勝訴するための権原を与えている、と。以上から明らかなように、ハートの議論は中立的ではない。それは一方（製薬会社）に味方しているのである[34]。ハートの議論が中立的でない（製薬会社に味方している）とすれば、彼は、法の性質についての自分の説明は、道徳的に中立的であるという点で記述的である[35]とは、主張できなくなる。よって、中立的な説明を旨とする記述的法理論は退けられる。

---

33) Ibid., p. 165. 邦訳、209頁。
34) Ibid., pp. 164-165. 邦訳、208頁。
35) H. L. A. Hart, 'Postscript', *supra* note 8, p. 240. 邦訳（上）、60頁。

第4節　二つの困難を退けることは可能か

1　第一の困難を退ける
──記述的法理論を擁護するための積極的言明は存在する

　前節では、ハートの記述的法理論が直面する二つの困難について、確認する作業を行った。本節では、ハートがそれらの困難を退けることができるかについて、検討を行う。まずは、ハートとその支持者たちは、自分たちの理論が記述的であると主張するための積極的言明を見出すことができないから、記述的法理論を擁護することができない、という困難について検討しよう。

　ハートは、先述のように、法の性質についての自分の説明は、道徳的に中立的で、なんら正当化目的をもたないという点で記述的である、と指摘している[36]。ラズは、おそらくハートのこの主張を念頭に置き、ハートを以下のように批判している。すなわちハートは、法の性質についての自分の説明は「記述的」な営みであるとし、その説明が評価的であることを否定する。ラズによると、ハートはこの点にかんしては誤っている。むしろ、ドゥオーキンの方が、法の性質についての説明は評価的考慮を含むと考える点で、正しいとされる[37]。ラズは、法理論に何らかの評価的判断が入ってくると指摘している[38]。

　ハートは、ラズの示唆を受けて、記述と評価は異なるけれども、両者はある意味で結びついているということを、認めるに至っている[39]。ハートの法理論は、記述的であるけれども、記述には何らかの評価的判断が入っている

---

36) Ibid.
37) Joseph Raz, 'Two Views of the Nature of the Theory of Law: A Partial Comparison', in Joseph Raz, *Between Authority and Interpretation: On the Theory of Law and Practical Reason* (Oxford: Oxford University Press, 2009), p. 69.
38) Joseph Raz, 'Authority, Law, and Morality', *supra* note 31, pp. 235-237. 邦訳、193-197頁。
39) Nicola Lacey, *A Life of H. L. A. Hart: The Nightmare and the Noble Dream* (Oxford: Oxford University Press, 2004), p. 351.

第4節　二つの困難を退けることは可能か　*151*

のである。問題となるのは、ハートの法理論はいかなる意味で評価的判断を含むのか、という点である。

　アンドレイ・マーモーの理解に従えば、法理論は特定の知的政治的背景から登場するのであり、そして多かれ少なかれ、道徳的・政治的見解によってしばしば動機づけられている。例えばハートは、法は必ずしも正しくないのであり、法は道徳的に憎むべきものであってもなおも法でありうるのだ、ということを理解することによって、われわれはナチスの教訓をよりよく学ぶことができるだろうと、考えた。すなわちハートは、以上のことこそが、法理学から学ぶべき重要かつ反省を迫る政治的教訓であると、そして、合法性（legality）は正義や道徳的健全さの保証では決してありえないという事実に、油断なく警戒する方が、われわれは道徳的・政治的により安全な立場にあるだろうと考えたのである[40]。

　先述のように、ドゥオーキンはハートに以下の困難を突きつけた。すなわち、ハートとその支持者たちは、自分たちの理論が記述的であると主張するための積極的言明や、自分たちの方法と野心が何であるかについての助けとなる積極的言明を、見出すことができない[41]、という困難を突きつけたのである。しかし、法の性質についてのハートの説明は、彼独自の評価的判断ないし道徳的・政治的見解によって動機づけられている。すなわち、ラズの表現を用いれば、「法に対して合理的で批判的な姿勢を吹き込む」[42]という評価的判断ないし道徳的・政治的見解によって、動機づけられているのである。したがって、ハートとその支持者たちは、自分たちの理論が記述的であ

---

40) Andrei Marmor, 'Legal Positivism: Still Descriptive and Morally Neutral', in Andrei Marmor, *The Law in the Age of Pluralism* (New York: Oxford University Press, 2007), pp. 135-136. マーモーの論文の内容については、本書の第7章を参照。ハート自身の見解については、H. L. A. Hart, *The Concept of Law*, third edition, *supra* note 8, pp. 207-212. 邦訳、225-230頁; H. L. A. Hart, 'Positivism and the Separation of Law and Morals', in H. L. A. Hart, *Essays in Jurisprudence and Philosophy* (Oxford: Clarendon Press, 1983), pp. 77-78. 上山友一・松浦好治訳「実証主義と法・道徳分離論」、H. L. A. ハート著、矢崎光圀・松浦好治訳者代表『法学・哲学論集』（みすず書房、1990年）85-86頁。
41) Ronald Dworkin, *Justice in Robes*, *supra* note 1, p. 165. 邦訳、209頁。
42) Joseph Raz, 'Authority, Law, and Morality', *supra* note 31, p. 210. 邦訳、139-140頁。

ることを主張するための、積極的言明を有しているのである。

　なお、ハートとその支持者たちの理論が、評価的判断によって動機づけられているとしても、記述的法理論を擁護できないわけではない。マーモーによると、法の性質についての記述的法理論は、真理を主張している。哲学的な記述にとって哲学的に重要なのは、その主張が真であることが確証されているのか、あるいはその主張が本当に真なのか、という点にある。ある記述的理論の――道徳的、政治的、あるいはその他の――知的・歴史的背景は、その理論の内容をよりよく理解するのに役立つが、その理論の真理には影響しない。自分たちの理論が記述的であると主張する動機と、記述的法理論の真理は、別のものなのである[43]。

2　第二の困難を退ける――ハートは裁判の当事者の一方に味方していない

　次に、ドゥオーキンがハートに突きつけたもう一つの困難について、すなわち、ハートの議論は中立的ではない（ソレンソン事件において製薬会社に味方している）から、中立性を旨とする記述的法理論を擁護することはできない、という困難について検討する。

　この困難について検討するために、以下では、ハートによる内的視点と外的視点の区別を整理する作業を行う。その上で、ハートの法理論が、内的視点から「ソレンソン事件」の一方に味方するものではないことを、明らかにしたい。

　ドゥオーキンはアメリカ合衆国出身である。アメリカにもさまざまな法理論がある（形式主義、プラグマティズム法学、社会学的法学、リアリズム法学、リーガル・プロセス学派、法と経済学、批判法学など）が、その多くは司法的裁定に主たる関心を向けている。ドゥオーキン自身は、裁判における統合性の価値を重視し、「統合性としての法（law as integrity）」という法理論を擁護する[44]。彼の法理論は、司法的裁定の総論部分[45]であり、政治哲学の一

---

[43]　Andrei Marmor, 'Legal Positivism', *supra* note 40, pp. 136-137.

[44]　Ronald Dworkin, *Law's Empire*, *supra* note 26, chs. 6, 7. 邦訳、第6、7章。ドゥオーキンの「統合性としての法」については、深田三徳・前掲注（9）『現代法理論論争』第3章を参照。

[45]　Ronald Dworkin, *Law's Empire*, *supra* note 26, p. 90. 邦訳、155頁。ラズによると、

部門[46] である。本章の第2節で確認したように、ドゥオーキンは、社会学者や歴史家の外的視点ではなく、実践に参加する人々の内的視点を採用し、当の実践に加わりつつ、法実践の論証的な性格を把握しようと試みている[47]。法廷の外側から記述するのではなく、法廷の内側で法服を着て[48]、実践に関与していく[49]。ドゥオーキンは、とくに裁判官の内的視点を採用するのである[50]。裁判官にもさまざまな裁判官がいるが、ドゥオーキンは、超人的な裁判官であるヘラクレス[51]を想定している[52]。

　対するハートは英国出身である。同じく英国出身のジェレミー・ベンサムは、法理学を以下の二つに区別した。すなわち、「在る法（what the law is）」を確認する説明的法理学（expository jurisprudence）と、「在るべき法（what the law ought to be）」を確認する批判的法理学（censorial jurisprudence）である[53]。ハートは、「ベンサムが法を定義するために用いる用語はすべて、断固として記述的で規範的に中立的である」と指摘している[54]。

　ドゥオーキンの著作が含意しているのは、司法的裁定についての理論（a theory of adjudication）なのであって、法（の性質）についての理論（a theory of (the nature of) law）ではない。もしもドゥオーキンが、法の性質一般を説明する方法を有さないとすると、彼はアメリカ法の性質を説明することもできないとされる。Joseph Raz, 'Two Views of the Nature of the Theory of Law', *supra* note 37, p. 87.

46) Ronald Dworkin, *Justice in Robes*, *supra* note 1, p. 241. 邦訳、302頁。
47) Ronald Dworkin, *Law's Empire*, *supra* note 26, p. 14. 邦訳、34-35頁。
48) 　ドゥオーキンは、自著に『法服を着た正義』という表題をつけている。Ronald Dworkin, *Justice in Robes*, *supra* note 1（邦訳の表題は『裁判の正義』）。
49) Ibid., p. 143. 邦訳、181-182頁。
50) Ronald Dworkin, *Law's Empire*, *supra* note 26, p. 14. 邦訳、34-35頁。
51) Ronald Dworkin, 'Hard Cases', in Roanld Dworkin, *Taking Rights Seriously*, with a new appendix, a response to critics, *supra* note 17, p. 105. 木下毅・小林公訳「難解な事案」、ロナルド・ドゥウォーキン著、木下毅・小林公・野坂泰司訳・前掲注（17）『権利論〔増補版〕』131頁。
52) Ronald Dworkin, *Law's Empire*, *supra* note 26, ch. 7. 邦訳、第7章。
53) Jeremy Bentham, *An Introduction to the Principles of Morals and Legislation*, edited by J. H. Burns and H. L. A. Hart, with a new introduction by F. Rosen (Oxford: Clarendon Press, 1996), p. 294.
54) H. L. A. Hart, *Essays on Bentham: Jurisprudence and Political Theory* (Oxford: Oxford University Press, 1982), p. 28.

ハートは、ベンサムの分析的法理学の伝統を受け継ぎ、法実践を、その外側から記述・説明しようと試みている。先述のように、ハートは、行為の指針としてルールを受容する社会集団の内的視点と、ルールを自らは受容しない観察者の外的視点を区別する[55]。彼はさらに、内的視点からなされる内的言明（internal statements）と、外的視点からなされる外的言明（external statements）を区別する。内的言明とは、ある社会集団が、ルールを受容する内的視点からなす言明である（例えば「……ということは法である」という表現）。外的言明とは、ある法体系の外的観察者が、ルールを自らは受容せずにその集団がそれを受容している事実を述べる言明であり、それは法体系の外的観察者がなす自然な表現である（例えば「イギリスにおいて人々は、おおよそ議会における女王の制定するものが法であると認めている」という表現）[56]。

　さて、ハートによると、外的視点からなされる言明にはさまざまな種類がある。観察者は、自らはルールを受容することなく、ある集団がそのルールを受容していると主張したり、その集団が内的視点からどのようなしかたでルールにかかわるかについて、外側から言及したりするかもしれない。あるいは、観察者は、集団の内的視点に外側からさえ言及しない観察者という立場もとりうる。もしも観察者がこの極端な外的視点（extreme external point of view）に本当に固執して、ルールを受容している集団の構成員がどのように自分たち自身の規則だった行動を見ているかについてまったく説明しないならば、その集団の構成員の生についてのその観察者の記述は、決してルールにかんするものではありえない。ハートによれば、その観察者の記述は、行為の観察可能な規則性、予測、蓋然性、しるし（signs）にかんするものだろう[57]。

　記述的な法学者（a descriptive legal theorist）は、ある法体系の参与者による法の受容を自らは共有しないけれども、そうした受容を記述できるし記述すべきである。この目的のために、記述的な法学者は、内的視点を採用する

---

55) H. L. A. Hart, *The Concept of Law*, third edition, *supra* note 8, pp. 88-91. 邦訳、98-100頁。
56) Ibid., pp. 102-103. 邦訳、111-112頁。
57) Ibid., p. 89. 邦訳、98頁。

とはどのようなことなのかを、理解（*understand*）しなければならない。そして、この限定された意味で、自らを当事者の立場に置くことができなければならない。しかしこのことは、法を受容することではないし、当事者の内的視点を共有ないし擁護することでもないし、自分の記述的な姿勢を放棄することでもない[58]。

結局、ハートは、外的視点から法の内容を記述するけれども、極端な外的視点から何らかのし・る・しについて記述しているわけではない。彼は、内的視点に外側から言及する観察者の立場から、自らはルールを受容することなく、ある集団がそのルールを内的視点から受容するしかたを、記述しているのである。

なお、ハートによる内的言明と外的言明の二分法には、ラズによる修正がなされている。ラズは、内的視点からなされる内的言明を、コミットした言明（committed statements）と距離を置いた言明（detached statements）に区別する。前者のコミットした言明とは、法を受容し適用する裁判官や公務員によってなされる、全面的にコミットした規範的言明である[59]。後者の距離を置いた言明とは、人々がどのような権利・義務を有しているかについて述べる言明であるが、この言明は、日常的な規範的言明であるならばもっているような全面的な規範力をもっていない。発話者は、距離を置いた言明を発話したとしても、この言明によって示される見解にコミットしているというわけではない。例えば、弁護士が依頼主に与える助言や、法学者が学生を前にして行う説明などは、この距離を置いた言明というカテゴリーに属する場合が多い[60]。ハートは後に、ラズのいう距離を置いた言明は、自分が区別する二つ（内的言明および外的言明）に加えて第三の種類の言明になることを、認めるに至った。ハートは、観察者である法学者が、ルールを受容する者たちの内的視点から、ただし自分たちはその内的視点を共有しないまま、法律

---

58) H. L. A. Hart, 'Postscript', *supra* note 8, p. 242. 邦訳（上）、62頁。
59) Joseph Raz, 'Legal Validity', in Joseph Raz, *The Authority of Law*, second edition, *supra* note 31, p. 155. 中山竜一訳「法的妥当性」、ジョセフ・ラズ著、深田三徳編訳・前掲注（31）『権威としての法』79-80頁。
60) Ibid., p. 153. 邦訳、76-77頁。

の内容を規範的な形で——距離を置いた言明として——「報告（report）」する場合があることを、認めている[61]。

以上で確認したように、ハートは、観察者である法学者が、ルールを受容する者たちの内的視点から、自分たちはその視点を共有せずに、法律の内容を「距離を置いた言明」として報告する場合があることを、認めるに至っている。しかし、法の性質にかんするハート自身の説明は、基本的には、ルールを受容しない観察者の外的視点から、ある集団がそのルールを受容するしかたを、その集団の内的視点に外側から言及しつつ、道徳的に中立的な形で、外的言明として記述するというものなのである。

ここにおいて明らかなように、ドゥオーキンとハートでは、法の見方が異なっている。ドゥオーキンは、超人的な裁判官であるヘラクレス[62]の内的視点を採用し、誰に権利があるかないかに関心を寄せる。ドゥオーキンによると、ハード・ケースにおいても、裁判官は原理を考慮に入れることができるのであり、単一の正しい答え（a single right answer）が存在している[63]。彼は、記述ではなく実践に関心がある。法服を着ている裁判官の内的視点から、どちらが勝つかという実践的関心を有しているのである。

対するハートは、内的視点に外側から言及する観察者の外的視点から[64]、法を、法的ルールの体系として捉える[65]。承認のルールによって同定される体系が法なのであり[66]、法理論は、その構造を分析することを任務とするの

---

61) H. L. A. Hart, 'Introduction', in H. L. A. Hart, *Essays in Jurisprudence and Philosophy*, supra note 40, p. 14. 矢崎光圀訳「序説」、H. L. A. ハート著、矢崎光圀・松浦好治訳者代表・前掲注（40）『法学・哲学論集』15-16頁。H. L. A. Hart, *Essays on Bentham*, supra note 54, p. 154 も参照。
62) Ronald Dworkin, *Law's Empire*, supra note 26, ch. 7. 邦訳、第7章。
63) Ronald Dworkin, 'Can Rights be Controversial?' in Ronald Dworkin, *Taking Rights Seriously*, with a new appendix, a response to critics, supra note 17, p. 279. 小林公訳「権利には異論の余地がありうるか」、ドナルド・ドゥウオーキン著、小林公訳『権利論II』（木鐸社、2001年）75頁。
64) H. L. A. Hart, *The Concept of Law*, third edition, supra note 8, pp. 88-91. 邦訳、98-100頁；H. L. A. Hart, 'Postscript', supra note 8, p. 242. 邦訳（上）、62頁。
65) H. L. A. Hart, *The Concept of Law*, third edition, supra note 8, pp. 94-98, 100-110. 邦訳、103-107、109-120頁。
66) Ibid., pp. 94-95. 邦訳、104-105頁。

である⁶⁷⁾。ハートによると、ハード・ケースにおいては、裁判官は裁量を用いる⁶⁸⁾。とすると、ソレンソン夫人が勝つかは、内的視点を採用して実践に身を置く裁判官次第ということになる。ソレンソン夫人が勝つかもしれないし、製薬会社が勝つかもしれないのである。結局、ハートの自己理解に照らせば、彼自身は内的視点の内側において「ソレンソン事件」の一方に味方しているわけではない。ハートはあくまでも、外的視点から法の内容を、道徳的に中立的な形で、外的言明として記述しているのである。

第5節　法哲学はおもしろくなくてはならないのか

　前節で確認したように、ドゥオーキンがハートに突きつけた二つの困難は、退けることが可能である。まず、ハートは、自分たちの理論が記述的であることの積極的言明を提示できない、という困難については、以下のように退けることができる。法の性質についてのハートの記述的理論は、彼独自の道徳的・政治的見解によって動機づけられている。すなわち、「法に対して合理的で批判的な姿勢を吹き込む」⁶⁹⁾という積極的な道徳的・政治的見解によって、動機づけられている。ゆえに、ハートは、自分たちの理論が記述的であると主張するための、積極的言明を有しているのである。なお、再度確認しておくが、ハートの理論が、積極的な道徳的・政治的見解によって動機づけられているとしても、彼の理論そのものは、規範的・評価的理論ではなく、あくまでも記述的理論である。

　ドゥオーキンがハートに突きつけたもう一つの困難は、ハートの議論（源泉テーゼ）は、ソレンソン事件の一方に味方しており中立的ではないから、中立的な記述的理論ではありえない、というものである。しかし、法の性質

---

67)　ハートは、自身の法理論における主要な問いの一つとして、「諸ルールが体系を形作るとはいかなることか」という問いをあげている。H. L. A. Hart, 'Postscript', *supra* note 8, p. 240. 邦訳（上）、61頁。
68)　H. L. A. Hart, *The Concept of Law*, third edition, *supra* note 8, pp. 123-136. 邦訳、133-148頁。
69)　Joseph Raz, 'Authority, Law, and Morality', *supra* note 31, p. 210. 邦訳、139-140頁。

についてのハートの説明は、ルールを受容しない観察者の外的視点から、法律の内容を、道徳的に中立的な形で外的言明として記述するというものである。ソレンソン夫人が勝つかは、裁判官次第なのである。したがって、ハートの議論は、内的視点からソレンソン事件の一方（製薬会社）に味方しているわけではないのである。

本章の冒頭で引用したのは、ドゥオーキンと、彼からオックスフォード大学の法理学講座を引き継いだジョン・ガードナーの会話である[70]。

> ドゥオーキン「法哲学はおもしろくなくてはいけない」
> ガードナー「わかっていないのですか？ そこがあなたの問題だということを」

法哲学は、ドゥオーキン的な意味で「おもしろい」ものであるべきなのか。もちろん、その意味で「おもしろい」法哲学があってもよいかもしれない（法実践に関心を抱く裁判官や法解釈学者にとって、ドゥオーキンの法哲学は魅力的であるだろう）。しかし、法哲学は、ハートが擁護したような、法の性質を道徳的に中立的な形で記述するという、記述的法理論であってはならないのだろうか。

---

70) Ronald Dworkin, *Justice in Robes, supra* note 1, p. 185. 邦訳、233頁（本文の訳文は筆者）。

第6章　J. ディクソンによる記述的法理論の擁護論

はじめに

　本書の第5章で確認したように、H. L. A. ハートは記述的法理論を擁護している。本章では、ジュリー・ディクソンによる記述的法理論の擁護論について検討する。

　まずは、本章の内容を確認しておこう。第1節では、記述的法理論に対する三つの挑戦について、第2節では、それらの三つの挑戦に対するディクソンの応答について、確認する作業を行う。第3節では、記述的法理論の機能について検討を加える。

　なお、本章では、ディクソンが法哲学・社会哲学国際学会連合（IVR）のオンライン百科事典に執筆した「記述的法理論[1]」（2006年）と、彼女の著書『評価と法理論[2]』（2001年）の結論部分を参照する[3]。

第1節　記述的法理論への三つの挑戦

　19世紀のジェレミー・ベンサムおよびジョン・オースティンの著作や、20世紀のハンス・ケルゼンおよびハートの著作を通じて作り上げられた法

---

[1] Julie Dickson, 'Descriptive Legal Theory' (2006), in *IVR Encyclopaedia of Jurisprudence, Legal Theory and Philosophy of Law* <http://ivr-enc.info/index.php?title=Descriptive_Legal_Theory>（2014年2月2日最終検索）。

[2] Julie Dickson, *Evaluation and Legal Theory* (Oxford and Portland, Oregon: Hart Publishing, 2001).

[3] 法哲学の方法論にかんするディクソンのその他の研究としては、例えば以下がある。Julie Dickson, 'Methodology in Jurisprudence: A Critical Survey', in *Legal Theory*, vol. 10, no. 3 (2004).

理論における思想伝統は、以下のように主張する。すなわち、優れた記述的法理論を提唱することは可能である。記述的法理論の研究手法によれば、法理論の重要な任務は、「法とは何かを同定（identify）したり、それを適切に説明（explain）したりすること」である。そして、この任務は、「法を道徳的に評価（morally evaluate）したり、それを正当化（justify）したりすること」とは独立に——あるいは先だって（prior to）——、なすことができるのである[4]。

結局、記述的法理論の擁護者たちは、法の性質（nature）の記述的説明を探求しており、以下の問いに答えることができると信じている——すなわち、「社会的事実を参照するだけで法を同定できるか」、「強制は法の必要不可欠な特徴か」、「法体系は市民に対する権威を必然的に主張するか」といった問いである。記述的法理論の擁護者たちは、以上の問いが、以下の問いとは独立に——あるいは先だって——問われるべきであると、信じている——すなわち、「われわれが法と同定するものは道徳的性質を有するか」、「法による強制の行使は正当化できるか」、「いかなる条件で、法体系は市民に対する正統な権威を有するのか」といった問いである[5]。

さて、近年に至り、法の性質についての記述的説明の可能性や有用性に対して、疑念（doubts）が呈されている。そうした疑念を抱く者は、以下のいくつかを、あるいはそのすべてを主張する[6]。すなわち、

①法理論は、法の最も重要な側面について価値判断をしなければ、法の特徴（features）を説明することができない。

②法の道徳的価値ないし道徳的正当化可能性（justifiability）にかんして、道徳的な価値判断（moral value judgements）をしなければ、法の特定の特徴を適切に説明するのは不可能である。

③複数の法理論のなかで、どれが優れているかを判定するためには、それぞれの法理論を擁護することがもたらす帰結にかんして、道徳的・政治的に

4） Julie Dickson, 'Descriptive Legal Theory', *supra* note 1, section I.
5） Ibid.
6） Ibid.

論じる必要がある[7]。

　ディクソンは、これらの三つの疑念——彼女は「挑戦（challenges）[8]」という表現も用いている——に焦点を合わせて、記述的法理論の擁護論を展開することになる。

第2節　三つの挑戦へのディクソンの応答

1　記述的法理論の「簡素な説明」の誤り

　記述的法理論に対する三つの挑戦（疑念）に焦点を合わせる前に、まずはここで、記述的法理論の「簡素な説明（simple account）」の誤りについて確認しておこう。

　記述的法理論の「簡素な説明」——ディクソンに言わせれば「完全にミスリーディングな説明」——は、記述的法理論を、いかなる価値判断もなさずに法の性質を正確に同定したり適切に説明したりできるような法理論として、特徴づける[9]。

　記述的法理論の「簡素な説明」は、ハートが『法の概念[10]』の「補遺[11]」で擁護している見解として、理解されることがある[12]。ハートはこの「補遺」において、彼自身の法理論を、「一般的かつ記述的（general and descriptive）」

---

[7]　①②③共に、ibid.
[8]　Ibid., section II.
[9]　Ibid.
[10]　ハートの『法の概念』は、1961年に初版が、1994年に第2版が、2012年に第3版が出ている。本章では、同書の第3版を参照する。H. L. A. Hart, *The Concept of Law*, third edition (Oxford: Oxford University Press, 2012). 同書の初版の邦訳として、矢崎光圀監訳『法の概念』（みすず書房、1976年）がある。なお、この邦訳は、第2版以降に所収されている「補遺（Postscript）」の訳文を含んでいない。
[11]　H. L. A. Hart, 'Postscript', edited by Penelope A. Bulloch and Joseph Raz, in H. L. A. Hart, *The Concept of Law*, third edition, *supra* note 10. 布川玲子・高橋秀治訳「『法の概念』第二版追記　上」みすず438号（1997年）、高橋秀治訳「『法の概念』第二版追記　下」みすず439号（1997年）。以下で「補遺」の邦訳を参照する際には、「邦訳（上）」ないし「邦訳（下）」という表記を用いる。
[12]　Julie Dickson, 'Descriptive Legal Theory', *supra* note 1, section II.

な法理論として説明している[13]。ハートはさらに、彼自身の法理論と対比させる形で、R. ドゥオーキンの法理論を「部分的に評価的かつ正当化的（in part evaluative and justificatory）」な法理学の捉え方として説明している[14]。

さて、記述的法理論の「簡素な説明」に対しては、三つの挑戦がなされている——先述のように、ディクソンは「疑念」という表現も用いている——。これらの挑戦は、法理論が価値自由（value-free）であるのは不可能である、と主張する[15]。以下では、これらの三つの挑戦と、それらに対するディクソンの応答について検討していこう。

2 第一の挑戦への応答——法理論における評価の役割

記述的法理論への第一の挑戦は、法理論における評価（evaluation）の役割にかんするものである。第一の挑戦によると、優れた法理論を提唱するためには、法の複数の特徴のなかから、特定の特徴が他の特徴よりも重要であるという、価値判断をしなければならない。ディクソンはこのことを以下のように説明している[16]。

ある事柄にかんする理論を提唱するためには、単に情報を寄せ集めるだけでは足りない。理論家は、その事柄にかんして、何が重要であるのかについて評価判断し、理論的に説明することが求められる。法理論の場合も、理論家たちは、研究対象である法にかんして、どの特徴が重要であるのかについて評価判断をしている。その際、理論家たちは、人々——法を制定したり、法を施行したり、法によって指針を与えられたりする人々——が、現に重要だとみなしているものを踏まえて、評価判断をせねばならないのである[17]。

以上の主張（法理論を提示するためには何らかの評価判断をなさねばならない）は、記述的法理論の「簡素な説明」に対する挑戦として、提示されている。しかしながら、実を言えば、記述的法理論の提唱者のなかで、以上の主

---

13) H. L. A. Hart, 'Postscript', *supra* note 11, p. 239. 邦訳（上）、60頁。
14) Ibid., p. 240. 邦訳、61頁。
15) Julie Dickson, 'Descriptive Legal Theory', *supra* note 1, section II.
16) Ibid., section II.1.
17) Ibid.

張を否定する者は存在しない。すなわち、記述的法理論の提唱者たちは、以上の主張を、明らかに認めているのである。では、記述的法理論の擁護者たちが主張していることは何なのか。それは、法理論の重要な任務は「法とは何かを同定・説明すること」であり、この任務は「法を道徳的に評価・正当化すること」とは独立に――あるいは先だって――なすことができる、ということなのである[18]。

ハートもまた、一方では、法理論の「一般的・記述的」アプローチの可能性と有用性を主張[19]しつつも、その一方で、以下のように主張している。すなわち、理論家の分析は、「何が重要であるかについての判断……を指針としているから、……すべての価値のあいだで中立的ではありえないのである[20]」。

以上から、記述的法理論の「簡素な説明」の不適切さが明らかになる。すなわち、法理論が完全に価値自由でありうると主張している論者はいないのであるから、「簡素な説明」によって記述的法理論を特徴づけることに意味はない[21]。結局、記述的法理論への第一の挑戦は、誰も主張していないことを「簡素な説明」として提示し、それを批判しているに過ぎないのである。

3　第二の挑戦への応答――間接的に評価的な法理論

記述的法理論への第二の挑戦によれば、法を適切に説明するためには、理論家は、法にかんする道徳的評価（moral evaluation）に従事したり、法を道徳的に正当化する道徳的価値および条件にかんする結論に到達したりする必要がある。この挑戦は、それぞれ異なる仕方ではあるが、ジョン・フィニスとR. ドゥオーキンの著作においてなされている[22]。

それではディクソンに依拠しながら、以下の二段落で、フィニスとドゥ

---

18) Ibid.
19) H. L. A. Hart, 'Postscript', *supra* note 11, pp. 239-240. 邦訳（上）、60-61頁。
20) H. L. A Hart, 'Comment', in Ruth Gavison (ed.), *Issues in Contemporary Legal Philosophy: The Influence of H. L. A. Hart* (Oxford: Clarendon Press, 1987), p. 39.
21) Julie Dickson, 'Descriptive Legal Theory', *supra* note 1, section II.1.
22) Ibid., section II.2. フィニス（John Finnis）はオーストラリア出身の法哲学者であり、今日を代表する自然法論者の一人である。英国のオックスフォード大学を退職後も、アメリカのノートルダム大学ロー・スクールにて教鞭をとり続けている。

オーキンの議論をみていこう。フィニスによると、適切な法理論を提唱するためには、理論家は、説明すべき重要な法の特徴が何であるかを評価しなければならないし、法の下で生きている人々（法によって指針を与えられている人々）が保有している法についての態度や信念に、適切な注意を払わねばならない。法に対する複数の態度のなかには、他よりも重要なものがある。それらの態度のあいだで優劣をつけたり、それらの態度のなかの「中心的事例 (central case)」の視点から法を特徴づけたりするのが、法理論の役割なのである[23]。

フィニスに従えば、この視点——ディクソンによれば、フィニスはこの視点を「実践的に理に適った人間の視点 (the point of view of the practically reasonable man)」としても特徴づけている——は、法の道徳的価値を評価したり、法の独特の特性 (properties) が善の実現を促す仕方を評価したりする。さらに、この視点は、法に従う道徳的責務を生み出す。理論家は、法の道徳的価値や目的について、一つの立場 (stance) をとらねばならない。あるいは、どのような状況でそうした価値や目的が法に従う道徳的義務を生み出すのかについて、一つの立場をとらねばならない。結局、理論家は、法を適切に特徴づけるために、自分自身の立場をとらねばならないのである[24]。

次に、ドゥオーキンの議論についてみていこう。彼によると、法を理解するためには、法を解釈せねばならない。すなわち、「法実務の総体を最善の光のもとで示すことを試み、現実に存在する法実務と、当該実務の最善の正当化との間で均衡を達成しようと試み[25]」なければならない。ディクソンの理解では、ドゥオーキンの言う「最善の光の下で示すこと」は、「最善の道徳的・政治的な光の下で示すこと[26]」を意味する。

---

23) Ibid. フィニスの文献としては以下を参照。John Finnis, *Natural Law and Natural Rights*, second edition (Oxford: Oxford University Press, 2011), pp. 9-11.

24) Julie Dickson, 'Descriptive Legal Theory', *supra* note 1, section II.2. フィニスの文献としては以下を参照。John Finnis, *Natural Law and Natural Rights*, second edition, *supra* note 23, pp. 11-18. フィニスのこの主張にかんする邦語文献として、河見誠『自然法論の必要性と可能性——新自然法論による客観的実質的価値提示』（成文堂、2009年）60-64頁がある。

25) Ronald Dworkin, *Law's Empire* (Cambridge, Mass.: Harvard University Press, 1986), p. 90. 小林公訳『法の帝国』（未來社、1995年）155頁。

26) Julie Dickson, 'Descriptive Legal Theory', *supra* note 1, section II.2. ハートも以下の

第2節 三つの挑戦へのディクソンの応答　*165*

　以上で、フィニスとドゥオーキンによる、記述的法理論への第二の挑戦について概観した。その両者によれば、法を適切に説明するためには、理論家は、法にかんする道徳的評価に従事したり、法を道徳的に正当化する道徳的価値および条件にかんする結論に到達したりする必要がある。この挑戦に対して、記述的法理論の擁護者たちは以下のように応答している。

　なお、検討を進める前に、ディクソンの議論に依拠して、法理論には二つのレベルがあることを確認しておこう。すなわち、法理論には、法の性質にかんする「一次的レベルの諸理論（first-order theories of the nature of law）」と、それらの諸理論にかんする「方法論的立場（methodological position）」が存在する[27]。

　以上を確認した上で、検討を続けよう。記述的法理論への第二の批判に対しては、以下の論者たちが応答を試みている。例えば、ラズ、ジュールス・コールマン、マーモー、W. J. ワルチャウである。彼らによると、法の性質を理解するためには評価判断が必要である。しかし、ここに言う評価判断は必ずしも、道徳的な価値判断――法の道徳的価値や正当化可能性にかんする価値判断――である必要はない。ディクソンによると、これらの論者たちは、法の性質にかんする自分たち自身の一次的レベルの理論を擁護するために、「評価的ではあるが、道徳的には評価的でない方法論的立場（an evaluative-but-not-morally-evaluative methodological position）」を、提示しようとしているのである[28]。

　例えばワルチャウは、彼が擁護する法の性質にかんする一次的レベルの理論[29]の根拠を示す際に、以下のように主張している。すなわち、理論家は、

ように述べている。すなわち、ドゥオーキンの法理論の中心的な仕事は、「『解釈的』であり部分的に評価的なものである。というのは、この仕事は、法体系の確立した法と法的実践に対し最も良く『適合』ないし一貫性をもつだけでなく、それらに対し最善の道徳的正当化を与えることにより、法を『その最善の照明』の中で提示するような諸原則を同定することにあるからである」。H. L. A. Hart, 'Postscript', *supra* note 11, pp. 240-241. 邦訳（上）、61頁。

27) Julie Dickson, 'Descriptive Legal Theory', *supra* note 1, section II.2.
28) Ibid.
29) ワルチャウが擁護する一次的レベルの理論とは、包摂的法実証主義（inclusive legal positivism）のことである。W. J. Waluchow, *Inclusive Legal Positivism* (Oxford:

評価判断をなすことによって、法の特定の特徴——例えば、強制（coercion）を用いるという特徴——を説明するのが重要であり、その特徴が道徳的評価と関連している、ということを示すことができる。とはいえ、理論家は、その特徴が道徳的に善いか否かとか、その特徴が道徳的に正当化されるか否かといったことについて、知る必要はないし、そうしたことについて判断する必要もない。結局、ワルチャウは、一つの方法論的立場——彼の言う「価値関連的だが、記述的・説明的（value-relevant, descriptive-explanatory）[30]」な理論——の擁護可能性を主張しているのである[31]。

以上で確認したように、ワルチャウを含む法実証主義者たちは、法の性質にかんする自分自身の説明を擁護するために、法哲学の方法論に関心を寄せる。それに対して、ディクソンは、法哲学の方法論そのものに関心を抱いている[32]。彼女の議論をみていこう。

優れた法理論を提唱するためには、理論家は、説明する意義のある法の特徴は何であるかについて、価値判断をせねばならない。その際、理論家は、法の下で生活する人々——法によって指針を与えられている人々——が重要だと考えている法の特徴に、敏感に反応しなければならない。ディクソンは、こうした価値判断を、「間接的に評価的」な判断（'indirectly evaluative' judgements)」と呼んでいる。彼女によると、理論家たちは、自分たちが重要だと評価している事柄について、その道徳的価値や善さについて特定の立場をとることなく、「間接的に評価的」な判断をなすことができるのである[33]。

この見解に基づけば、法のある一つの特徴（例えば「法は自らが道徳的権威

　　Clarendon Press, 1994). 包摂的法実証主義は、ソフトな法実証主義（soft positivism; soft legal positivism）とも呼ばれる。参照、深田三徳『現代法理論論争——R. ドゥオーキン対法実証主義』（ミネルヴァ書房、2004年）173-188頁、井上達夫『法という企て』（東京大学出版会、2003年）iv-ix頁、井上達夫「立法学の現代的課題——議会民主政の再編と法理論の最定位」ジュリスト1356号（2008年）134-136頁、および本書の序章第3節の2。
30) W. J. Waluchow, *Inclusive Legal Positivism, supra* note 29, p. 22.
31) Julie Dickson, 'Descriptive Legal Theory', *supra* note 1, section II.2.
32) Ibid.
33) Ibid.

を有していると主張する」という特徴）を説明するのが重要だという、ある理論家の「間接的に評価的」な判断を支えることができるのは、何だろうか。それは、その特徴が法に道徳的に価値ある機能を果たさせるからだという、道徳的ないし「直接的に評価的」な判断 (morally or 'directly evaluative' judgement) ではない。それはむしろ、法の下で生きる人々が自己理解をしたり実践に関心を向けたりする際に、その特徴が中心的な役割を果たしているという事実 (fact)、なのである[34]。

　ディクソンは、道徳的・直接的に評価的な問い——例えば、「法は道徳的価値を有するか」、「法は道徳的に正当化されるのか」、「法に従う道徳的義務はあるのか」、「法に従う道徳的義務があるとしたら、どのような条件でそうした義務を有するのか」といった問い——に答えたり、答えようと努めたりすることの重要性を、否定するわけではない。彼女が主張したいのは、法の性質についての非道徳的に評価的な説明（a non-morally evaluative account）をした後ではじめて、道徳的・直接的に評価的な問いに答えることができるし、答えるべきである、ということなのである。なお、ディクソンは、以上の立場を「間接的に評価的な法理論 (indirectly evaluative legal theory)」と名づけて、ハートとラズの両者がこうした方法論的姿勢を取っているとしている[35]。

4　第三の挑戦への応答——法理論の採用がもたらす帰結の評価

　次に、記述的法理論への第三の挑戦について検討しよう。この挑戦によると、複数の法理論のなかで、どれが優れているかを判定するためには、それぞれの法理論を採用することがもたらす帰結にかんして、道徳的・政治的に論じる必要がある。ディクソンはこの挑戦を、「実践的・政治的」ないし「便益的・道徳的」な帰結（'beneficial moral' consequences）を通じての議論と名

---

[34]　Ibid. 例えば、「法は自らが道徳的権威を有していると主張する」という特徴を説明するのが重要なのはなぜか。それは、その特徴が存するがゆえに、法の下で生きる人々に法が適用され、その結果として、強制的な制裁が人々に加えられる（そのことが正当化されるか否かを問わず）からである。Ibid.

[35]　Ibid.

づけている[36]。

　この研究手法を採用する理論家たちによると、どの法理論を採用するかによって、異なる道徳的・政治的な帰結がもたらされる。よって、ある法理論を擁護する際には、その法理論を採用することによってもたらされる帰結を、評価すべきである。例えばリーアム・マーフィーによると、彼が擁護する法理論[37]を採用しなければ、法を批判的に評価できなくなるという、道徳的・政治的な帰結が損なわれるリスクが生じる[38]。

　以上の議論（「実践的・政治的」ないし「便益的・道徳的」な帰結を通じての議論）は、「道徳的価値判断をなすことなく法とは何かを同定・説明するのが可能だ」という記述的法理論の主張に、挑戦するように思われる。そこで、記述的法理論の擁護者たちは、以下のように反論を試みることになる。すなわち、以上の議論は、「もしも法が特定の特性（properties）を有するならば、有益な道徳的・政治的帰結が伴うと思われるので、われわれは法がその特性を有していると解すべきである」というものであり、願望的思考の要素を含んでいるのである[39]。

---

36) Ibid., section II.3.
37) Ibid. マーフィーが擁護する排除的法実証主義（exclusive positivism; exclusive legal positivism）という法理論（法の存在と内容は社会的事実の問題だけに依存する）を採用しなければ、道徳的・政治的な帰結が損なわれるというリスクが生じる。というのも、その法理論を採用しなければ、法を批判的に評価できなくなり、法は道徳的に正しいということを無条件に受容せざるをえなくなるからである。Liam Murphy, 'The Political Question of the Concept of Law', in Jules Coleman (ed.), *Hart's Postscript: Essays on the Postscript to the* Concept of Law (Oxford: Oxford University Press, 2001). ディクソンによると、これと類する議論は、ニール・マコーミックとスティーヴン・ゲストにもみられる。Julie Dickson, 'Descriptive Legal Theory', *supra* note 1, section II.3. マコーミックとゲストの文献としては以下を参照。Neil MacCormick, 'A Moralistic Case for A-Moralistic Law', *Valparaiso Law Review*, vol. 20, no. 1 (1985); Stephen Guest, 'Two Strands in Hart's Theory of Law: A Comment on the *Postscript* to Hart's *The Concept of Law*', in Stephen Guest (ed.), *Positivism Today* (Aldershot: Dartmouth Publishing, 1996). なお、排除的法実証主義は、厳格な法実証主義（hard positivism; hard legal positivism）とも呼ばれる。参照、深田三徳・前掲注（29）『現代法理論論争』166-173頁、井上達夫・前掲注（29）『法という企て』iv-ix頁、井上達夫・前掲注（29）「立法学の現代的課題」134-136頁、および本章の序章第3節の2。
38) Julie Dickson, 'Descriptive Legal Theory', *supra* note 1, section II.3.

第3節　記述的法理論の機能

　前節では、記述的法理論への三つの疑念（挑戦）に対して、ディクソンがどのように応答しているかについて、検討した。本節では、引き続いてディクソンに依拠しながら、記述的法理論の機能について確認する。あらかじめ結論を述べておけば、それは、「法の下で生活する人々の生に広範な影響を与える社会制度にかんして、われわれの理解を深めようと試みること[40]」である。

　検討をはじめる前に、まずは前節で検討したことを確認しておこう。ディクソンによると、記述的法理論の任務は「法とは何かを同定・説明すること」であり、この任務は「法を道徳的に評価・正当化すること」とは独立に――あるいは先だって――なすことができる[41]。彼女が主張したいのは、法の性質についての非道徳的に評価的な説明をした後ではじめて、道徳的・直接的に評価的な問いに答えることができるし、答えるべきである、ということなのである。なお、ディクソンは、以上の立場を「間接的に評価的な法理論」と名づけて、ハートとラズの両者がこうした方法論的姿勢を取っているとしている[42]。

---

39) Ibid. ディクソンは、記述的法理論の擁護者たちの反論として、以下の文献をあげている。Joseph Raz, 'Legal Positivism and the Sources of Law', in Joseph Raz, *The Authority of Law: Essays on Law and Morality*, second edition (Oxford: Oxford University Press, 2009), pp. 41-42; Philip Soper, 'Choosing a Legal Theory on Moral Grounds', in Jules Coleman and E. F. Paul (eds.), *Philosophy and Law* (Oxford: Blackwell, 1987); W. J. Waluchow, *Inclusive Legal Positivism* (Oxford: Clarendon Press, 1994), pp. 86-98; Julie Dickson, *Evaluation and Legal Theory*, supra note 2, ch. 5. ディクソンによると、マーフィーはこの反論に対して、再反論を行っている。すなわち、もしも理論家が実際には、（少なくとも法のいくつかの特性にかんして）実践的・政治的な議論を考慮に入れているとしたら、理論家は願望的思考に耽っているわけではない、と。Liam Murphy, 'The Political Question of the Concept of Law', *supra* note 37, p. 389.
40) Julie Dickson, *Evaluation and Legal Theory*, supra note 2, p. 143.
41) Julie Dickson, 'Descriptive Legal Theory', *supra* note 1, section I.
42) Ibid., section II.2.

それでは、法理論の主要な任務について検討していこう。前節で確認したように、記述的法理論への第一の挑戦は、「法理論における評価の役割」にかんするものである。この挑戦によると、優れた法理論を提唱するためには、法の複数の特徴のなかから、特定の特徴が他の特徴よりも重要であるという、価値判断をしなければならない。ディクソンはこのことを以下のように説明している[43]。

　ある事柄にかんする理論を提唱するためには、単に情報を寄せ集めるだけでは足りない。理論家は、その事柄にかんして、何が重要であるのかについて評価判断し、理論的に説明することが求められる。法理論の場合も、理論家たちは、研究対象である法にかんして、どの特徴が重要であるのかについて評価判断をしている。その際、理論家たちは、人々――法を制定したり、法を施行したり、法によって指針を与えられたりする人々――が、現に重要だとみなしているものを踏まえて、評価判断をせねばならない[44]。

　このことは、法は、人々が自分自身について理解したり、自らの実践について理解したりするために用いる概念である、という考え方に依拠している。この考え方を擁護する論者としては、ラズおよびディクソン自身があげられる。すなわち、ディクソンによると、記述的法理論の第一の機能は、「法の下で生活する人々の生に広範な影響を与える社会制度にかんして、われわれの理解を深めようと試みること[45]」である。あるいはラズによると、「法理論の主要な任務は、人々がどのように自分たち自身を理解しているかについてのわれわれの理解を手助けし、それによって社会についてのわれわれの理解を押し進めることなのである[46]」。さらに、ブライアン・ライターは、

---

43) Ibid., section II.1.
44) Ibid.
45) Julie Dickson, *Evaluation and Legal Theory*, supra note 2, p. 143. 議論の詳細は、ibid., pp. 39-44 を参照。
46) Joseph Raz, 'Authority, Law, and Morality', in Joseph Raz, *Ethics in the Public Domain: Essays in the Morality of Law and Politics*, revised edition (Oxford: Clarendon Press, 1995), p. 237. 深田三徳訳「権威・法・道徳」、ジョセフ・ラズ著、深田三徳編訳『権威としての法――法理学論集』（勁草書房、1994年）197頁。なお、ラズは引用箇所で「法理論」と記しているが、それは本書で言う「記述的法理論」ないし「間接的に評価的な法理論」のことであると思われる。

第3節　記述的法理論の機能　　*171*

法は解釈学的概念（hermeneutic concept）であると述べている[47]し、ハートの著作[48]にも同様の考え方がみられる[49]。

　ディクソンは、以上の意味での法の概念（人々が自分自身について理解したり、自らの実践について理解したりするための概念）について、以下のように説明している。すなわち、法の概念は、特定の専門分野（例えば理論物理学や刑事学など）に固有の概念とは異なり、社会の構成員が非常に馴染んでいる概念である。人々は、法によって統治されている社会で生きているならば、法の理論について何も知らなくても、法が存在していることや、法の特定の特徴（features）を知っている。例えば、「法は人々がなすべきことを指示する」、「法は義務を課す」、「法は固有の制度や制度的手法（裁判所、法律家、警察、権威的な政府の命令など）を通じて作用（operates）する」――といった特徴である。結局、ディクソンにとって、説明する必要があるのは、法の特徴であり、法の下で生きる人々の法の特徴の捉え方（the way）なのである[50]。

　ディクソンによると、われわれは以上を説明する上で、自分たちがすでに多くの情報（data）に接していることを、知っている。すなわち、われわれは、裁判所などの法的機関や、公務員や、法規範（日々の生活において人々がそれを認識し、それによって統制され、それを通じて推論する法規範）について、知っている。われわれは、法体系が存在するところでは、特別な種類の制度や手続が存在しており、法はそれらの制度や手続を通じて作用することを、知っている。そして、法や法的な制度や手続は、それらが道徳的であるか否かを問わず、法の下で生きる人々の生に影響を与えるのである[51]。

　なお、ディクソンの議論は、人々が保持する法についての見方を単に報告（report）するのが法理論の任務なのだと、示唆するものではない。むしろ、

---

47) Brian Leiter, 'Beyond the Hart/Dworkin Debate: The Methodology Problem in Jurisprudence', in *The American Journal of Jurisprudence*, vol. 48 (2003), pp. 40-43.
48) H. L. A. Hart, *The Concept of Law*, third edition, *supra* note 10.
49) Julie Dickson, 'Descriptive Legal Theory', *supra* note 1, section II.1.
50) Julie Dickson, *Evaluation and Legal Theory*, *supra* note 2, p. 140.
51) Ibid., pp. 140-141.

彼女の議論は、法理論はそれ以上のことができるというものである[52]。すなわち、ディクソンによると、間接的に評価的な法理論は、二重の機能を担っている。第一に、この研究手法は、法の下で生活する人々の生に広範な影響を与える社会制度にかんして、われわれの理解を深めようと試みるものである。ディクソンによると、この試みは、それ自体で大変価値がある。第二に、この研究手法は、法的な規制の重要な側面（facets）を取り出して、それを直接的ないし道徳的に評価するのを補助する[53]。結局、前節でも確認したように、ディクソンが主張したいのは、法の性質についての間接的に評価的な説明をした後ではじめて、道徳的・直接的に評価的な問いに答えることができるし、答えるべきである、ということなのである[54]。

以上で確認したように、ディクソンによれば、記述的法理論（間接的に評価的な法理論）は二重の機能を果たしているが、その第一の機能は、「法の下で生活する人々の生に広範な影響を与える社会制度にかんして、われわれの理解を深めようと試みること[55]」なのである。

お わ り に

第5章の冒頭で確認したように、本書の第Ⅱ部の目的は、法哲学が、実践をその外側から道徳的に中立的な用語で記述できるかについて、検討することである。本章では、ディクソンによる記述的法理論の擁護論を検討してきた。

ここで、本章の内容を振り返っておこう。第1節および第2節では、ディクソンによる記述的法理論の擁護論について検討した。そこでの議論の詳細は繰り返さないが、重要な点について再確認しておこう。すなわち、ディクソンによると、法理論の重要な任務は「法とは何かを同定・説明すること」であり、この任務は「法を道徳的に評価・正当化すること」とは独立に——あるいは先だって——なすことができる[56]。彼女が主張したいのは、法の性

---

52) Ibid., p. 142.
53) Ibid., pp. 143-144.
54) Ibid; Julie Dickson, 'Descriptive Legal Theory', *supra* note 1, section II.2.
55) Julie Dickson, *Evaluation and Legal Theory*, *supra* note 2, p. 143.

質についての非道徳的に評価的な説明をした後ではじめて、道徳的・直接的に評価的な問いに答えることができるし、答えるべきである、ということなのである。なお、ディクソンは、以上の立場を「間接的に評価的な法理論」と名づけて、ハートとラズの両者がこうした方法論的姿勢を取っているとしている[57]。

第3節では、記述的法理論の機能について、検討を行った。ディクソンによると、ある事柄にかんする理論を提唱するためには、単に情報を寄せ集めるだけでは足りない。理論家は、その事柄にかんして、何が重要であるのかについて評価判断し、理論的に説明することが求められる。法理論の場合も、理論家たちは、研究対象である法にかんして、どの特徴が重要であるのかについて評価判断をしている。その際、理論家たちは、人々——法を制定したり、法を施行したり、法によって指針を与えられたりする人々——が、現に重要だとみなしているものを踏まえて、評価判断をせねばならない[58]。このことは、法は、人々が自分自身について理解したり、自らの実践について理解したりするために用いる概念である、という考え方に依拠している。この考え方を擁護する論者としては、ラズおよびディクソン自身があげられる[59]。さらに、ライターは、法は解釈学的概念であると述べている[60]し、ハートの著作[61]にも同様の考え方がみられる[62]。

以上で確認したように、本章では、ディクソンによる記述的法理論の擁護論を検討した。具体的には、記述的法理論への三つの挑戦に対する彼女による応答と、記述的法理論の機能について、検討を行った。次章では、マーモーによる、記述的法実証主義の擁護論を検討することにしたい。

---

56) Julie Dickson, 'Descriptive Legal Theory', *supra* note 1, sections I and II.2.
57) Ibid., section II.2.
58) Ibid., section II.1.
59) Joseph Raz, 'Authority, Law, and Morality', *supra* note 46, p. 237. 邦訳、197頁; Julie Dickson, *Evaluation and Legal Theory*, *supra* note 2, pp. 39-44.
60) Brian Leiter, 'Beyond the Hart/Dworkin Debate', *supra* note 47, pp. 40-43.
61) H. L. A. Hart, *The Concept of Law*, third edition, *supra* note 10.
62) Julie Dickson, 'Descriptive Legal Theory', *supra* note 1, section II.1.

第7章　A. マーモーによる記述的法実証主義の擁護論
――法実証主義における「法と道徳分離論」と記述的テーゼ――

第1節　「法と道徳分離論」の二つの捉え方
――記述的テーゼと規範的テーゼ

　本章は、法実証主義における「法と道徳分離論」を、記述的テーゼとして捉えるべきか、それとも規範的テーゼとして捉えるべきか、という論争について検討することを目的とする。この論争は、近年、「法とは何か」という法哲学上の重要問題の一つを考える際に、英米において盛んになっている[1]けれども、日本では、その論争の紹介・検討はまだそれほど多くはない[2]。そこで、まずは本節において、その論争が登場してきた理論的背景および、「法と道徳分離論」の二つの捉え方――記述的テーゼと規範的テーゼ――の概要について、確認する作業を行っておきたい。

1　「法とは何か」という問いと法実証主義の法理論

　法哲学は、今日の法、法学、および法実践が抱えている基本的問題を、さ

---

1) この論争については、本章の全体を通じて紹介・検討を行う。関連する文献についても、議論を進める上で適宜参照する。ここでは、「法と道徳分離論」を規範的テーゼとして捉える文献と、記述的テーゼとして捉える文献を、それぞれ一つずつあげるにとどめておきたい。Jeremy Waldron, 'Normative (or Ethical) Positivism', in Jules Coleman (ed.), *Hart's Postscript: Essays on the Postscript to the* Concept of Law (Oxford: Oxford University Press, 2001); Jules Coleman, 'Negative and Positive Positivism', in Jules Coleman, *Markets, Morals and the Law* (Cambridge et al.: Cambridge University Press, 1988).
2) 参照、深田三徳『現代法理論論争――R. ドゥオーキン対法実証主義』(ミネルヴァ書房、2004年) 225-228頁、井上達夫『法という企て』(東京大学出版会、2003年) ix-x頁、井上達夫「立法学の現代的課題――議会民主政の再編と法理論の最定位」ジュリスト1356号 (2008年) 134-136頁。

まざまな角度から掘り下げて考えることを目的としている。現代の法哲学の中心的な問題としては、「法とは何か」「法の目指す理念ないし正義とは何か」「法的思考や司法的裁定の特質は何であるか」という三つがある[3]。

　第一の「法とは何か」という問いは、古代ギリシア以来の難問である。この問いに答えようとする学問的営みを振り返れば、古代ギリシア・ローマの時代から一九世紀までは、自然法論（natural law theory）が優勢であった。しかし、近代国家法が整備される一九世紀には、(イ) 実定法一元論や (ロ)「法と道徳分離論」などを意味する法実証主義（legal positivism）が、次第に支配的になった。広義の「法実証主義」はいろいろなものと結びつけて理解され、批判されてきた。例えば、立法部の全能性、法と権力・強制との同一視、法律への盲目的服従、法は完結しており「裁判官は法を機械的、形式的に適用しているにすぎない」とする概念法学的な考え方などである。しかし、現在の英米では、「法実証主義」はそれらと区別され、分析的法実証主義（analytical legal positivism）を中心にして理解されるようになっている[4]。

　英国では、18世紀後半から19世紀にかけていち早く自然法観念を批判し、実定法一元論を説いたジェレミー・ベンサムがいる[5]。彼の法 – 主権者命令説は、ジョン・オースティンに継承され、古典的分析法理学の伝統が生まれた[6]。20世紀のH. L. A. ハートは、ベンサム的伝統を継承しながら、洗練された法実証主義の法理論を展開した。彼はさらに、オースティンの法 – 主権

---

[3]　深田三徳「現代の法哲学・法理論」深田三徳・濱真一郎編著『よくわかる法哲学・法思想』（ミネルヴァ書房、2007年）46頁。本段落を含む、本節以下の諸段落を記述する際に、深田三徳・前掲注 (2)『現代法理論論争』を参照した。

[4]　参照、深田三徳・前掲注 (2)『現代法理論論争』8、18頁。深田三徳『法実証主義論争——司法の裁量論批判』（法律文化社、1983年）第1章も参照。

[5]　ベンサムの法実証主義の法理論は、彼の『法一般論』で提示されている。同書は、1782年に執筆され、1945年に出版された。その後、ロンドン大学ベンサム・プロジェクトによるベンサム全集の一冊として、H. L. A. ハートの編集により新たな版が出版されている。Jeremy Bentham, *Of Laws in General*, edited by H. L. A. Hart (London: Athlone Press, 1970). その内容については、深田三徳『法実証主義と功利主義——ベンサムとその周辺』（木鐸社、1984年）を参照。

[6]　オースティンの『法理学領域確定論』は、彼の生前の1832年に出版されたが、後に、ハートによって新版が編まれている。John Austin, *The Province of Jurisprudence Determined*, edited by H. L. A. Hart (London: Weidenfield and Nicolson, 1954).

者命令説に修正を加えることを通じて、自らの法概念論を形成した。その意味でハートは、ベンサムやオースティンの古典的分析法理学の伝統を継承している[7]。

2　H. L. A. ハートの法実証主義の法理論

ハートは、『法の概念[8]』において、日常言語学派の手法などを駆使し、近代国家法の特徴・構造を解明しようとした。彼は、拳銃強盗が銀行員に「金を渡せ、さもなくば撃つぞ」と命令する状況の分析から出発する。この例は、法は制裁を伴った主権者の「命令（command）」であるという、オースティン的な法－主権者命令説をモデルとしている[9]。しかしそのモデルでは、近代国家法の特徴は適切に説明できない。国家法は単なる命令ではないからである。そこで、「命令」に代えて「ルール（rule）」の概念が導入される。ルールは、義務賦課ルールと権能賦与ルールに区分される。義務賦課ルールである第一次的ルールしかない法以前の社会では、ルールは静態的・非効率的・不明確である。そうした欠陥を是正するために、変更のルール、裁定のルール、承認のルールが導入される[10]。これらの三種類のルールは、

---

[7] 20世紀を代表するもう一人の法実証主義者としては、オーストリア出身（生まれはプラハ）のハンス・ケルゼンをあげることができる。Hans Kelsen, *Reine Rechtslehle: Einleitung in die rechtswissenschaftliche Problematik* (Leipzig: Franz Deuticke, 1934). 横田喜三郎訳『純粋法學』（岩波書店、1935年）。同書には第二版がある。Hans Kelsen, *Reine Rechtslehre: mit einem Anhang, Das Problem der Gerechtigkeit*, 2. Aufl. (Wien: Deuticke, 1960). 長尾龍一訳『純粋法学 第二版』（岩波書店、2014年）。

[8] 初版は1961年、第2版は1994年、第3版は2012年に出版された。ここでは第3版をあげておく。H. L. A. Hart, *The Concept of Law*, third edition (Oxford: Oxford University Press, 2012). 矢崎光圀監訳『法の概念』（みすず書房、1976年）。邦訳は、原書初版を底本としているため、原書第2版以降に所収されている「補遺（Postscript）」の訳文を含んでいない。「補遺」の原文および邦訳については以下を参照。H. L. A. Hart, 'Postscript', edited by A. Bulloch and Joseph Raz, in H. L. A. Hart, *The Concept of Law*, third edition, *supra*. 布川玲子・高橋秀治訳「『法の概念』第二版追記 上」みすず438号（1997年）、高橋秀治訳「『法の概念』第二版追記 下」みすず439号（1997年）。以下で「補遺」の邦訳を参照する際には、「邦訳（上）」ないし「邦訳（下）」という表記を用いる。

[9] H. L. A. Hart, *The Concept of Law*, third edition, *supra* note 8, ch. 2.

[10] 変更のルールは、社会的変化に応じて、従来のルールを改廃したり新しいルールを

第1節 「法と道徳分離論」の二つの捉え方　*177*

法以前の社会における第一次的ルールにかんする (about) ルールであるため、第二次的ルールと呼ばれる[11]。

承認のルールは、その国において遵守されるべき妥当な法的諸ルールが何であるかを特定する重要なルールである。承認のルール自体は、裁判官などの公務員たちのあいだにおける実践 (practice) としてのみ存在するのであり、その実践の存在は事実の問題 (a matter of fact) である[12]。承認のルー

創造したりする権能を誰かに付与し、その手続を定めるルールである。裁定のルールは、ルール違反の有無やルールの解釈をめぐる争いを解決する権能を誰かに付与し、その手続を定めるルールである。承認のルールは、その国ないし社会において遵守されるべきルール、しかも妥当なルールが何であるかを定めるルールである。Ibid., pp. 91-97. 邦訳、100-107頁。

11) Ibid., pp. 94-95. 邦訳、103-105頁。

12) Ibid., p. 110. 邦訳、120頁。なお、ハートは『法の概念』の第2版以降の「補遺」では、承認のルールを「司法上の慣習的なルール (judicial customary rule)」として説明している。H. L. A. Hart, 'Postscript', *supra* note 8, p. 256. 邦訳（上）、73頁。あるいは彼は、承認のルールを、「コンヴェンショナルな形態の司法上の合意 (a conventional form of judicial consensus)」に依拠するルールとして、取り扱っている。Ibid., pp. 266-267. 邦訳（下）、九六頁。近年、ハートの以上の説明を受けて、承認のルールがコンヴェンショナルなルールであるかについての論争が生じている。法実証主義者のなかには、承認のルールは社会的なコンヴェンションであると主張する者がある。Andrei Marmor, 'Constitutive Conventions', and Andrei Marmor, 'Conventions and the Normativity of Law', in Andrei Marmor, *Positive Law and Objective Values* (Oxford: Clarendon Press, 2001); Andrei Marmor, 'How Law is Like Chess', in Andrei Marmor, *Law in the Age of Pluralism* (New York: Oxford University Press, 2007); Andrei Marmor, *Social Conventions: From Language to Law* (Princeton and Oxford: Princeton University Press, 2009); Jules Coleman, *The Practice of Principle: In Defence of a Pragmatist Approach to Legal Theory* (Oxford: Oxford University Press, 2001). （マーモーとコールマンは、承認のルールがいかなる種類のコンヴェンションであるのかについて意見を異にしている）。逆に、マーモーによると法実証主義者のなかには、承認のルールのコンヴェンショナルな性質はやや疑わしいと主張する者もある (Andrei Marmor, 'Legal Positivism: Still Descriptive and Morally Neutral', in Andrei Marmor, *Law in the Age of Pluralism*, *supra*, p. 129)。そうした主張をなす論者の文献としては、例えば以下がある。Leslie Green, 'The Concept of Law Revisited', in *Michigan Law Review*, vol. 94, no. 6 (1996); Leslie Green, 'Positivism and Conventionalism', in *Canadian Journal of Law and Jurisprudence*, vol. 12, no. 1 (1999); Julie Dickson, 'Is the Rule of Recognition Really a Conventional Rule?' in *Oxford Journal of Legal Studies*, vol. 27, no. 3 (2007). この論争は本章の主題ではないため、その詳細には立ち入らない。

ルに妥当性を付与するものは何もないから、それは「究極的ルール」であるとされる[13]。第一次的ルールしかなかった法以前の社会は、第二次的ルールが加わることで、法的社会に移行する[14]。もしもわれわれが、このような第一次的ルールと第二次的ルールの結合から生じる構造について考察するならば、われわれは法体系の核心を把握できるのである[15]。

さて、ハートによると、法的ルールには意味の明確な「核」の部分と意味の不明確な「半影」の部分がある。当該事件に関係するルールが不明確な事件においては、裁判官は裁量を用いて事件を処理しており、創造的な立法的活動を行うものとされる[16]。

ハートの法実証主義の法理論には、ロナルド・ドゥオーキンからの批判がある。ハード・ケースの司法的裁定では、法実証主義者のいう「ルール」とは違った性質や機能をもつ「原理（principle）」が用いられている。原理は、ルールとルールの衝突を解決したり、制定法の新たな解釈を正当化したり、新たなルールの採用および適用を正当化したりする働きをなす[17]。原理は、裁判官がそれを考慮に入れねばならないという意味で、裁判官を拘束している。したがってハード・ケースにおいても、司法的裁量は用いられてはいない[18]。またハートのいう承認のルールないし系譜テストによっては、このような原理は適切に捉えられない[19]。系譜テストとは、妥当な法的諸ルールとそうでないものを、その内容ではなく、その系譜（pedigree）によって判断

　なお、その論争における 'convention' は、「慣行」、「慣習」ないし「規約」などと訳すこともできると思われるが、ここでは「コンヴェンション」と訳した。
13) H. L. A. Hart, *The Concept of Law*, third edition, *supra* note 8, pp. 105-107. 邦訳、115-117頁。
14) Ibid., p. 94. 邦訳、103頁。
15) Ibid., p. 98. 邦訳、107頁。
16) Ibid., pp. 123-136. 邦訳、133-148頁。
17) Ronald Dworkin, 'The Model of Rules I', in Ronald Dworkin, *Taking Rights Seriously*, with a new appendix, a response to critics (Cambridge, Mass: Harvard University Press, 1978), pp. 27, 28-29. 小林公訳「ルールのモデルI」、ロナルド・ドゥウォーキン著、木下毅・小林公・野坂泰司訳『権利論〔増補版〕』（木鐸社、2003年）21、23頁。
18) Ibid., pp. 35-38. 邦訳、31-36頁。
19) Ibid., p. 40. 邦訳、39頁。

するテストを意味する[20]。

3　現代法実証主義の二つの形態
――厳格な法実証主義とソフトな法実証主義

　ドゥオーキンからの批判を受けて、法実証主義者たちは二つのグループに分かれた。法実証主義者たちをそれらのグループに分けたのは、先述の系譜テストないし、ジョセフ・ラズが提示した源泉テーゼ（the sources thesis）に対する対応の仕方の違いであった。

　ここで、ラズの源泉テーゼの概要について確認しておこう。ある法の存在と内容が、いかなる評価的議論にも訴えずに社会的事実（立法行為、司法的決定、慣習など）のみを参照することによって確認できるならば、その法は源泉に基づく法である。源泉テーゼは、すべての法は以上のような意味で源泉に基づくもの（source-based）である、というテーゼである[21]。

　さて、先述のように、ドゥオーキンからの批判を受けて、法実証主義者たちは二つのグループに分かれた。第一のグループは、系譜テストないし源泉テーゼに固執する立場である。つまり立法行為、司法的決定、慣習などの社会的事実に照らして同定・確認されうるものしか法ではないとする立場である。これは「厳格な事実」に照らして法の同定がなされるとする意味で、「厳格な法実証主義（hard positivism; hard legal positivism）」と呼ばれる。また、そのようにして同定できない道徳的原理などを法から排除するという意味で、「排除的法実証主義（exclusive legal positivism）」とも呼ばれる。この立

---

20) Ibid., p. 17. 邦訳、7-8頁。
21) Joseph Raz, 'Legal Positivism and the Sources of Law', in Joseph Raz, *The Authority of Law: Essays on Law and Morality*, second edition (Oxford: Oxford University Press, 2009); Joseph Raz, 'Authority, Law, and Morality', in Joseph Raz, *Ethics in the Public Domain: Essays in the Morality of Law and Politics*, revised edition (Oxford: Clarendon Press, 1995). 深田三徳訳「権威・法・道徳」、ジョセフ・ラズ著、深田三徳編訳『権威としての法――法理学論集』（頸草書房、1994年）。ラズの源泉テーゼにかんする邦語文献としては以下がある。深田三徳「法実証主義における『法と道徳分離論』と『源泉テーゼ』(3)」同志社法学40巻4号（1988年）、深田三徳「J. ラズの法理学について」、ジョセフ・ラズ著、深田三徳編訳・前掲『権威としての法』所収、6-11頁、20-23頁、深田三徳・前掲注(2)『現代法理論論争』167-170頁。

場を唱えるのは、ラズ、スコット・シャピロ、ジョン・ガードナー、および、本章で注目するアンドレイ・マーモーらである[22]。

法実証主義の第二のグループは、系譜テストや源泉テーゼに固執しない立場である。これは「ソフトな法実証主義（soft positivism; soft legal positivism）」ないし「包摂的法実証主義（inclusive legal positivism）」と呼ばれている。代表的な提唱者としては、ジュールス・コールマン、W. J. ワルチャウ、デイヴィッド・ライアンズ、フィリップ・ソーパー、フレデリック・シャウアー、マシュー・H. クレイマー、およびハートをあげることができる[23]。例えばコールマンによると、承認のルール次第では、ドゥオーキンのいう原理なども法でありうる。さらに、承認のルールが道徳的原理を、法のなかに組み入れることもありうる[24]。

ハートも「補遺（Postscript）」で、ソフトな法実証主義を擁護している。彼は、承認のルールが、道徳的諸原理や実質的な諸価値を、法的妥当性の基準として組み入れることがありうることを認めている[25]。なお、ドゥオーキンは、ハートの法理論は法命題の真理値について「明瞭な事実説（plain fact

---

22) Joseph Raz, 'Legal Positivism and the Sources of Law', *supra* note 21; Joseph Raz, 'Authority, Law, and Morality', *supra* note 21; Scott Shapiro, 'The Difference that Rules Make', in Brian Bix (ed.), *Analyzing Law: New Essays in Legal Theory* (Oxford: Clarendon Press, 1998); Scott Schapiro, 'On Hart's Way Out', in Jules Coleman (ed.), *Hart's Postscript, supra* note 1; John Gardner, 'Legal Positivism 5 1/2', in *The American Journal of Jurisprudence*, vol. 46 (2001); Andrei Marmor, 'Exclusive Legal Positivism', in Andrei Marmor, *Positive Law and Objective Values, supra* note 12.

23) Jules Coleman, 'Negative and Positive Positivism', *supra* note 1; W. J. Waluchow, *Inclusive Legal Positivism* (Oxford: Clarendon Press, 1994); David Lyons, 'Principles, Positivism, and Legal Theory', in *Yale Law Journal*, vol. 87, no. 2 (1977); Philip Soper, 'Legal Theory and the Obligation of a Judge: The Hart/Dworkin Dispute', in Marshall Cohen (ed.), *Ronald Dworkin and Contemporary Jurisprudence* (Totowa, NJ: Rowman & Allanheld, 1984); Frederic Schauer, 'Positivism Through Thick and Thin', in Brian Bix (ed.), *Analyzing Law, supra* note 22; Matthew H. Kramer, *In Defense of Legal Positivism: Law Without Trimmings* (Oxford: Oxford University Press, 1999); Matthew H. Kramer, *Where Law and Moralilty Meet* (Oxford: Oxford University Press, 2004).

24) Jules Coleman, 'Negative and Positive Positivism', *supra* note 1, pp. 5, 13, 26-27.

25) H. L. A. Hart, 'Postscript', *supra* note 8, p. 250. 邦訳（上）、68頁。

view)」を取っていると批判した。これは、「法が何かを許可している、法が何かを禁止している」といった法命題が真であるのは、主権者の命令や立法部による制定といった「明瞭な事実」がある場合のみである、という説である[26]。しかしハート自身は、ソフトな法実証主義を擁護するがゆえに、「明瞭な事実」がなくても法が道徳的諸原理を組み入れる場合があることを認めている[27]。

4 「法と道徳分離論」の二つの捉え方——規範的テーゼと記述的テーゼ

さて、本章の冒頭で確認したように、法実証主義をめぐる最近の論争においては、「法と道徳分離論」を記述的テーゼとして捉えるべきか、それとも規範的テーゼとして捉えるべきか、という論争が盛んになってきている。

まずは、法実証主義の特徴の一つである「法と道徳分離論」の概要を、確認しておこう。法実証主義の特徴として「法と道徳分離論」が強調されるようになったのは、ハートの論文「法実証主義と法と道徳の分離[28]」(1958年) によるところが大きい。「法と道徳分離論」には、以下の二つの要素が含まれている。第一の要素は、法と道徳は概念的に別のものであり、両者のあいだには論理的必然的関係はないというものである。第二の要素は、「在る法」と「在るべき法」のあいだには必然的関連がないというものある。これは、「在る法」が「在るべき法」から自立していること、したがって法の妥当性の問題と、法の道徳的正・不正の問題とが別の問題であることを意味している[29]。

---

26) Ronald Dworkin, *Law's Empire* (Cambridge, Mass.: Harvard University Press, 1986), pp. 6-11, 33-35. 小林公訳『法の帝国』(未來社、1995年) 23-30、59-62頁。なお、ドゥオーキンのいう法命題については、ibid., p. 4. 邦訳、19頁を参照。
27) H. L. A. Hart, 'Postscript', *supra* note 8, p. 250. 邦訳 (上)、68-69頁。
28) H. L. A. Hart, 'Positivism and the Separation of Law and Morals', in H. L. A. Hart, *Essays in Jurisprudence and Philosophy* (Oxford: Clarendon Press, 1983). 上山友一・松浦好治訳「法実証主義と法・道徳分離論」、H. L. A. ハート著、矢崎光圀・松浦好治訳者代表『法学・哲学論集』(みすず書房、1990年)。
29) 参照、深田三徳「『自然法論と法実証主義』についての覚え書」同志社法学39巻1・2号 (1987年) 185-186頁、深田三徳「法実証主義における『法と道徳分離論』と『源泉テーゼ』(1)」同志社法学40巻1号 (1988年) 3-5頁。

「法と道徳分離論」の概要を確認したところで、それを記述的テーゼとして捉えるべきか、それとも規範的テーゼとして捉えるべきか、という論争についてみていこう。

ジェレミー・ウォルドロンによると、法実証主義は一般的に、記述的テーゼ（descriptive thesis）——ないし概念的テーゼ（conceptual thesis）——として捉えられている。すなわち、法と道徳のあいだには必然的な関係はないという主張（この主張は時として「分離テーゼ（separability thesis）」と呼ばれる）にかんする、記述的テーゼとして捉えられている[30]。

しかし、ウォルドロンにいわせれば、法実証主義はむしろ、規範的テーゼ（normative thesis）として捉えられるべきである。すなわち、法と道徳の分離は、善きもの（a good thing）であり、是非とも必要なことであり、評価・推奨されるべきことなのである[31]。彼は、法実証主義を規範的な立場として理解すべきだとする論者として、ジェラルド・ポステマ、トム・キャンベル、ニール・マコーミック、およびスティーヴン・ペリーをあげている[32]。以上の「規範的実証主義（normative positivism）」の伝統は、トマス・ホッブズやベンサムにまで遡ることができる[33]——「規範的実証主義」に加え

---

30) Jeremy Waldron, 'Normative (or Ethical) Positivism', *supra* note 1, p. 411.
31) Ibid.
32) Ibid., p. 412. これらの論者の文献としては以下があげられる。Gerald Postema, *Bentham and the Common Law Tradition* (Oxford: Clarendon Press, 1986), pp. 328ff; Tom Campbell, *The Legal Theory of Ethical Positivism* (Aldershot, Brookfield USA, Singapore, and Sydney: Dartmouth, 1996); Neil MacCormick, 'A Moralistic Case for A-moralistic Law?' in *Valparaiso Law Review*, vol. 20, no. 1 (1986); Stephen Perry, 'Interpretation and Methodology in Legal Theory', in Andrei Marmor (ed.), *Law and Interpretation: Essays in Legal Philosophy* (Oxford: Clarendon Press, 1995); Stephen Perry, 'Hart's Methodological Positivism', in Jules Coleman (ed.), *Hart's Postscript*, *supra* note 1. なお、ウォルドロンは、これらの論者にラズの名を付け加えている。しかし、その際ウォルドロンは慎重にも、「おそらくジョセフ・ラズ（*perhaps* Joseph Raz）」（強調は筆者）という表現を用いることによって、ラズが規範的法実証主義の擁護者であると断定することを避けている。Jeremy Waldron, 'Normative (or Ethical) Positivism', *supra* note 1, p. 411. ウォルドロンがそうした断定を躊躇することの理由については、本章の第4節で検討を行う。
33) Jeremy Waldron, 'Normative (or Ethical) Positivism', *supra* note 1, pp. 412-413.

て、「規範的法実証主義（normative legal positivism）」ないし「倫理的実証主義（ethical positivism）」という名称が用いられる場合もある[34]。

　規範的実証主義に対しては、否定的な見解もある。ウォルドロンによると[35]、例えばコールマンは、法実証主義を記述的テーゼとして捉えている。コールマンに従えば、法実証主義は、法についての概念的・分析的な主張をしており、その主張は、特定の法実証主義者たち（とくにベンサム）がもっていたであろう綱領的（programmatic）ないし規範的な関心と混同されてはならないのである[36]。法実証主義の「法と道徳分離論」ないし「分離テーゼ」を、記述的テーゼとして理解すべきだとする論者としては、ハート、コールマン、クレイマーおよびジュリー・ディクソンに加えて、マーモーをあげることができる[37]。以上の論者の見解は、「記述的実証主義（descriptive positivism）」と呼ばれている[38]——本章では、先述の「規範的法実証主義」と対比するために、「記述的法実証主義（descriptive legal positivism）」という呼称を用いる。

---

34)　「規範的法実証主義」という呼称は、マーモーによって用いられている。Andrei Marmor, 'Legal Positivism', *Supra* note 12, p. 126.「倫理的実証主義」という呼称は、キャンベルやウォルドロンによって用いられている。Tom Campbell, *The Legal Theory of Ethical Positivism*, *supra* note 32; Jeremy Waldron, 'Normative (or Ethical) Positivism', *supra* note 1. なお、キャンベルは「規範的法実証主義（prescriptive legal positivism）」という呼称も用いている。Tom Campbell, *Prescriptive Legal Positivism: Law, Rights and Democracy* (London: UCL Press, 2004).

35)　Jeremy Waldron, 'Normative (or Ethical) Positivism', *supra* note 1, pp. 411, 413.

36)　Jules Coleman, 'Negative and Positive Positivism', *supra* note 1, p. 11.

37)　H. L. A. Hart, 'Postscript', *supra* note 8, pp. 239-240. 邦訳（上）、60-61頁; Jules Coleman, 'Negative and Positive Positivism', *supra* note 1, p. 11; Jules Coleman, *The Practice of Principle*, *supra* note 12, pp. 207-210; Matthew H. Kramer, *Where Law and Morality Meet*, *supra* note 23, pp. 158, 236; Julie Dickson, *Evaluation and Legal Theory* (Oxford and Portland, Oregon: Hart Publishing, 2001); Julie Dickson, 'Descriptive Legal Theory' (2006), in *IVR Encyclopaedia of Jurisprudence, Legal Theory and Philosophy of Law* <http://ivr-enc.info/index.php?title=Descriptive_Legal_Theory> (2014年2月2日最終検索); Andrei Marmor, 'Legal Positivism', *supra* note 12.

38)　Jeremy Waldron, *Law and Disagreement* (Oxford: Oxford University Press, 1999), p. 166.

5 本章の概要

以上において、「法と道徳分離論」を記述的テーゼとして捉えるべきか、それとも規範的テーゼとして捉えるべきか、という論争が登場してきた理論的背景について、確認する作業を行った。さらに、「法と道徳分離論」を記述的テーゼとして捉える見解が記述的法実証主義と呼ばれてきており、「法と道徳分離論」を規範的テーゼとして捉える見解が規範的法実証主義と呼ばれてきていることを、確認した。

次節以降では、本節で確認した内容を踏まえて、マーモーによる記述的テーゼおよび記述的法実証主義の擁護論について、検討を行う。検討を進める上で、本章では主として、マーモーの論文「法実証主義の法理論——それは依然として記述的で、道徳的に中立的である[39]」を参照する。注が煩雑になることを避けるために、以下では同論文をLPと略記し、対応する頁数を本文中に挿入する。

ここで、本章の次節以降の概要を確認しておこう。第2節では、規範的法実証主義が一枚岩の立場ではなく、五つの見解に区別できることを確認する。第3節では、規範的法実証主義の五つの見解に、マーモーがいかなる分析を加えているかについて、詳しくみていくこととする。その際、マーモーが、それらの見解を批判的に分析する作業を通じて、記述的法実証主義の擁護論を展開しているということも、明らかにしたい。なお、彼は基本的には、「記述的で、道徳的に中立な法実証主義の法理論[40]」を擁護するけれ

---

[39] Andrei Marmor, 'Legal Positivism: Still Descriptive and Morally Neutral', *supra* note 12. 内容的に、マーモーの論文のタイトルである 'Legal Positivism' に、「法実証主義の法理論」という訳語をあてた。なお、マーモー自身は、「記述的テーゼ」という表現を用いていないけれども、そのテーゼに類する以下のようなテーゼを擁護しているように思われる。すなわち彼は、「法実証主義の法理論は、法の性質についての記述的で、道徳的に中立な理論として、最も適切に理解できる」(LP, p. 125) と述べた上で、この理解のしかたを、「私が本稿で擁護したいと望むテーゼ」(LP, p. 126) と表現している（この引用箇所でも、内容的に、'legal positivism' を「法実証主義の法理論」と訳出した）。あるいはマーモーは、「記述的法実証主義」という表現も用いていない。しかし、本章が主として参照する彼の論文 (LP) の、表題および副題で用いられている表現から推察するならば、彼は、「記述的で、道徳的に中立な法実証主義の法理論」を擁護したいと望んでいると思われる。

ども、法の性質（nature）についての説明に、何らかの「評価（evaluation）」——それは必ずしも道徳的な評価ではない——が入ってくることを示唆している。彼が示唆する、「法の性質についての説明における評価の役割」については、ラズによる議論を参照しながら、本章の第4節で若干の検討を行うことにしたい。

第2節　規範的法実証主義の五つの見解

1　法実証主義の核となる三つのテーゼ

本節では、マーモーの議論に依拠して、まずは本項（2節の1）で、法実証主義の核となる三つのテーゼを概観する。次項（2節の2）では、規範的法実証主義が一枚岩の立場ではなく、少なくとも五つの見解に区別できることを確認する。

マーモーによると、法実証主義は、法の性質についての画一的な理論ではない。とはいえ、法実証主義者たちは、法実証主義の核となる以下の三つのテーゼを共有している。すなわち、法は道具（a means）であるというテーゼ、社会テーゼ（the social thesis）、および分離テーゼ（the separation thesis）である（LP, pp. 128-129）。ここで、これらの三つのテーゼについて概観しておこう。

まずは、法は道具であるというテーゼについて。マーモーによると、ケルゼンが示唆するには、法は「社会統制の道具」である[41]。法は、あらゆる道

---

40)　ここで、「記述的」と「道徳的に中立的」という用語を、マーモーがどのような意味で用いているかについて確認しておこう。マーモーは、「記述的」という表現によって、説明というものは、説明しようとしている対象物（subject matter）の特定の側面を正当化・正統化（justify or legitimize）することを意図していない、ということを意味している。彼はさらに、「道徳的に中立的」という表現によって、理論というものは、特定の道徳的・政治的な問題についてある一つの姿勢（a stance）を取る必要はないし、特定の道徳的・政治的な評価にコミットしてもいない、ということを意味している。いうまでもなく、これらの両方の特徴づけはあまりにも概略的（rough）であるから、議論を進めるなかで、それらの特徴づけを精緻化しなければならないとされる（LP, pp. 125-126）。

41)　Hans Kelsen, *General Theory of Law and State*, translated by Anders Wedberg

具と同じく、善い用法（uses）と悪い用法のために役立つことができる。それは、善い目的と悪い目的のために利用することができる。法は、あらゆる道具と同じく、多かれ少なかれ、課された課題にとって有用であり、多かれ少なかれ効率的なのである（LP, p. 128）。

次に、社会テーゼについて。このテーゼによれば、法は社会現象であり、社会制度であるから、したがって法とは何か（という問い）は、基本的には社会的事実にかんする問いである。マーモーによると、「社会的（social）」という表現は、道徳的事実やその他の評価的・規範的事実を排除するために用いられている。今日の法実証主義者たち[42]は、社会的事実について考慮する際に、社会的ルール（social rules）に注目している。すべての社会には、法とは何かを確定したり、法はいかにして確認・創造・修正されるのかを確定したりするような、特定の社会的ルールが存在する。基本的には、これらの社会的ルールが、当該社会の法が何であるかを確定するのである[43]（LP, pp. 128-129）。なお、本章の第1節で確認したように、ハートはこれらの社会的ルール（変更のルール、裁定のルール、承認のルール）を、第二次的ルールと呼ぶ。第一次的ルールしかなかった法以前の社会は、第二次的ルールが加わることで、法的世界に移行する[44]。もしもわれわれが、このような第一次的ルールと第二次的ルールの結合から生じる構造について考察するならば、われわれは法体系の核心を把握できるのである[45]。

(Cambridge, Mass.: Harvard University Press, 1949), pp. 20-21. 尾吹善人訳『法と国家の一般理論』（木鐸社、1991年）65-66頁。

[42] マーモーによると、ホッブズ、ベンサム、J. オースティンといった初期の法実証主義者たちは、法とは何かを確定する社会的事実を、政治的主権についての社会的事実と捉えていた（LP, p. 129）。

[43] なお、マーモーによると、これらの社会的ルールの正確な性質にかんする説明は、法実証主義者のあいだでむしろ論争的になっている。法実証主義者のなかには、これらのルールは社会的なコンヴェンションであると主張する者がある（さらに、これらの法実証主義者たちは、それらのルールがいかなる種類のコンヴェンションであるのかについて意見を異にする）（LP, p. 129）。この論争にかんしては、注（12）にあげた諸文献を参照のこと。

[44] H. L. A. Hart, *The Concept of Law*, third edition, *supra* note 8, p. 94. 邦訳、103頁。

[45] Ibid., p. 98. 邦訳、107頁。

最後に、分離テーゼについて確認しておこう。マーモーによると、いわゆる法実証主義者なら誰もが主張する、分離テーゼの最小限の見解が存在する。すなわち、「法とは何かの確定は、関連する状況における、法とは何であるべきかについての道徳的考慮ないしその他の評価的考慮に、必然的・概念的には依存しない」という見解である[46)] (LP, p. 129)。

2 規範的法実証主義の五つの見解

前項で確認したように、法実証主義者たちは、法実証主義の核となる三つのテーゼを共有している。すなわち、法は手段であるというテーゼ、社会テーゼ、および分離テーゼである。マーモーによると、これらの三つのテーゼは、「法実証主義の核となる記述的内容 (core descriptive content of legal positivism)」を構成している。マーモーは、この核となる記述的内容を、「P」として表している (LP, p. 126)。

[46)] 以上の、分離テーゼの最小限の内容を前提として、分離テーゼにかんする派生的な論争が存在する。すなわち、包摂的法実証主義と排除的法実証主義のあいだの論争である。この論争については、本章第1節の3を参照されたい。なお、マーモーは、議論を進める前に、分離テーゼは何を意味しないのか——何が争われていないのか、あるいは少なくとも、何が争われるべきでないのか——について、明らかにすることは重要だとしている (LP, p. 130)。まずは、分離テーゼが意味しない第一点目について確認しよう。現代の多くの法実証主義者たちは、以下を繰り返して強調している。すなわち、法実証主義は、法が善きもの (a good thing) であることや、法や繁栄した法体系を有するための善き理由 (good reason) が存することを、否定するための理論的根拠を一切もっていない。法が本来的価値を有するかは、論争的である。しかし、法実証主義は、法がかなりの道具的価値を有しており、したがって法を用いる理由が存在する場合はいつでも、法は道具的に価値があるか道具的に善いであろう、ということを認めている (LP, p. 130)。次に、分離テーゼが意味しない第二点目について確認しよう。法実証主義は、法の内容が道徳と必然的に重なり合うことを否定するいかなる理由ももっていない。不道徳な法体系であれ邪悪な法体系であれ、それが、一定の道徳的に受容可能な内容を有するであろうことは、あるいは一定の道徳的な善 (moral goods) を必然的に促進するであろうことは、その通りであるとされる (LP, p. 130)。分離テーゼが意味しない第三点目について。分離テーゼは、道徳を参照せず (without reference to morality) に法の概念を解明できるという見解や、道徳的判断に訴えない (without recourse to moral judgments) で法の内容を確定したり法を適用したりするのが裁判官の義務であるという見解を、意味していないのである (LP, pp. 131-132)。

マーモーは、P（＝「法実証主義の核となる記述的内容」）が存在すると仮定した上で、規範的法実証主義の五つの見解——Pを評価的・規範的に捉える五つの見解——を、以下のように説明している。なお、以下では、さまざまな用例がある 'good' という原語に、「善い」ないし「善き」という訳語をあてることとする[47]。

1 Pであるべきである（It ought to be that P）。（あるいは、Pとほぼ同一のものであるべきである）。

法実証主義の第一の見解は、主として、道徳的・政治的領域に関心を寄せている。この見解は以下のように論じる。すなわち、法実証主義は善きもの（a good thing）である。法実証主義は、例えば、自由な民主的社会において実現されるべき（ought）である。なぜならば、法実証主義は、法実証主義が支持する諸善（the goods）を最もうまく促進する法実践だからである。以上は基本的に、キャンベルによって提唱されている見解[48]である。マーモーは、キャンベルの用語法に従い、その見解を倫理的実証主義（Ethical Positivism）と呼ぶ[49]（LP, p. 126）。

2 Pであることは事実であり（It is the case that P）、Pが一般的に承認される（recognized）のは道徳的・政治的に善い（good）。

---

47) 'good' には、倫理的な意味での「善い」、美的な意味での「よい」、実用的な意味での「よい」などの、さまざまな用例がある。そこで例えば、倫理的な 'good' だけ「善い」と表記し、ほかは「よい」と表記して区別することができる。参照、伊勢田哲治『動物からの倫理学入門』（名古屋大学出版会、2008年）83頁の注（15）。本章では、以上の区別のしかたを認識しつつも、用法によって表記を変えることで生じる混乱を避けるために、'good' には「善い」ないし「善き」という訳語をあてている。
48) Tom Campbell, *The Legal Theory of Ethical Positivism*, supra note 32.
49) なお、この見解は、「べきである（ought）」が「できる（can）」を含意する限りにおいて、「Pであるべきである（It ought to be that P）」と主張するだけでなく、「Pは実際に可能である（P is a real possibility）」というテーゼにもコミットしていることになる（LP, p. 126）（強調は筆者）。「『べきである』は『できる』を含意する」というテーゼは、「できもしないことを義務だと言って要求されても困ります」ということであり、「カントが言い出した」ものである。伊勢田哲治・前掲注（47）『動物からの倫理学入門』313頁。マーモーは、このテーゼは正しいのかという問題にはここでは立ち入らないと、断り書きをしている（LP, p. 134）。

規範的法実証主義の第二の見解は、ハートが支持する立場である。ハートは一方で、法の性質についての一般理論（general theory）としての法実証主義は、基本的には記述的で、道徳的に中立的であると考えた。彼は他方で、以下のことも信じていた。すなわち、Pが真であることの一般的・公的な承認（recognition）は、われわれを非現実的な神話から解放するであろう。ゆえに、そうした承認は、法に対するさらに批判的な態度を可能にするだろう。この批判的な態度は、理論的に正しいだけでなく、道徳的・政治的に有益なのである、と[50]（LP, pp. 126-127）。なお、マーモーは、「Pであることは事実である」の原文として、'It is the case that P' という表現に加えて、'It is a fact that P' という表現も用いている（LP, p. 134）。

3　Pであることは事実であり、Pは善きもの（a good thing）でもある。

　ハートはある時点で、この第三の見解を提示したのかもしれない。というのも、彼は、Pの一般的な承認が道徳的に善いと主張するだけでなく、Pの特定の側面（certain aspects of P）が道徳的に善きもの（good）でもあるとも、示唆しているように思われるからである（LP, p. 127）——例えばハートは、第二次的ルールの追加は第一次的ルールのみからなる未発達の法体系の欠点を是正するという理由で、第一次的ルールと第二次的ルールの結合は善きも

---

50)　H. L. A. Hart, *The Concept of Law*, third edition, *supra* note 8, pp. 205-206. 邦訳、223-224頁。なお、マーモーによると、ニール・マコーミックはハートと同じく、規範的法実証主義の第二の見解を擁護している。しかしながら、マコーミックは複数の点で、規範的法実証主義の第三の見解を擁護しているようにもみえる（LP, note 3 at p. 127）。あるいは、マコーミックはある種の倫理的実証主義（規範的法実証主義の第一の見解）を擁護していると、解することもできるとされる（LP, note 22 at p. 135）。マーモーは以下の論文を参照している。Neil MacCormick, 'A Moralistic Case for A-Moralistic Law?', *supra* note 32. マコーミックの論文の詳細については、以下を参照されたい。小谷野勝巳「法と道徳の関係についての一考察——N. マコーミックの法・道徳分離理論に関する覚書（上）（下）」拓殖大学論集政治・経済・法律研究4巻1号（2001年）、4巻3号（2002年）。なお、本章の第5節で確認するように、マコーミックは、規範的法実証主義の第五の見解（方法論についての議論）を擁護しているように見受けられる。あるいは晩年の彼は、かつて擁護したハート的な法実証主義から距離を取るに至っている。Neil MacCormick, *Rhetoric and the Rule of Law: A Theory of Legal Reasoning* (Oxford: Oxford University Press, 2005), p. 1.

の (a good thing) でもあるという、付随的な主張をしているようにみえる (LP, p. 137)――。しかしながら、マーモーによると、こうしたハート理解は正しくない (LP, p. 127)。

4 法は道徳的に正統な制度であるべきである。法が道徳的正統性の条件を満たすためには、Fであるべきである (it should be the case that F)。FはPを必然的に伴うから、ゆえにPであることは事実である。

マーモーは、法実証主義の第四の見解の実例として、R. ドゥオーキンが提唱する法慣例主義 (legal conventionalism) をあげている。法慣例主義は、規範的な道徳的・政治的理想 (「Fであるべきである」) を根拠として、法の性質についての記述的な結論 (「Pであることは事実である」) に到達する理論である。マーモーはこの見解を、実質的な規範的実証主義 (Substantive Normative Positivism) と呼んでいる (マーモーは、法が道徳的に正統な制度であるために成立すべき事態を、任意のFとして表している) (LP, p. 127)。

なお、ドゥオーキンは法実証主義に批判的であるため、実質的な規範的実証主義を、彼自身が擁護しているわけではない。念のためそのことを確認しておきたい。

5 Pないし非P (not-P) のいずれが正しいかについての判定は、道徳的・政治的な規範的主張に必然的に依拠する。

規範的法実証主義の第五の見解は、法理学[51]の性質についての方法論的 (methodological) な見解である。この見解は、一般法理学 (general jurisprudence) は純粋に記述的で、道徳的に中立的でありうるというハートの主張を、否定することを意図している。この見解に従えば、法実証主義とそれと敵対的な立場のあいだの論争の一部は、必然的に規範的論争になる。ゆえ

---

51) マーモーは、「法理学 (jurisprudence)」という表現をしばしば用いるが、「法哲学 (legal philosophy)」という表現を用いる場合もある (LP, p. 148)。(他に、「法哲学 (philosophy of law)」という表現も存在する。)両者を区別して捉えることも可能であるが、本章ではその両者を厳密に区別する必要はないため、それらをほぼ同じものとして捉えておく。

に、もしも法実証主義を擁護できるとしたら、法実証主義は規範的主張に依拠せねばならない（LP, p. 127）。

第3節　五つの見解の分析を通じての記述的法実証主義の擁護論

1　倫理的実証主義

本章の第2節では、P（＝「法実証主義の核となる記述的内容」）が存在すると仮定した上で、規範的法実証主義の五つの見解——Pを評価的・規範的に捉える五つの見解——について、確認する作業を行った。本節では、それらの五つの見解に、マーモーがいかなる分析を加えているかについて、詳しくみていくこととする。なお、マーモーが、それらの見解を批判的に分析する作業を通じて、記述的テーゼないし記述的法実証主義の擁護論を展開しているということも、明らかにしたい。

まずは、規範的法実証主義の第一の見解について、すなわちキャンベルの倫理的実証主義について、検討しよう。この見解は「Pであるべきである」というものである（LP, p. 126）。

マーモーによると、キャンベルは法実証主義の法理論を、法の性質についての理論として擁護しようとは、意図していない。キャンベルはむしろ、一つの道徳的・政治的な姿勢（stance）を擁護するために、議論を行っている。その姿勢とは、法や法実践についての特定の構想（vision）——彼が考える「在るべき法実証主義（legal positivism to be）」と合致する構想——を要請する姿勢のことである。要するに、キャンベルの倫理的実証主義は、政治理論なのであって、法の性質についての理論ではないのである[52]（LP, p. 134）。

---

[52]　なお、倫理的実証主義はある意味では、法の性質についての理論を含意している（LP, p. 134）。本章の注（49）で確認したように、倫理的実証主義は、「べきである」が「できる」を含意する限りにおいて、「Pであるべきである（It ought to be that P）」と主張するだけでなく、「Pは実際に可能である（P is a real possibility）」というテーゼにもコミットしているということになる（LP, p. 126）。すなわち、倫理的実証主義は、法実証主義は実行可能な形態の法実践である（legal positivism is a possible form of legal practice）という見解に、コミットしていることになる（LP, p. 134）（以上の箇所の強調は筆者）。しかし、法実証主義に批判的な立場——例えば、（いわゆる）伝統的

倫理的実証主義は、マーモーが擁護したい「法の性質についての理論としての法実証主義は、基本的には記述的で、道徳的に中立的である」という記述的テーゼと、合致しないわけではない。というのも、倫理的実証主義の「Pであるべきである」という命題は、「Pであることは事実である」というマーモーが擁護したい命題と、まったく矛盾するところがないからである（LP, p. 134）。

2 法の性質についての説明の規範的是認

続いて、規範的法実証主義の第二の見解について、すなわちハートによるPの規範的是認（normative endorsement）について、検討しよう。この見解は、「**Pであることは事実であり、Pが一般的に承認されるのは道徳的・政治的に善い**」というものである（LP, p. 126）。

ハートは時として、「Pであることは事実であり、Pを誰もがあるがままに承認するのは善い」という規範的主張[53]を行っていた。彼は、法的妥当性と道徳は必然的・概念的には結びついていないということを、われわれが理解できるようになればなる程、法を批判的評価に服させることが容易になると、信じていたのである（LP, pp. 134-135）。

な自然法論、（初期の）R. ドゥオーキン、および『法の帝国』のドゥオーキン——による、分離テーゼは誤っているという主張が正しいとすれば、倫理的実証主義は不可能なことを指令（prescribes）していることになる。もしもこれらの立場が主張するように、法とは何かを確定することが、法とは何であるべきかについての道徳的考慮に必然的に依拠するということが本当に正しいとすれば、「裁判官は法とは何であるべきかについて考慮せずに法を適用すべきである」という倫理的実証主義の指令が、存在する余地はなくなってしまう。（倫理的実証主義を擁護するキャンベル自身は、「法実証主義は一般的に、……道徳的判断によらないで法の内容を確定したり法を適用したりするのが裁判官の義務であるという見解として、理解されている」と述べている。Tom Campbell, *The Legal Theory of Ethical Positivism, supra* note 32, p. 1.）以上のような倫理的実証主義の指令（「裁判官は法とは何であるべきかについて考慮せずに法を適用すべきである」という指令）に従うことは、裁判官には到底できないのである（LP, pp. 133-34）。

さて、法実証主義者であるマーモーからみても、キャンベルの倫理的実証主義は不可能なことを指令している。先述のように、キャンベルによると、法実証主義は、道徳的判断によらないで法の内容を確定したり法を適用したりするのが裁判官の義務で

第3節　五つの見解の分析を通じての記述的法実証主義の擁護論　*193*

　しかしながら、「法的妥当性と道徳は必然的・概念的には結びついていないという社会的事実を信じたり、その社会的事実の重要性を承認したりすることは、道徳的・政治的に有益である」という事実から、「法の性質についての記述的内容」が、何らかの形で論理的に導き出されるとは、ハートは決して考えていなかった。ハートがそう考えなかったのは当然正しい。というのも、それはあまりにも無理な推論だからである。すなわち、「誰もがPを信じるのは道徳的に善い」という事実から、当然「Pである」ということには、ならないからである（LP, p. 135）。

　さて、マーモーによると、ハートによるPの規範的是認には、以下のような疑念が向けられている。さまざまな法理論を調べてみると、法の性質についてのほとんどすべての理論は、理論の提唱者による規範的是認を伴っていることが、すぐにわかるだろう。結局、法は規範の領域に帰属するのであるから、法の性質についての記述的理論は、理論の提唱者の規範的仮説や先入観によって、しばしば動機づけられているのである。とはいえ、マーモーによれば、ある理論が、その理論の提唱者の仮説や先入観によって動機づけられているというのは、一般的にそうなのである。われわれはしばしば、最初に、哲学的な結論を意識し、その後で、その結論を支える論法を表明する。

　　あるという見解として、一般的に理解されている。Tom Campbell, *The Legal Theory of Ethical Positivism*, *supra* note 32, p. 69. しかしながら、マーモーにいわせれば、キャンベルのこの見解は誤っている。法実証主義は、裁判官の道徳的義務についての理論ではない。特定の事件において法を適用する道徳的義務を裁判官が有するかという問題は、道徳的論拠に依拠してはじめて解答できる道徳的問題である。さらに、マーモーが法実証主義者とみなす論者のなかで、裁判官は、裁判官としての公的役割を果たす際に道徳を無視する必要があると、示唆している者は一人もいないのである（LP, p. 132）。結局、マーモーに従えば、法の性質についての理論としての倫理的実証主義は、裁判官に対して、道徳的判断によらないで法の内容を確定したり法を適用したりすべきであるという、実現不可能な義務を課している。したがって、倫理的実証主義の、法実証主義は実行可能な形態の法実践である（「Pは実際に可能である」）という見解は、成り立たないことになる。

53)　マーモーは、ハートのこうした規範的主張を、ハートの以下の文献に依拠して提示している（LP, note 21 at p. 134）。H. L. A. Hart, *The Concept of Law*, third edition, *supra* note 8, pp. 205-206. 邦訳、223-224頁 ; H. L. A. Hart, 'Positivism and the Separation of Law and Morals', *supra* note 28, pp. 72-78. 邦訳、80-86頁。

合理的熟慮とは、正しいと思われる結論と、その結論を支える議論・証拠とのあいだの、継続的交渉（ongoing negotiation）なのである（LP, p. 135）。

マーモーによると、法理論は、特定の知的・政治的背景から登場し、そして多かれ少なかれ、道徳的・政治的見解によってしばしば動機づけられている。例えば、ポステマが説得力ある方法で論証しているように、ベンサムの法実証主義は、彼の道徳的・政治的な基本方針（agenda）の一部を形成しており、彼の功利主義や法改革への熱望によってかなり動機づけられている[54]。同様に、法と道徳の関係へのハートの関心や、彼の見解をめぐる当時の論争は、第二次世界大戦以降の世界の知的関心によって、部分的に形成されていた。ハートは、法は必ずしも正しくないのであり、法は道徳的に憎むべきものであってもなお法でありうるのだ、ということを理解することによって、われわれはナチスの教訓をよりよく学ぶことができるだろうと、考えたのである。すなわちハートは、以上のことこそが、法理学から学ぶべき重要かつ反省を迫る政治的教訓であると、そして、合法性（legality）は正義や道徳的健全さの保証では決してありえないという事実に、油断なく警戒する方が、われわれは道徳的・政治的により安全な立場にあるだろうと、考えたのである[55]（LP, pp. 135-136）。

以上で確認したように、法理論は特定の知的・政治的背景から登場するのであり、そして多かれ少なかれ、道徳的・政治的見解によってしばしば動機づけられている。ベンサムの法理論しかり、ハートの法理論しかりである。

しかしながら、だからといって、記述的法理論を擁護できないわけではない。マーモーによると、法の性質についての記述的理論は、真理を主張している。哲学的な記述にとって哲学的に重要なのは、その主張が真であることが確証（warranted）されているのか、あるいはその主張が本当に真なのか、という点にある。ある記述的理論の——道徳的、政治的、あるいはその他の——知的・歴史的背景は、その理論の内容をよりよく理解するのに役立つが、その理論の真理には影響しない。Pと主張する動機と、Pの真理は、別

---

54) Gerald Postema, *Bentham and the Common Law Tradition*, supra note 32.
55) 本章の注（53）であげたハートの諸文献を参照のこと。

のものである。マーモーに従えば、前者の解明は思想史家の仕事である。哲学は真理に関心を有するべきなのである (LP, pp. 136-137)。

3 法の性質についての説明の特定の側面の評価

規範的法実証主義の第三の見解は、「Pであることは事実であり、Pは善きものでもある」というものである。ハートはある意味では、この見解を擁護しているようにみえる。しかし、マーモーに従えば、こうしたハート理解は正しくない (LP, p. 127)。その理由を以下で確認していこう。

マーモーによると、法の性質についてのハートの最も重要なテーゼの一つは、第一次的ルールと第二次的ルールの結合である。ハートは、このテーゼを提示する際に、第二次的ルールの追加は第一次的ルールのみからなる未発達の法体系の欠点を是正するという理由で、第一次的ルールと第二次的ルールの結合は「善きもの (a good thing)」でもあるという、付随的な主張をなしているようにみえる (LP, p. 137)。

ウォルドロンとペリーは、ハートの以上の主張を、規範的な議論として理解している。ハートの規範的な議論は、「〔自分は〕純粋に記述的な法理学に従事しているというハートの主張の誤りを証明する」のであると、ウォルドロンは述べている[56]（括弧内は筆者）(LP, p. 137)。

マーモーによると、第一次的ルールと第二次的ルールの結合にかんするハートの主張は両義的であるがゆえに、以上のような誤解を受けやすい。この誤解を解くために、マーモーは、以下の二つの命題の違いについて検討を加えている (LP, p. 137)。(以下、マーモーはLによって法を、xによって「第一次的ルールと第二次的ルールの結合」を、表していると思われる。)

　1　Lはxである、ゆえにLは善きものである。(L is x, and this makes L good.)

　2　Lはxである、ゆえにLは善きLである。(L is x, and this makes it good L.)

---

[56] Jeremy Waldron, 'Normative (or Ethical) Positivism', *supra* note 1, p. 429. ペリーの理解については Stephen Perry, 'Hart's Methodological Positivism', *supra* note 32, pp. 323ff を参照。

ハートが第一の主張をしたのであれば、法の記述(「Lはxである」)と法の規範的評価(「Lは善きものである」)の彼による混同を、憂慮すべきであろう。しかし、マーモーにいわせれば、ハートは明らかに第二の主張をしている。ハートの主張は、第二次的ルールの発展が法をさらに善い制度にする、いわば道徳的にさらに正統な制度にする、というものではない。ハートは単に、第二次的ルールの発展は、法に自らの機能をさらにうまく果たさせてくれると、主張しているにすぎない。すなわち、第二次的ルールの発展は、法を、法として (qua law) より効率的にすると、主張しているにすぎない。ハートのこの主張は、法はそれがどのようなものであっても、その道徳的な真価 (merit) とは無関係に、常に法なのであるという主張や、法が機能する際に、より多くの効率性を有することが必然的に善きものであるわけではないという主張と、完全に両立する。いいかえれば、第二次的ルールの発展にかんするハートの主張は、マーモーが問題としている意味(道徳的な意味)では、規範的な主張ではないのである (LP, pp. 137-138)。

例えば、あるナイフが鋭利であるからといって、そのナイフが道徳的な意味で「善きもの (good)」であるというわけではない。あるナイフが鋭利であることは、そのナイフを、単に「善いナイフ (a good knife)」にするだけである。すなわち、そのナイフを、ナイフに想定されている機能により適したものにするにすぎないのである (LP, p. 138)。それと同じく、第二次的ルールの発展は、道徳的な意味で「善きもの」というわけではない。先述のように、第二次的ルールの発展は、法を法としてより効率的に、すなわち単に「善い法[57]」にするだけなのである。

4 実質的な規範的実証主義(法慣例主義)

規範的法実証主義の第四の見解は、R. ドゥオーキンによって提唱されている。その見解は、「**法は道徳的に正統な制度であるべきである。法が道徳的正統性の条件を満たすためには、Fであるべきである。FはPを必然的に**

---

[57] ここにいう「善い法」における「善い」とは、道徳的ないし倫理的な意味での「善い」ではなく、実用的な意味での「よい」のことである。'good' のさまざまな用例については、伊勢田哲治・前掲注 (47)『動物からの倫理学入門』83頁の注 (15) を参照。

伴うから、**ゆえにＰであることは事実である**」、というものである（LP, p. 127）。

ドゥオーキンによると、法理学の主要な問いは、過去の政治的決定が国家による強制力の行使（ないし独占）を正当化するのはなぜか、というものである[58]。彼は、この問いに答えることのできる法実証主義の法理論として、法慣例主義を提唱する。法慣例主義は、規範的な道徳的・政治的理想（「Ｆであるべきである」）を根拠として、法の性質についての記述的な結論（「Ｐであることは事実である」）に到達する理論である。マーモーはこの見解を、実質的な規範的実証主義と呼んでいる（Ｆは、法が道徳的に正統な制度であるために成立すべき事態のことを表している）（LP, p. 127）。

マーモーは、ドゥオーキンの法慣例主義を以下のように整理している（LP, p. 139）。

1　法は正統な制度であるべきである（ought）。
2　法の正統性を説明するためには、過去の政治的決定が強制力の行使（ないし独占）を正当化するのはなぜか、という問いに答えねばならない。
3　法実証主義は、2の問いへの答えは、保護された予期（protected expectations）の理念によって提示できると主張する。
4　重要な予期を適切に保護できるのは、法が慣例的な源泉（conventional sources）に完全に依存する場合に限られる。
5　したがって、法の同定と慣例的な源泉とを結びつけることが、法実践の最善の解釈なのである（is）。

マーモーの理解に従えば、ドゥオーキンの法慣例主義には深刻な問題が潜んでいる。それは、法の道徳的正統性にかんする問いに答える規範的段階（1〜4）から、記述的結論（5）に到達することができない、という問題である。ドゥオーキンの議論がどれだけしっかりしていて洗練されているとしても、「べきである（ought）」は「である（is）」を全く含意しないのである（LP, pp. 139-140）。

結局、法は正統な制度である「べきである」という規範的前提（1）から

---

[58] Ronald Dworkin, *Law's Empire, supra* note 26, p. 114. 邦訳、191頁。

出発して、法とは何「である」かについての記述的結論（5）で終わることは、できないのである。

5 方法論についての議論（1）——機能を通しての議論

規範的法実証主義の第五の見解は、「Pないし非P（not-P）のいずれが正しいかについての判定は、道徳的・政治的な規範的主張に必然的に依拠する」というものである（LP, p. 127）。マーモーはこの見解を、方法論についての議論（the methodological argument）と呼んでいる（LP, p. 141）。

ハートは「補遺」で、以下の点を強調している。すなわち、法の性質についての自分の説明は、「道徳的に中立的で、なんら正当化目的も持たないという点で記述的である。即ち、それは、法についての私の一般的解明の中に登場する形式と構造を……道徳か何かの基盤にたって、正当化したり推奨しようとするものではない」と[59]（強調はハート）。方法論についての議論によると、以上のハートの熱望は誤っている。というのも、法の性質についての法理学的な説明は、法についての評価的見解（道徳的な評価的見解やその他の評価的見解）を前提とせねばならないからである（LP, p. 141）。

方法論についての議論は三つに区別される。すなわち、（1）機能を通しての議論、（2）法理学は必然的に評価的・規範的であると主張する議論[60]、および（3）内的視点を通しての議論である。マーモーは、これらの議論を順番に考察している（LP, p. 141）。

まずはペリーの、機能を通しての議論（the argument from function）を取り上げよう。ペリーは、社会における法の機能を理解しなければ、法という複雑な社会的実践を理解することはできないと、主張する[61]。マーモーは、ペリーのこの主張は正しいと考えている。マーモーが批判の対象とするの

---

[59] H. L. A. Hart, 'Postscript', *supra* note 8, p. 240. 邦訳（上）、60頁。訳語の「説明的（descriptive）」を「記述的」に変更した。

[60] マーモーによると、この議論の提唱者たちは、法理学は必然的に評価的・規範的であると主張する（LP, pp. 144, 147）。よって、本章ではこの議論を、「法理学は必然的に評価的・規範的であると主張する議論」と呼ぶこととする。

[61] Stephen Perry, 'Interpretation and Methodology in Legal Theory', *supra* note 32, p. 123.

は、ペリーの、法の機能について説明するためには道徳的議論をなす必要があるという主張である（LP, p. 141）。

マーモーはまず、ペリーの議論の誤った想定（誤った二分法）に対して、批判を行う。すなわち、ペリーの議論は、法の機能についての説明は、「因果的説明（causal explanation）[62]」であるか「道徳的評価（moral evaluation）[63]」であるかのいずれかである、という想定に依拠している。しかし、マーモーに従えば、ペリーのこの議論は誤った二分法を前提としている[64]。法の機能について語る際に、因果的説明と道徳的評価のどちらか一つのみに従事する必要はないのである（LP, pp. 142-143）。

マーモーはさらに、法の機能の説明は道徳的評価であるというペリーの主張に対して、批判を行っている。ペリーは、法理学がなすべき評価とは評価全般（evaluations in general）なのではなく、道徳的評価（*moral* evaluation）なのであると、強調している[65]。しかし、マーモーにいわせれば、法の機能

---

[62] Ibid., p. 114. 因果的説明とは、内的視点から人々の行為理由を考慮するような説明ではない。むしろそれは、関与的でない外的視点（a disengaged, external point of view）からなされる機能的／因果的な説明（functional/causal accounts）のことである。人は、法が法という形態を取る（法という体裁を装う）理由について、例えば、それは支配階級の経済的利益を促進する機能を果たすためである、といった類の因果的な主張をなすことができるのである。Ibid., p. 107。

[63] これ（「道徳的評価」）はマーモーの表現である。ペリー自身は、ハートの主要な議論の一つは「その性質が道徳的（*moral*）であるように思われる」（強調はペリー）という表現を用いている。Ibid., p. 114.

[64] 例えば、法の最も重要な機能の一つは裁判所外で人間の行動を導くことであるという、ハートのテーゼについて考えてみよう。このテーゼは、法の機能の因果的説明ではないし、その道徳的評価でもない。それはむしろ、複雑なテーゼであって、諸々の事実（例えば、人々は自分たちの行動に関係する法が何であるかを知っているという事実や、自分たちの行動について熟慮する際に、自分たちの行動に関係する法についての知識を実際に用いたいと欲しており、しばしばそうした知識を用いているのである、といった事実）や、実践的推論における法的権威の役割を、前提としている（LP, p. 143）。H. L. A. Hart, *The Concept of Law*, third edition, *supra* note 8, p. 40. 邦訳、44頁。

[65] 「道徳的評価」という表現は、マーモーによって用いられている（強調もマーモー）。ペリー自身は、法の機能の特定には、「単なる評価的考慮（just evaluative considerations）ではなく、道徳的議論（moral argument）」が含まれていると述べている。Stephen Perry, 'Interpretation and Methodology in Legal Theory', *supra* note 32, p. 123.

にかんするハートのテーゼ（法の最も重要な機能の一つは裁判所外で人間の行動を導くことである[66]）には、道徳的要素は全く含まれていない[67]。ハートが述べているのは、法は道具であり、道具は善い目的と悪い目的のいずれにも利用できる、ということである。ハートが念頭に置く記述的法理学は、法がいかなる種類の道具であるのかを、そして、法のさまざまな特徴が法の機能（法が有していると考えられている機能）にどのように影響しているのかを、説明することを目指している（LP, pp. 142-143）。

われわれは、道具がいかなる目的のために使用される（used）のかについて、陳述（say）することができる。その際、われわれは道具の用法（uses）の道徳的真価について、完全に中立的であり続けることができる。というのも、一般的に考えて、実用性（usefulness）という観念は、必ずしも規範的な観念ではないからである。例えば、ナイフの鋭利さはナイフをさらに実用的（more useful）にすると示唆することによって、われわれはナイフの用法を道徳的に評価しているわけではない。鋭利なナイフはパンを切る上で実用的であるが、人を殺す際にも実用的なのである（LP, p. 143）。

以上で確認したように、法の機能についての説明は「因果的説明」であるか「道徳的評価」であるかのいずれかであるという、ペリーの誤った想定（誤った二分法）を、擁護することはできない。さらに、法の機能についての説明は「道徳的評価」であるというペリーの主張も、支持することはできな

---

[66] H. L. A. Hart, *The Concept of Law*, third edition, *supra* note 8, p. 40. 邦訳、44-45頁。
[67] ハートは「補遺」（『法の概念』の第2版以降に所収）において、法の機能ないし目的について以下のように述べている。「他の実証主義の諸形態と同様、私論は法の主眼とか目的とかいったことを同定しようとすることに対していかなる主張もしていない。そこで私論には、法の目的は強制の使用を正当化することであるという、私が断じて与しないドゥオーキンの見解を支持するものは何も含まれていない。事実、法それ自体が仕える目的について、人々に行為指針と行為の批判基準を与えるということを超えて、それ以上の何か特定の目的まで求めようとすることは全く虚しいことだと私は思っている」。H. L. A. Hart, 'Postscript', *supra* note 8, pp. 248-249. 邦訳（上）、67頁。ラズも、『法の権威』の「はしがき」で、法の機能を価値中立的な用語で分析することができると述べている。Joseph Raz, 'Preface to the first edition', in Joseph Raz, *The Authority of Law*, second edition, *supra* note 21, p. xi. ラズは、同書の第9章において、法の機能を価値中立的な用語で分析する作業を行っている。Joseph Raz, 'The Functions of Law', in Joseph Raz, *The Authority of Law*, second edition, *supra* note 21.

第3節　五つの見解の分析を通じての記述的法実証主義の擁護論　*201*

いのである。

6　方法論についての議論 (2)
——法理学は必然的に規範的であると主張する議論

続いて、方法論についての第二の議論を取り上げる。すなわち、法理学は必然的に規範的であると主張する議論[68]に、注目する。この議論の提唱者としては、ウォルドロン、マイケル・ムーア、およびR. ドゥオーキンをあげることができる。彼らは、法理学の性質にかんする問い（方法論上の問い）を設定し、その問いに答えるためには評価的考慮に依拠する必要があると指摘した上で、最終的に、法理学は必然的に規範的であると主張するのである（LP, p. 144）。以下では、(a) ウォルドロンの議論を取り上げた上で、(b) ドゥオーキンの議論を検討することにしたい。

(a) **ウォルドロンの議論**　マーモーによると、ウォルドロンの議論は、法理学の中心的課題が重要なのは「なぜ（why）」なのか、という問い（法理学の方法論上の問い）[69]を設定した上で、その問いへの答えは規範的なものでなければならない、という結論を提示する（LP, p. 144）。しかしながら、マーモーにいわせれば、その問いへの答えは規範的なものではない。以下、ウォルドロンの議論に対するマーモーによる批判をみていこう。

法理学の中心的課題としては、例えば、「法とは何か」という問い[70]に答えるという課題が、あげられるだろう。ウォルドロンの側からすると、この「法とは何か」という問いへの答えは、規範的なものでなければならない。というのも、われわれが他のさまざまな問いを差し置いて、「法とは何か」という問いについて理解したいのは「なぜ」なのかと問うならば、その答えは、他ならぬ「法とは何か」に関心を寄せることが一つの規範的姿勢（a nor-

---

68)　本章がこの議論を、「法理学は必然的に評価的・規範的であると主張する議論」と呼ぶ理由については、本章の注（60）を参照のこと。
69)　Jeremy Waldron, 'Normative (or Ethical) Positivism', *supra* note 1, p. 420.
70)　マーモーが念頭に置く「法とは何か」という問いは、「法とは何であるべきか（what the law ought to be）」という問いではなく、「法とは何か（*what the law is*）」——法以外の規範から区別された「法（the law）」とは何か——という問いのことである（LP, p. 144）。

mative stance) だからだ、というものになるからである (LP, pp. 144-145)。

　しかしながら、マーモーにいわせれば、「法とは何か」に関心を寄せることが規範的であるとすれば、すべての理論的理解の試みは規範的である、ということになってしまう。もちろん、このことはある意味で正しい。理論的な問いは常に、説明が求められている事柄についての、特定の仮説を背景として生まれてくる。説明が求められている事柄についてのわれわれの感覚は、概して経路依存的 (path-dependent) である。そうした感覚は、学問の歴史から生まれてくる。あるいは、理論的・実践的に重要な事柄にかんする、長い時間をかけて集合的に形成された特定の見解から、生まれてくるのである[71]。以上の理解を前提とすれば、一般的にいって、重要な事柄にかんするすべての見解は、ある程度は規範的ということになる (LP, p. 145)。

　しかし、もしもウォルドロンが、この意味での「規範性 (normativity)」しか念頭に置いていないとすれば、彼の規範性についての理解はあまりにも狭すぎるであろう。というのも、彼の理解に従えば、すべての理論は何らかの点で規範的である、ということになるからである (LP, p. 145)。

　結局、ウォルドロンにおける規範性の理解に従えば、すべての理論的な問いへの答えは規範的である。そうした規範性の理解を前提として、法理学の方法論的な問い——法理学の中心的課題が重要なのは「なぜ」なのかという問い——への答えは、必然的に規範的であると断じる点において、ウォルドロンの方法論についての議論は誤っている。

　(b)　R. ドゥオーキンの解釈を通しての議論　　次に、ドゥオーキンの方法論についての議論を取り上げよう。マーモーは、ドゥオーキンの議論を「解釈を通しての議論 (the argument from interpretation)[72]」と呼んでいるが、その議論の要点はきわめて単純である。すなわち、ドゥオーキンの議論

---

71)　マーモーはここで、Joseph Raz, *Engaging Reason: On the Theory of Value and Action* (Oxford: Oxford University Press, 1999), p. 159を参照している。
72)　ドゥオーキンの解釈理論は Ronald Dworkin, *Law's Empire, supra* note 26 で提示されている。その理論を紹介・検討した邦語文献は複数存在するが、ここでは長谷川晃『解釈と法思考——リーガル・マインド哲学のために』(日本評論社、1996年) および深田三徳・前掲注 (2)『現代法理論論争』第3章をあげておく。

は、法理学は必然的に法の解釈であると想定し、さらに、解釈は必然的に評価的であると主張した上で、法理学は必然的に評価的であるという結論を導き出すのである（LP, pp. 144-145）。

　ドゥオーキンの議論に反論する一つの方法としては、以下のものがあげられる。すなわち、その議論の第一の前提条件（法理学は必然的に法の解釈である）が、「解釈」という言葉の曖昧さを利用しているということを根拠にして、その前提条件を退ける、というものである。法の性質についての哲学的説明は必然的に解釈的であるという主張を、もっともらしく思わせるような、広義の「解釈」は存在する。しかし、この広義で緩やかな「解釈」を念頭に置くと、すべての理論的説明が解釈的ということになってしまう[73]。例えば、猿が多くの時間を互いにグルーミングに費やすのはなぜなのかについて、理解しようと努力している動物学者のことを考えてみよう。広義の「解釈」を念頭に置くと、その動物学者は、猿の行動を解釈しようと努力していることになってしまう（LP, p. 145）。

　なお、マーモーによると、「解釈」を広義に理解する仕方とは対照的に、ドゥオーキンの構成的モデル（constructive model）に従って、「解釈」を狭義に理解することもできる（LP, p. 145）。ドゥオーキンは、構成的解釈について以下のように説明している。「大雑把に言えば構成的解釈とは、ある対象や実践に目的を課し、かくして、これらが属すると想定される実践形態や芸術ジャンルの最善の一例としてこれらを提示することである[74]」。彼はさらに、法の構成的解釈について以下のように述べている。「法の一般理論は構成的解釈をこととするものである。つまり、それは法実務の総体を最善の光のもとで示すことを試み、現実に存在する法実務と、当該実務の最善の正当化との間で均衡を達成しようと試みる[75]」。

　以上で、広義の「解釈」と狭義の「解釈」（構成的解釈）の違いについて確

---

73) マーモーのこの指摘と関連して、長谷部恭男「法源・解釈・法命題——How to return from the interpretive turn」長谷部恭男『憲法の理性』（東京大学出版会、2006年）も参照。
74) Ronald Dworkin, *Law's Empire*, supra note 26, p. 52. 邦訳、89頁。
75) Ibid., p. 90. 邦訳、155頁。

認した。この違いを踏まえて、ドゥオーキンの解釈を通しての議論の問題点について、検討していこう。先述のように、解釈を通しての議論は、法理学は必然的に法の解釈であると想定し、さらに、解釈は必然的に評価的であると主張した上で、法理学は必然的に評価的であるという結論を導き出す（LP, p. 145）。

マーモーによると、広義の「解釈」が必然的に評価的であるかは明らかではない。よって、解釈を通しての議論の結論（法理学は必然的に評価的であるという結論）は、証明されていないことになる。（マーモーは、広義の「解釈」が必然的に評価的であるわけではないことを示すために、再度、先ほどの動物学者に言及している。動物学者は、何かを評価しているのではなく、猿の行動の生物学的機能を理解しようとしているにすぎないのである。）一方、狭義の「解釈」（構成的解釈）が評価的であると仮定したとしても、法の性質にかんする哲学的説明が必然的にその意味（構成的な意味）で「解釈的」であるという結論を下すべきであるかは、まったく明らかではない[76]。よって、解釈を通しての議論の結論（法理学は必然的に評価的であるという結論）は、やはり証明されていないことになる（LP, pp. 145-146）。

さて、マーモーによると、われわれが寛大にも、ドゥオーキンの解釈を通しての議論の主要な前提条件（「法理学は必然的に法の解釈である」および「解釈は必然的に評価的である」という前提条件）を認めるとしても、ドゥオーキンの以下の主張は誤っている（LP, p. 146）。

すなわち、ドゥオーキンによると、解釈者は、自分が解釈しようと意図する実践に内在する価値について、自分自身の評価的判断を下さねばならな

---

[76] マーモーは、これはドゥオーキンの「解釈を通しての議論」に対する深刻な懸念であると考えるが、その懸念については以下で詳しく検討している。Andrei Marmor, *Interpretation and Legal Theory*, revised second edition (Oxford and Portland, Oregon: Hart Publishing, 2005). マーモーの法解釈理論の紹介・検討として、長谷部恭男「制定法の解釈と立法者意思——アンドレイ・マルモー博士の法解釈理論」長谷部恭男『比較不能な価値の迷路——リベラル・デモクラシーの憲法理論』（東京大学出版会、2000年）がある。なお、長谷部論文は、マーモーの著書の初版（Andrei Marmor, *Interpretation and Legal Theory*, Oxford: Clarendon Press, 1992）を検討対象としている。

い。解釈者の評価的判断は、実践者たちの評価的判断と、本質的に異なるところはないのである[77]（LP, p. 146）。

しかしながら、マーモーにいわせれば、ある実践に内在する価値について理解することと、その価値について評価的判断を下すこととのあいだには、大きな違いがある。例えば、ある文化人類学者は、「特定の儀式がそれを実践する人々にとって価値があるのは、その儀式が人々の社会結合を高めるからである」と理論的に理解する際に、社会結合の価値にかんして特定の判断を下しているわけではない。ましてや、自分の調査対象者たち（その儀式を実践する人々）の評価的判断と競い合うような評価的判断を下しているわけでもない。その文化人類学者と同じく、ある法哲学者は、法は本質的に権威的な制度であると理論的に主張する際に、法的権威の道徳的価値についての特定の理解にコミットする必要はない。ある実践の価値について理論的に理解することと、その価値について評価的判断を下すことは、同じではないのであって、前者が後者を伴うわけでもないのである（LP, p. 146）。

結局、ある価値について理解することと、その価値について評価的判断を下すことが区別されるならば、社会的実践を理解する試みとしての法理学は、評価的判断（ウォルドロンやドゥオーキンがいう意味での道徳的な評価的判断）に関与する必要がないのである（LP, p. 147）。

7 方法論についての議論 (3) ──内的視点を通しての議論

最後に、方法論についての第三の議論を、すなわち、内的視点を通しての議論 (the argument from the internal point of view) を取り上げる。この議論は、ペリー、ドゥオーキン、ムーア、ウォルドロン（およびその他の論者）によって提示されている（LP, p. 141）。

ハートは、法の適切な説明は内的視点 (internal point of view) を、すなわち実践への参加者の規範的視点を考慮に入れねばならない、という考えを法哲学に導入した[78]。法実践にコミットした参加者（主として裁判官やその他の

---

77) Cf. Ronald Dworkin, *Law's Empire*, supra note 26, p. 64. 邦訳、107頁。
78) H. L. A. Hart, *The Concept of Law*, third edition, *supra* note 8, pp. 89-91. 邦訳、98-100頁。

公務員）は、法的ルールを行為理由とみなしている。したがって、コミットした参加者は、少なくともいくつかの点で、法を価値あるもの（valuable）ないし正当なもの（justified）とみなしているに違いない。以上から、内的視点が（少なくとも部分的には道徳的・政治的な意味で）規範的であるということに、疑問を差し挟む余地はないのである（LP, p. 148）。

　もっとも、内的視点そのものが規範的であるとしても、内的視点にかんする哲学的な理解が、必然的に評価的判断になるわけではない。マーモーはこのことを明らかにするために、以下の例を提示している（LP, p. 148）。

　サラが、Aというスリラー映画を観に行くか、あるいはBという恋愛映画を観に行くかについて熟慮した上で、Bという映画を観に行かないという選択をしたとしよう。私は、彼女はスリラー映画により大きな選好を有しているという、結論を出すことができるだろうか。答えは否である（もしかすると、実はBという恋愛映画が、遠方の映画館で上映されていたのかもしれない）。結局、彼女がそのような選択をした理由を適切に理解するためには、いわゆる「内的視点」について知っておく必要がある。すなわち、私は、彼女がどのように推論したのか（how she reasoned）を、知る必要があるのである（LP, p. 148）。

　さて、サラがそのような選択をした理由を、私自身の評価的観点から判断する必要があるか、という問題について検討していこう。そもそも、彼女の推論についての私の説明は、評価的判断に必然的に依拠するのだろうか。さらに、私のその説明は、彼女自身の評価的判断と競い合うような評価的判断に依拠するのだろうか。マーモーによると、決してそのような結論にはならない。そのような結論を出す者は、ある価値や評価的推論（evaluative reasoning）について理解することと、その価値や評価的推論について評価的判断を下すことを混同しているにすぎないのである（LP, pp. 148-149）。

　マーモーによると、彼の以上の議論には、ドゥオーキンから以下の応答があるものと予想される。ドゥオーキンはいうだろう。サラの推論を説明しようとするマーモーの試みは解釈である。ゆえに、マーモーの試みは、解釈対象を、その最善の光のもとで（in its *best possible light*）――解釈対象が属している種（the kind）の最善の事例として――提示することを意図せねばな

らない。結局、最善の光のもとで特定の事柄を提示する試みは、ある人が解釈することを意図している判断や推論（先ほどの例でいえば、サラ自身の判断や推論）と競い合うような評価的判断（解釈者自身の判断）に、必然的に依拠するのである、と（LP, p. 149）。

マーモーは、以上のような応答に対しては、以下のように反論するだけで足りるとしている。すなわち、解釈は解釈対象を*その最善の光のもとで*提示することを必然的に意図している、という想定[79]が崩れるならば、ドゥオーキンの議論は成り立たないのである、と（LP, p. 149）。

以上で確認したように、法の性質についての理論は、実践への参加者の規範的な内的視点を考慮に入れねばならない。もっとも、内的視点そのものが規範的であるとしても、内的視点にかんする哲学的な説明が、必然的に評価的判断になるわけではない。マーモーによると、規範的な内的視点についての説明は、あくまでも理解の一形態なのであって、評価的判断ではない。われわれは、実践への参加者によって規範的な内的視点からなされる実践的推論を、その実践的推論について評価的判断を下すことなく、理解することができる。したがって、法理学は、基本的には記述的で、道徳的に中立的なのである[80]（LP, p. 151）。

---

[79] マーモーは、この想定を批判的に精査する作業については、以下の著書で行っている。Andrei Marmor, *Interpretation and Legal Theory*, revised second edition, *supra* note 76.
[80] なお、マーモーによると、もしも法の概念が、W. B. ギャリーのいう「本質的に競合的な概念（essentially contested concept）」であるとすれば、法実践への参加者の内的視点を考慮に入れる法理論は規範的である。本質的に競合的な概念とは、多かれ少なかれ成果（achievement）が得られたら評価されるような、「評価的（appraisive）」な概念のことである。この概念の具体例としては、デモクラシーや社会正義などがあげられる。W. B. Gallie, 'Essentially Contested Concepts', in *Proceedings of the Aristotelian Society*, vol. 56（1956）. すべてのデモクラシー論や正義論は、デモクラシーや社会正義という競合的概念（a contested concept）についての複数の構想（conceptions）のなかから、一つの特殊な構想（a particular conception）を擁護しようと意図する点において、規範的である。さて、もしも法の概念が、デモクラシーや社会正義と同じく、ギャリーのいう競合的概念であるとすれば、法実践への参加者たちは、法の概念についての複数の構想を有していることになる。とすると、法実践への参加者の内的視点を考慮する法理論は、法の概念についての参加者の複数の構想のなかから、一つの構

第4節　法の性質についての理論における評価の役割

　第3節では、マーモーが、規範的法実証主義の五つの見解を詳細に分析する作業を通じて、記述的法実証主義の擁護論を展開しているということを、確認した。

　さて、マーモーは、記述的法実証主義を擁護するけれども、法の性質についての理論が「評価（evaluation）」を含むことを示唆している[81]（LP, pp. 135-136）。マーモーが示唆する、「法の性質についての理論における評価の役割[82]」については、ラズの議論を参照しながら、若干の考察を加えることに

想を擁護しようと意図する点において、規範的ということになる。しかしながら、マーモーによれば、彼が関心を寄せる「法」の概念は、ギャリーのいう競合的概念ではない。マーモーが関心を寄せる法の概念とは、「法的妥当性（legal validity）」の概念のことである。法的妥当性は、局面によって白黒がはっきりする概念（phase-sortal concept）である。（規範は、法的に妥当するか、法的に妥当しないかのいずれかである。物事は、多かれ少なかれ正しかったり、多かれ少なかれ芸術的であったりすることができるけれども、規範は、多かれ少なかれ法的に妥当することはできない。）したがって、マーモーが関心を寄せる法の概念——法的妥当性の概念——は、少しでも成果が得られたら評価されるような、競合的概念ではない。結局、以上の意味での法の概念を、法実践への参加者の内的視点を考慮に入れて説明する法理論は、規範的ではないのである（LP, pp. 149-151）。

81）　マーモーは、「評価」という表現は用いていないけれども、それに類する表現を用いることによって、法の性質についての説明が評価を含むことを示唆しているように思われる。すなわち彼は、法の性質についてのほとんどの理論は、それらの理論の提唱者による「規範的是認（normative endorsement）」を伴っていると、指摘している（LP, p. 135）。なお、「評価」ないし「評価的判断（evaluative judgment）」という表現を用いているのは、ラズおよびジュリー・ディクソンである。本文でも後に触れるけれども、ラズによると、われわれは、法的諸制度の特定の特色が重要であると主張する際に、「評価的判断」を行っている。Joseph Raz, 'Authority, Law, and Morality', *supra* note 21, pp. 236-237. 邦訳、195-196頁。ディクソンは、ラズの以上の見解を念頭に置き、ラズは自らの理論に「ある種の評価（one kind of evaluation）」が入ってくることを望んでいるように思われると、指摘している。Julie Dickson, *Evaluation and Legal Theory* (Oxford and Portland, Oregon: Hart Publishing, 2001), p. 48.

82）　ラズは、「権威・法・道徳」という論文の第5節を「法理論における価値の役割（The Role of Values in Legal Theory）」と名づけ、法理論における「評価的判断」の役割について論じている。Joseph Raz, 'Authority, Law, and Morality', *supra* note 21, pp.

したい。なお、ここでの「評価」とは、いわゆる「価値判断 (value judgment)[83]」とほぼ同義であると思われる。

　ハートは、法の性質についての自分の説明は「道徳的に中立的で、なんら正当化目的を持たないという点で記述的である[84]」と主張している（強調はハート）。ラズは、おそらくハートのこの主張を念頭に置き、ハートを以下のように批判している。すなわちハートは、法の性質についての説明が評価的であることを否定する。ハートにとって、その説明は「記述的」な営みなのである。ラズによると、ハートはこの点にかんしては誤っている。むしろ、ハートの法実証主義に批判的なドゥオーキンの方が、法の性質についての説明は評価的考慮（evaluative considerations）を含むと考える点で、正しい (right) とされる[85]。

　しかしながら、本章第3節の2で確認したように、マーモーによれば、法の性質についてのハートの説明は、評価的考慮を含んでいるように思われる。すなわちハートは、「Pであることは事実であり、Pが一般的に承認されるのは道徳的・政治的に善い」という見解を擁護しているのである（LP, pp. 126-127, 134-137）。もしもマーモーによるこのハート理解が正しいとすれば、ラズのハート批判（法の性質についての説明に評価的判断が含まれることを否定

235-237. 邦訳、195-197頁。なお、ラズが念頭に置く法理論とは、「法の性質についての理論（the doctrine of the nature of law）」のことであり、「裁定理論（a theory of adjudication）」を含意していない。Joseph Raz, 'The Problem about the Nature of Law', in Joseph Raz, *Ethics in the Public Domain*, revised edition, *supra* note 21, pp. 208-209. 山﨑康仕訳「法の性質に関する理論」、ジョセフ・ラズ著、深田三徳編訳・前掲注（21）『権威としての法』56-58頁。ラズの法理論における価値の役割については、高橋秀治「法・理由・権威――J. ラズの実証主義的法理論に関する一考察」三重大学法経論集21巻2号（2004年）を参照。

83) 「実際にどうであるか」についての判断が事実判断であるのに対し、「どうあるべきか」についての判断は価値判断と呼ばれる。伊勢田哲治・前掲注（47）『動物からの倫理学入門』4-5頁。

84) H. L. A. Hart, 'Postscript', *supra* note 8, p. 240. 邦訳（上）、60頁。「説明的（descriptive）」という訳語を「記述的」に変更した（強調は原文）。

85) Joseph Raz, 'Two Views of the Nature of the Theory of Law: A Partial Comparison', in Joseph Raz, *Between Authority and Interpretation: On the Theory of Law and Practical Reason* (Oxford: Oxford University Press, 2009), p. 69.

する点に対する批判）は、必ずしも適切ではないということになるだろう。ただしラズは、「自分自身の理論についてのハートの自己〔ハートのこと——筆者〕理解を前提とするならば[86]」という断りを入れた上で、ハートを批判している。筆者の理解では、法の性質についての自分の説明に評価的判断が含まれていることに、ハート自身が気づいていなかった点を、ラズは問題にしているように思われる[87]——なお、法の性質についてのハートの説明に、何らかの評価的判断が含まれているとしても、彼の法実証主義の法理論そのものは、あくまでも記述的で、道徳的に中立的ある（LP, pp. 135-37）。念のため、このことを強調しておきたい。

さて、ウォルドロンは、以上のラズのハート批判が、法の性質についての説明は評価的判断を含むという主張を含意していることを踏まえて、ラズを規範的法実証主義の擁護者の一人とみなしている。しかし、その際ウォルドロンは慎重にも、「おそらくジョセフ・ラズ（*perhaps* Joseph Raz）[88]」という表現（強調は筆者）を用いることによって、ラズが規範的法実証主義の擁護者であると断定することを避けている。ウォルドロンがそうした断定を躊躇するのはなぜか。それはラズの説明の前提が、(1) 法は権威を主張する（law claims authority）[89] というものであるのか、あるいは (2) 権威を主張できる諸規範を備えた社会を組織するのは善いこと（a good thing）である、とい

---

86) Ibid.
87) ディクソンによると、ハートは、自分が研究している社会実践について自らが評価的主張をしていることに、気づいていなかったのである。Julie Dickson, *Evaluation and Legal Theory*, supra note 81, note 9 at p. 35. もっとも、ハートはラズの示唆を受けて、記述と評価は異なるけれども、両者はある意味で結びついているということを、認めるに至っている。Nicola Lacey, *A Life of H. L. A. Hart: The Nightmare and the Noble Dream* (Oxford: Oxford University Press), p. 351.
88) Jeremy Waldron, 'Normative (or Ethical) Positivism', *supra* note 1, p. 412. R. ドゥオーキンは、ウォルドロンがあげる規範的法実証主義者のリストから、ラズの名を除外している。Ronald Dworkin, 'Hart and the Concepts of Law', in *Harvard Law Review Forum*, vol. 119 (2006), <http://www.harvardlawreview.org/media/pdf/dworkin.pdf>（2010年5月14日最終検索), p. 103.
89) Joseph Raz, 'The Claims of Law', in Joseph Raz, *The Authority of Law*, second edition, *supra* note 21; Joseph Raz, 'Authority, Law, and Morality', *supra* note 21, pp. 215-220. 邦訳、150-161頁。

うものであるのかが、ウォルドロンには不明確だからである。ウォルドロンは、ラズの説明の前提は（2）であると推測する。しかし、ラズは複数の箇所で、（1）を超えているとみなされないように、細心の注意を払っているように見受けられる。よって、彼の最終的な立場は自分には不明確であると、ウォルドロンは述べている[90]。すなわち、ラズが（1）を超えて、（2）の評価的な主張にまで踏み込んでいるかは、ウォルドロンには不明確なのである。

　ここで、ラズが（1）を超えて（2）にまで踏み込んでいるかについて検討するために、マーモーの議論における、規範的法実証主義の第三の見解について、振り返っておこう。

　規範的法実証主義の第三の見解とは、「Pであることは事実であり、Pは善きものでもある」という評価を含んだ、主張のことである（LP, p. 127）。マーモーによると、ハートはこうした主張をしているとみなされる場合があるが、このハート理解は誤っている。というのもハートは、第一次的ルールと第二次的ルールの結合が善きものであるとは、主張していないからである。彼が主張しているのは、第一次的ルールと第二次的ルールの結合は、法に自らの機能をさらにうまく果たさせてくれる、ということにすぎない。結局、第二次的ルールの発展は、道徳的な意味での「善きもの」というわけではない。第二次的ルールの発展は、法を、法として（qua law）より効率的に、すなわち単に「善い法」にするだけなのである（LP, p. 138）。

　以上のマーモーの議論を念頭に置きながら、ラズが（1）を超えて（2）にまで踏み込んでいるかについて、法の性質についての理論における評価の役割にかんするラズの議論を手がかりに、若干の検討を行っておこう。ラズによると、法の概念は、われわれの文化や伝統の一部を構成している。それは、一般の人々や法曹が自分たち自身や他者の行為を理解する際に、一定の役割を果たしている。しかし、法の概念がその一部を構成するところの文化や伝統は、法の概念に対して、鮮明な輪郭や明確に確認できる焦点を与えていない。そこで法理論は、人々が社会について理解するために、法の概念が果たしている中心的かつ重要なものを選び出し、それを詳しく調べ（elaborate）、

---

[90] Jeremy Waldron, 'Normative (or Ethical) Positivism', *supra* note 1, note 66 at p. 432.

説明（explain）することを任務とする。法理論は、その任務を果たすことによって、われわれが自分たち自身を理解することに、貢献しているのである[91]。

　法理論は、以上のように、法の概念の中心的かつ重要な特色を選び出すという意味において、評価的判断に携わっている。ただし、われわれは、法的諸制度の特定の特色が中心的かつ重要だと主張する際に、その特色を善きもの（good）として褒めているわけではない。法の概念の中心的かつ重要な特色を選び出す際の評価的判断は、選び出された中心的かつ重要なものの道徳的真価（moral merit）についての判断ではないのである[92]。

　なお、ラズ自身は、法の概念の中心的かつ重要な特色の一つとして、「権威に対する法の主張（the law's claim to authority）」という特色を選び出している[93]。ラズが、法の概念の中心的かつ重要な特色の一つとして、権威に対する法の主張という特色を選び出したのはなぜか。それは、その特色を選び出すことによって、権威的制度としての法の「社会統制の手段という性格[94]」および「道徳的な特性」を際だたせて、権威的制度に対する正しい道

---

[91]　Joseph Raz, 'Authority, Law, and Morality', *supra* note 21, p. 237. 邦訳、196-197頁。

[92]　Ibid., pp. 236-237. 邦訳、195-196頁。ディクソンは、既に本章の注（81）で確認したように、ラズの見解を念頭に置き、ラズは自らの理論に「ある種の評価」が入ってくることを望んでいるように思われると、指摘している。ただしディクソンは、それは道徳的な評価（moral evaluation）ではないと、付け加えている。Julie Dickson, *Evaluation and Legal Theory*, *supra* note 81, p. 48.

[93]　Joseph Raz, 'Authority, Law, and Morality', *supra* note 21, p. 237. 邦訳、197頁。ラズは、法の概念の中心的かつ重要な特色のなかから、権威に対する法の主張という特色を選び出し、それを詳しく調べ、説明することを通じて、法が権威あるしかたで拘束的であるための諸条件を提示する。Ibid., pp. 215-220. 邦訳、150-161頁。彼は、その諸条件と合致するような、法実証主義を特徴づける彼独自の源泉テーゼ（the sources thesis）を提唱する。ある法の存在と内容が、いかなる評価的議論にも訴えずに社会的事実のみを参照することによって確認できるならば、その法は源泉に基づく法である。源泉テーゼは、すべての法は以上のような意味で源泉に基づくもの（source-based）である、というテーゼである。Ibid., pp. 210-211. 邦訳、140-141頁。本章は、ラズの源泉テーゼについて検討することを目的にしてはいないため、彼の議論の詳細には立ち入らない。ラズが源泉テーゼを提示する文献については、本章の注（21）を参照のこと。ラズの源泉テーゼにかんする邦語文献についても、同じく、注（21）を参照されたい。

[94]　ここでは、'a method of social organization' に「社会統制の手段」という訳語をあてている。それはラズが、この用語を、マーモーのいう「手段（a means）」および「社

徳的態度（a correct moral attitude）の判定に、われわれの関心を向けさせるためなのである[95]。筆者の理解では、ラズはここで、マーモーの議論における、規範的法実証主義の第二の見解（LP, pp. 134-137）を支持しているように思われる。すなわちラズは、法実証主義の記述的内容をわれわれが承認すればするほど、法を批判的評価に服させることが容易になるという理由で、その記述的内容を、評価的判断に基づいて選び出しているように思われるのである。

　以上で確認したように、ラズは、法の概念の中心的かつ重要な特色の一つとして、権威に対する法の主張を選び出す際に、評価的判断に携わっている。しかし、彼はその特色を、善きものとして褒めているわけではない[96]。ラズはむしろ、権威に対する法の主張という特色を詳しく調べ、説明しようと試みているのである[97]。ラズによる以上の、法理論における評価の役割についての議論を踏まえるならば、彼は（1）法は権威を主張するという前提を超えて、（2）権威を主張できる諸規範を備えた社会を組織するのは善いこと（a good thing）であるという評価的な主張にまでは、踏み込んでいないように思われる[98]。

　結局、法実証主義の法理論――ハート、ラズおよびマーモーが擁護する形態のそれ――は、法の概念の中心的かつ重要な特色（「第一次的ルールと第二次的ルールの結合」や「権威に対する法の主張」など）を選び出したり、その特色が一般的に承認されるのは善いと考えたりする意味において、評価的判

　　会統制の道具（instrument of social control）」（LP, p. 128）や、ケルゼンのいう「強制的秩序という特殊な社会技術（the specific technique of a coercive order）」および「特殊な社会的な手段（a specific social means）」と、同じ意味で用いていると思われるからである。Hans Kelsen, *General Theory of law and State, supra* note 41, pp. 20-21, 邦訳、65-66頁。

95) Joseph Raz, 'Authority, Law, and Morality', *supra* note 21, p. 237. 邦訳、197頁。
96) Ibid., pp. 236, 237. 邦訳、195、197頁。
97) Ibid., p. 237. 邦訳、196頁。
98) ただし、本章の注（46）で確認したように、マーモーの理解に従えば、法実証主義の法理論は、法が善きもの（a good thing）であることや、法や繁栄した法体系を有するための善き理由（good reason）が存することを、否定するための理論的根拠を一切もっていない（LP, p. 130）。

断に携わっている。しかしながら、彼らの法理論は、その特色を善きものとして褒めているわけではなく、その特色を詳しく調べ、説明することを任務とする。その意味において、彼らの法理論はあくまでも、「記述的で、道徳的に中立的な法実証主義の法理論」なのである。

第5節　むすびに代えて

　本章の目的は、法実証主義の「法と道徳分離論」を規範的テーゼとして理解すべきか、あるいは記述的テーゼとして理解すべきか、という論争について検討することであった。検討を進める際に、本章は、マーモーによる記述的法実証主義の擁護論を手がかりとした。ここで、本章の概要を振り返っておきたい。

　近年、法実証主義の「法と道徳分離論」を、法についての記述的テーゼではなく、規範的テーゼとして捉えようとする動向が現れている。この動向は、「規範的法実証主義」と呼ばれている。マーモーによると、規範的法実証主義は、少なくとも五つの見解に区別することができる。規範的法実証主義の第一から第三の見解は、マーモーが支持しようと望む記述的テーゼ――「法実証主義の法理論は、法の性質についての記述的で、道徳的に中立的な理論として、最も適切に理解できる」というテーゼ――と、必然的に対立するわけではない。規範的法実証主義の第四および第五の見解は、マーモーが支持しようと望む記述的テーゼと対立している。しかし、彼によれば、その第四および第五の見解は、法実証主義の法理論の説明としても批判としても失敗している。マーモーは、以上の五つの見解を詳細に分析することを通じて、記述的テーゼおよび記述的法実証主義の擁護論を展開するのである。

　なお、マーモーは、「記述的で、道徳的に中立的な法実証主義の法理論」を擁護するけれども、法の性質についての説明に、何らかの「評価」――それは必ずしも道徳的な評価ではない――が入ってくることを示唆している。彼が示唆する、「法の性質についての説明における評価の役割」については、ラズによる議論を参照しながら、本章の第4節で若干の検討を行った。結局、法の性質についての説明に何らかの評価が入ってくるとしても、法実証主義

の法理論は、依然として記述的であり続けることができるのである。

さて、本章で取り上げたマーモーの議論は、記述的法実証主義の有力な擁護論の一つとして、理解することができるだろう。こうした理解をすることの根拠を示すために、ここではブライアン・ビックスの見解を参照しておこう。ビックスによると、ラズの理論は、法理論への彼自身のアプローチであるだけでなく、ハートおよびハート的伝統のなかで研究に従事している後進の論者たちを包む、分析的法哲学の伝統の解釈・擁護でもある（それぞれの論者がそのことを意図しているかは問題ではないとされる）。ラズのアプローチは以下の三つの挑戦を受けている。(1) 概念分析は哲学に対する不適切なアプローチである。(2) 概念分析は、哲学の他の領域で利点があるとしても、法学には適用することができない（あるいは、適用されるべきではない）。(3) 法の概念分析は道徳的評価によって補充される必要がある。本章の主題と関連する第三の挑戦は、ペリーによってなされている。ビックスがいうには、ラズは（ビックスの知る限りでは）ペリーの挑戦に詳細な回答を行っていないが、コールマンとマーモーが、ペリーの挑戦に応戦し、記述的ないし法実証主義的な概念分析（descriptive or legal positivist conceptual analysis）の可能性を擁護している[99]。以上のビックスの指摘から理解されるように、マーモーの論文は、ハートからラズへと引き継がれる「分析的法哲学の伝統」の擁護論として、位置づけることができると思われる。なお、ビックスはマーモーの著書に、以下の書評を寄せている。すなわち、「アンドレイ・マーモーは、法哲学と政治哲学の領域で現在執筆を行っている最も有能な学者の一人であり、H. L. A. ハートおよびジョセフ・ラズによって確立された伝統を受け継ぐのにふさわしい人物である」、と[100]。

---

99) Brian Bix, 'Joseph Raz and Conceptual Analysis', in *APA Newsletters*, vol. 6, no. 2 (2007), <http://c.ymcdn.com/sites/www.apaonline.org/resource/collection/305C30F7-608F-411F-9CFA-BE03BEBCE990/v06n2Law.pdf> (2014年4月29日最終検索), p. 4. ビックスはここで、コールマンの文献として以下をあげている。Jules Coleman, *The Practice of Principle, supra* note 37, pp. 207-210. ビックスは同箇所で、マーモーの文献としては、本章で取り上げたマーモーのLPをあげている。

100) Andrei Marmor, *Law in the Age of Pluralism, supra* note 12 の裏表紙（カバー）を参照。

以上で確認したように、マーモーの議論は、記述的法実証主義の有力な擁護論の一つとして捉えることができる。さらに、彼の議論は、複数の論者によって提示されている規範的法実証主義を、分析哲学の手法を用いて五つの見解に分類した上で、それぞれを詳細に検討している点においても、注目に値する[101]。ただし、以下で確認するように、彼の議論に対しては反論も予想される。

マーモーは、規範的法実証主義の第四および第五の見解に対して批判を行っているが、第五の見解（方法論についての議論）に対する批判については、例えばマコーミックからの反論がある。マコーミックによると、ハートの後継者たちのあいだで、法実証主義の法理論における方法（positivistic methodology）を、道徳的論拠によって基礎づける必要性があるか否かについての、論争が存する[102]。マコーミックは、その必要性があると主張するリーアム・マーフィーおよびウォルドロンの文献と、その必要性を強く否定するマーモーの文献に言及[103]した上で、ハートは晩年の著作（死後に刊行さ

---

101) もちろん、複数の論者によって提示された「規範的法実証主義」の内容は、きわめて多義的であるため、マーモーによる分類が適切であるというわけではないし、他の方法で分類することも可能であろう。例えばダニー・プリールは、マーモーによる分類を批判的に吟味している。Danny Priel, 'Evaluating Descriptive Jurisprudence', in *The American Journal of Jurisprudence*, vol. 52 (2007), pp. 140-145. とはいえ、複数の論者によって異なる動機に基づいて提示されつつある、多様な内容をもつ「規範的法実証主義」を、分析的に整理・分類したという意味において、マーモーの先駆的な試みはなおも参照に値すると思われる。

102) Neil MacCormick, *H. L. A. Hart*, second edition (Stanford, California: Stanford University Press, 2008), p. 209. なお、同書の初版——Neil MacCormick, *H. L. A. Hart* (London: Arnold Publishers, 1981; Stanford, California: Stanford University Press, 1981)——には、以下の邦訳がある。角田猛之編訳『ハート法理学の全体像』（晃洋書房、1996年）。本書で、同書の第二版を参照する場合に、記述が大幅に修正されていたり加筆されたりしている箇所については、当然ながらその箇所に対応する訳文が存在しないため、邦訳の頁数は記していない。

103) Neil MacCormick, *H. L. A. Hart*, second edition, *supra* note 102, note 15 at p. 235. マコーミックは、マーフィーとウォルドロンの文献については、以下を参照している。Liam Murphy, 'The Political Question of the Concept of Law', in Jules Coleman (ed.), *Hart's Postscript, supra* note 1; Jeremy Waldron, 'Normative (or Ethical) Positivism', *supra* note 1. マコーミックは、マーモーの文献についてはLPを参照している。

れた「補遺」のことであると思われる）においても、彼（ハート）自身の法理論の方法を道徳的論拠によって基礎づける必要性を否定していたとは思えないと、述べている[104]。マコーミック本人は、自身の法理論の方法を道徳的論拠によって基礎づけるための議論を行っている[105]。したがって彼は、方法論についての議論（法実証主義の記述的内容が正しいかについての判定は、道徳的・政治的な規範的主張に必然的に依拠する）を否定するマーモーの側ではなく、その議論を肯定するマーフィーやウォルドロンの側に立っていると思われる[106]——ただし、晩年のマコーミックは、かつて擁護したハート的な法実証主義からは距離を取るに至っている[107]。

さて、マーモーによる、法実証主義は「法の性質についての記述的で、道徳的に中立な理論」として、最も適切に理解できるというテーゼの擁護論に対しても、反論が予想される。例えばR. ドゥオーキンは、法の概念を価値中立的に記述するハートの試みを、実践（practice）の外部ないし高い位置から裁判官の活動を見下ろすある種のアルキメデス主義（Archimedeanism）であるとして、痛烈に批判している[108]。ドゥオーキンは、ラズやコールマ

---

104) Neil MacCormick, *H. L. A. Hart*, second edition, *supra* note 102, p. 209
105) Ibid. マコーミックの見解の詳細については以下を参照。Neil MacCormick, *Institutions of Law: An Essay in Legal Theory* (Oxford: Oxford University Press, 2007), pp. 293-298.
106) マーモーの分析によれば、マコーミックは、法実証主義を規範的理論として擁護しようとする複数の見解のなかで、第一、第二、ないし第三の見解を支持していると解することができる（本章の注（50）を参照）。マコーミックはさらに、法実証主義を規範的理論として擁護しようとする第五の見解（方法論についての議論）を支持しているように見受けられる（本章の注（102）および注（105）にあげた諸文献を参照）。
107) マコーミックは、「私の思考の軌跡は、ハートによって説明された法実証主義のいくつかの要素から離れている」と述べている。Neil MacCormick, *Rhetoric and the Rule of Law*, *supra* note 50, p. 1.
108) Ronald Dworkin, *Justice in Robes* (Cambridge, Mass.: Harvard University Press, 2006), ch. 6. 宇佐美誠訳『裁判の正義』（木鐸社、2009年）第6章。ドゥオーキンは、メタ倫理学の領域におけるアルキメデス主義を、以下の論文で批判している。Ronald Dworkin, 'Objectivity and Truth: You'd Better Believe It', in *Philosophy and Public Affairs*, vol. 25, no. 2 (1996). 本論文の紹介として、中山竜一『二十世紀の法思想』（岩波書店、2000年）98頁の注（17）および髙橋秀治「メタ倫理学はどのように規範倫理学なのか？——ドゥオーキンのアルキメデス主義批判とその射程」宇佐美誠・濱真一

ンによる法の概念の記述の試みに対しても、批判的なコメントを寄せている[109]。ドゥオーキンからの、ハート、ラズおよびコールマンに対する批判は、当然ながら、マーモーにも向けられるであろう。

今後、マコーミックやドゥオーキンの以上の見解を踏まえた上で、法実証主義の「法と道徳分離論」を、記述的テーゼと規範的テーゼのいずれとして理解すべきであるかという問題について、慎重に検討する必要があると思われる。なお、この問題を検討する際には、ラズの議論が参照に値するだろう。というのも、本章の第4節で若干ながら検討したように、ラズは、法の性質についての理論における評価の役割にかんする分析[110]を行っているし、近年は、法理論の性質にかんする方法論的な考察[111]にも従事しているからである。

本章で確認したように、近年、法実証主義における「法と道徳分離論」を規範的テーゼとして捉えようとする動きが、少なからぬ影響力を獲得しつつある。しかしながら、マーモーの議論に照らせば、その動きは必ずしも一枚岩ではない。さらに、法の性質についての説明に何らかの評価が入ってくるとしても、法実証主義の法理論は、依然として記述的で、道徳的に中立的であり続けることができるのである。

郎編著『ドゥオーキン――法哲学と政治哲学』（勁草書房、2011年）を参照。ドゥオーキンのアルキメデス主義批判の簡潔な紹介としては、以下の文献がある。Arthur Ripstein, 'Introduction: Anti-Archimedeanism', in Arthur Ripstein (ed.), *Ronald Dworkin* (Cambridge et al.: Cambridge University Press, 2007). ドゥオーキンの最近の議論の特徴については、長谷川晃「解釈的法思考の基底――哲学的解釈学から解釈的価値論へ」青井秀夫・陶久利彦編『ドイツ法理論との対話』（東北大学出版会、2009年）317-325頁を参照。

109) Ronald Dworkin, *Justice in Robes, supra* note 108, ch. 7.
110) Joseph Raz, 'Authority, Law, and Morality', *supra* note 21, pp. 235-237. 邦訳、193-197頁; Joseph Raz, 'The Problem about the Nature of Law', *supra* note 82, pp. 208-209. 邦訳、56-58頁。
111) Joseph Raz, 'Can There be a Theory of Law?' in Joseph Raz, *Between Authority and Interpretation, supra* note 85; Joseph Raz, 'Two Views of the Nature of the Theory of Law', *supra* note 85.

参考文献一覧

Austin, John (1879). *Lectures on Jurisprudence, or The Philosophy of Positive Law*, fourth edition, two volumes, edited by Robert Campbell (London: John Murray; reprint, Bristol: Thoemmes Press, 1996).
─── (1954). *The Province of Jurisprudence Determined*, edited by H. L. A. Hart (London: Weidenfield and Nicolson).
Bentham, Jeremy (1970). *Of Laws in General*, edited by H. L. A. Hart (London: Athlone Press).
─── (1996). *An Introduction to the Principles of Morals and Legislation*, edited by J. H. Burns and H. L. A. Hart, with a new introduction by F. Rosen (Oxford: Clarendon Press).
Berlin, Isaiah (1978). *Concepts and Categories: Philosophical Essays*, edited by Henry Hardy (London: Hogarth Press).
Bix, Brian (2007). 'Joseph Raz and Conceptual Analysis', in *APA Newsletters*, vol. 6, no. 2, <http://c.ymcdn.com/sites/www.apaonline.org/resourse/collection/305C30F7-608F-411F-9CFA-BE03BEBCE990/v06n2Law.pdf> (2014年4月29日最終検索)。
─── (2009). *Jurisprudence: Theory and Context*, fifth edition (Durham, North Carolina: Carolina Academic Press).
Bix, Brian (ed.) (1998). *Analyzing Law: New Essays in Legal Theory* (Oxford: Clarendon Press).
Campbell, Tom (1996). *The Legal Theory of Ethical Positivism* (Aldershot, Brooksfield USA, Singapore, and Sydney: Dartmouth).
─── (2000). 'Democratic Aspects of Ethical Positivism', in Tom Campbell and Jeffrey Goldsworthy (eds.), *Judicial Power, Democracy and Legal Positivism* (Aldershot, Brookfield USA, Singapore and Sydney: Ashgate/Dartmouth).
─── (2004). *Prescriptive Legal Positivism: Law, Rights and Democracy* (London: UCL Press).
Coleman, Jules (1988). 'Negative and Positive Positivism', in Jules Coleman, *Markets, Morals and the Law* (Cambridge et al.: Cambridge University Press).

―――― (2001). *The Practice of Principle: In Defence of a Pragmatist Approach to Legal Theory* (Oxford: Oxford University Press).

Coleman, Jules (ed.) (2001). *Hart's Postscript: Essays on the Postscript to the Concept of Law* (Oxford: Oxford University Press).

Dan-Cohen, Meir (2002). 'Decision Rules and Conduct Rules: On Acoustic Separation in Criminal Law', in Meir Dan-Cohen, *Harmful Thoughts* (Princeton, NJ: Princeton University Press).

Dickson, Julie (2001). *Evaluation and Legal Theory* (Oxford and Portland, Oregon: Hart Publishing).

―――― (2004). 'Methodology in Jurisprudence: A Critical Survey', in *Legal Theory*, vol. 10, no. 3.

―――― (2006). 'Descriptive Legal Theory', in *IVR Encyclopedia of Jurisprudence, Legal Theory and Philosophy of Law* <http://ivr-enc.info/index.php?title=Descriptive_Legal_Theory>（2014年2月2日最終検索）。

―――― (2007). 'Is the Rule of Recognition Really a Conventional Rule?', in *Oxford Journal of Legal Studies*, vol. 27, no. 3.

―――― (2012). 'Legal Positivism: Contemporary Debates', in Andrei Marmor (ed.), *The Routledge Companion to Philosophy of Law* (New York and London: Routledge).

Dworkin, Ronald (1978a). *Taking Rights Seriously*, with a new appendix, a response to critics (Cambridge, Mass., Harvard University Press; first published in 1977). 木下毅・小林公・野坂泰司訳『権利論〔増補版〕』（木鐸社、2003年）、小林公訳『権利論Ⅱ』（木鐸社、2001年）。

―――― (1978b). 'The Model of Rules I', in Ronald Dworkin, *Taking Rights Seriously*, with a new appendix, a response to critics (Cambridge, Mass: Harvard University Press,). 小林公訳「ルールのモデルⅠ」、ロナルド・ドゥウォーキン著、木下毅・小林公・野坂泰司訳『権利論〔増補版〕』（木鐸社、2003年）。

―――― (1978c). 'The Model of Rules II', in Ronald Dworkin, *Taking Rights Seriously*, with a new appendix, a response to critics (Cambridge, Mass: Harvard University Press). 小林公訳「ルールのモデルⅡ」、ロナルド・ドゥウォーキン著、木下毅・小林公・野坂泰司訳『権利論〔増補版〕』（木鐸社、2003年）。

―――― (1978d). 'Hard Cases', in Roanld Dworkin, *Taking Rights Seriously*, with a new appendix, a response to critics (Cambridge, Mass: Harvard University Press). 木下毅・小林公訳「難解な事案」、ロナルド・ドゥオーキン著、木下毅・小林公・野坂泰司訳『権利論〔増補版〕』（木鐸社、2003年）。

─── (1978e). 'Can Rights be Controversial?' in Ronald Dworkin, *Taking Rights Seriously*, with a new appendix, a response to critics (Cambridge, Mass.: Harvard University Press). 小林公訳「権利には異論の余地がありうるか」、ドナルド・ドゥオーキン著、小林公訳『権利論II』（木鐸社、2001年）。

─── (1986a). *A Matter of Principle* (Cambridge, Mass.: Harvard University Press). 森村進・鳥澤円訳『原理の問題』（岩波書店、2012年）。

─── (1986b). 'Is There Really No Right Answer in Hard Cases?' in Ronald Dworkin, *A Matter of Principle* (Cambridge, Mass.: Harvard University Press). 森村進・鳥澤円訳「ハード・ケースには本当に正しい答えがないのか？」、ロナルド・ドゥオーキン著、森村進・鳥澤円訳『原理の問題』（岩波書店、2012年）。

─── (1986c). *Law's Empire* (Cambridge, Mass.: Harvard University Press). 小林公訳『法の帝国』（未來社、1995年）。

─── (1996). 'Objectiviet and Truth: You'd Better Believe It', *Philosophy and Public Affairs*, vol. 25, no. 2.

─── (2006a). *Justice in Robes* (Cambridge, Mass.: Harvard University Press). 宇佐美誠訳『裁判の正義』（木鐸社、2009年）。

─── (2006b). 'Hart's Postscript and the Character of Political Philosophy', in Ronald Dworkin, *Justice in Robes* (Cambridge, Mass.: Harrard University Press). 宇佐美誠訳「ハートの補遺と政治哲学の要点」、ロナルド・ドゥウォーキン著、宇佐美誠訳『裁判の正義』（木鐸社、2009年）。

─── (2006c). 'Hart and the Concepts of Law', in *Harvard Law Review Forum*, vol. 119 <http://www.harvardlawreview.org/media/pdf/dworkin.pdf> （2010年5月14日最終検索）。

Elster, Jon (2000). *Ulysses Unbound: Studies in Rationality, Precommitment, and Constraints* (Cambridge: Cambridge University Press).

Ely, John Hart (1980). *Democracy and Distrus: A Theory of Judicial Review* (Cambridge, Mass.: Harvard University Press). 佐藤幸治・松井茂記訳『民主主義と司法審査』（成文堂、1990年）。

Finnis, John (2011). *Natural Law and Natural Rights*, second edition (Oxford: Oxford University Press).

―――― (2012). 'Natural Law Theory: Its Past and Its Present', in Andrei Marmor (ed.), *The Routledge Companion to Philosophy of Law* (New York and London: Routledge).

Fuller, Lon L. (1969). *The Morality of Law*, revised edition (New Haven and London: Yale University Press). 稲垣良典訳『法と道徳』(有斐閣、1968年)。

Gallie, W. B. (1956). 'Essentially Contested Concepts', in *Proceedings of the Aristotelian Society*, vol. 56.

Gardner, John (2001). 'Legal Positivism 5 1/2', in *The American Journal of Jurisprudence*, vol. 46.

Goldsworthy, Jeffrey (2000). 'Preface', in Tom Campbell and Jeffrey Goldsworthy (eds.), *Judicial Power, Democracy and Legal Positivism* (Aldershot, Brookfield USA, Singapore and Sydney: Ashgate/Dartmouth).

Green, Leslie (1996). 'The Concept of Law Revisited', in *Michigan Law Review*, vol. 94, no. 6.

―――― (1999). 'Positivism and Conventionalism', in *Canadian Journal of Law and Jurisprudence*, vol. 12, no. 1.

Grice, Paul (1989). *Studies in the Way of Words* (Cambridge, Mass. and London: Harvard University Press). 清塚邦彦訳『論理と会話』(勁草書房、1998年)。

Guest, Stephen (1996). 'Two Strands in Hart's Theory of Law: A Comment on the *Postscript* to Hart's *The Concept of Law*', in Stephen Guest (ed.), *Positivism Today* (Aldershot: Dartmouth Publishing).

Hart, H. L. A. (1982). *Essays on Bentham: Jurisprudence and Political Theory* (Oxford: Oxford University Press).

―――― (1983a). *Essays in Jurisprudence and Philosophy* (Oxford: Clarendon Press). 矢崎光圀・松浦好治訳者代表『法学・哲学論集』(みすず書房、1990年)。

―――― (1983b). 'Positivism and the Separation of Law and Morals', in H. L. A. Hart, *Essays in Jurisprudence and Philosophy* (Oxford: Clarendon Press). 上山友一・松浦好治訳「法実証主義と法・道徳分離論」、H. L. A. ハート著、矢崎光圀・松浦好治訳者代表『法学・哲学論集』(みすず書房、1990年)。

―――― (1983c). 'Lon L. Fuller: *The Morality of Law*', in H. L. A. Hart, *Essays in Jurisprudence and Philosophy* (Oxford: Clarendon Press). 小林和之・松浦好治訳「ロン・L. フラー著『法と道徳』」矢崎光圀・松浦好治訳者代表『法学・哲学論集』(みすず書房、1990年)。

―――― (1987). 'Comment', in Ruth Gavison (ed.), *Issues in Contemporary Legal Philosophy: The Influence of H. L. A. Hart* (Oxford: Clarendon Press).

―――― (2012a). *The Concept of Law*, third edition (Oxford: Oxford University Press). 矢崎光圀監訳『法の概念』(みすず書房、1976年)。

―――― (2012b). 'Postscript', in H. L. A. Hart, *The Concept of Law*, third edition (Oxford: Oxford University Press). 布川玲子・高橋秀治訳「『法の概念』第二版追記 上」みすず438号(1997年)、高橋秀治訳「『法の概念』第二版追記 下」みすず439号(1997年)。

Kelsen, Hans (1934). *Reine Rechtslehle: Einleitung in die rechtswissenschaftliche Problematik* (Leipzig: Franz Deuticke). 横田喜三郎訳『純粹法學』(岩波書店、1935年)。

―――― (1949). *General Theory of Law and State*, translated by Anders Wedberg (Cambridge, Mass.: Harvard University Press). 尾吹善人訳『法と国家の一般理論』(木鐸社、1991年)。

―――― (1960). *Reine Rechtslehre: mit einem Anhang, Das Problem der Gerechtigkeit*, 2. Aufl. (Wien: Deuticke). 長尾龍一訳『純粋法学 第二版』(岩波書店、2014年)。

Kramer, Matthew H. (1999). *In Defense of Legal Positivism: Law Without Trimmings* (Oxford: Oxford University Press).

―――― (2004). *Where Law and Morality Meet* (Oxford: Oxford University Press).

Lacey, Nicola (2004). *A Life of H. L. A. Hart: The Nightmare and the Noble Dream* (Oxford: Oxford University Press).

Leiter, Brian (2003). 'Beyond the Hart/Dworkin Debate: The Methodology Problem in Jurisprudence', in *The American Journal of Jurisprudence*, vol. 48.

Lyons, David (1977). 'Principles, Positivism, and Legal Theory', in *Yale Law Journal*, vol. 87, no. 2.

MacCormick, Neil (1985). 'A Moralistic Case for A-Moralistic Law?' *Valparaiso Law Review*, Vol. 20, no. 1.

―――― (2005). *Rhetoric and the Rule of Law: A Theory of Legal Reasoning* (Oxford: Oxford University Press).

―――― (2007). *Institutions of Law: An Essay in Legal Theory* (Oxford: Oxford University Press).

―――― (2008). *H. L. A. Hart*, second edition (Stanford, California: Stanford University Press). なお、同書の初版――Neil MacCormick, *H. L. A. Hart* (London: Arnold Publishers, 1981; Stanford, California: Stanford University Press, 1981) ――には、以下の邦訳がある。角田猛之編訳『ハート法理学の全体像』（晃洋書房、1996年）。

Marmor, Andrei (2001a). *Positive Law and Objective Values* (Oxford: Clarendon Press).

―――― (2001b). 'Conventions and the Normativity of Law', in Andrei Marmor, *Positive Law and Objective Values* (Oxford: Clarendon Press).

―――― (2001c). 'Constitutive Conventions', in Andrei Marmor, *Positive Law and Objective Values* (Oxford: Clarendon Press).

―――― (2001d). 'Exclusive Legal Positivism', in Andrei Marmor, *Positive Law and Objective Values* (Oxford: Clarendon Press).

―――― (2001e). 'The Separation Thesis and the Limits of Interpretation', in Andrei Marmor, *Positive Law and Objective Values* (Oxford: Clarendon Press).

―――― (2005). *Interpretation and Legal Theory*, revised second edition (Oxford and Portland, Oregon: Hart Publishing; first edition first published by Oxford: Clarendon Press, 1992).

―――― (2007a). *Law in the Age of Pluralism* (New York: Oxford University Press).

―――― (2007b). Andrei Marmor, 'Introduction', in Andrei Marmr, *Law in the Age of Pluralism* (New York: Oxford University Press).

―――― (2007c). 'The Rule of Law and Its Limits', in Andrei Marmor, *Law in the Age of Pluralism* (New York: Oxford University Press).

―――― (2007d). 'Should We Value Legislative Integrity?' in Andrei Marmor, *Law in the Age of Pluralism* (New York: Oxford University Press).

―――― (2007e). 'Are Constitutions Legitimate?' in Andrei Marmor, *Law in the Age of Pluralism* (New York: Oxford University Press).

―――― (2007f). 'Legal Positivism: Still Descriptive and Morally Neutral', in Andrei Marmor, *Law in the Age of Pluralism* (New York: Oxford University Press).

―――― (2007g). 'How Law is Like Chess', in Andrei Marmor, *Law in the Age of Pluralism* (New York: Oxford University Press).

―――― (2008). 'The Pragmatics of Legal Language', in *Ratio Juris*, vol. 21, no. 4.

―――― (2009). *Social Conventions: From Language to Law* (Princeton and Oxford: Princeton University Press).

―――― (2011a). *Philosophy of Law* (Princeton, NJ and Oxford: Princeton University Press).

―――― (2011b). 'The Language of Law', in Andrei Marmor, *Philosophy of Law* (Princeton, NJ and Oxford: Princeton University Press).

―――― (2011c). 'Can the Law Imply More Than It Says?: On Some Pragmatic Aspects of Strategic Speech', in Andrei Marmor and Scott Soames (eds.), *Philosophical Foundations of Language in the Law* (Oxford and New York: Oxford University Press).

Murphy, Liam (2001). 'The Political Question of the Concept of Law', in Jules Coleman (ed.), *Hart's Postscript: Essays on the Postscript to the* Concept of Law (Oxford: Oxford University Press).

Nagel, Thomas (1979). 'The Fragmentation of Values', in Thomas Nagel, *Mortal Questions* (Cambridge: Cambridge University Press). 永井均訳「価値の分裂」トマス・ネーゲル著、永井均訳『コウモリであるとはどのようなことか』（勁草書房、1989年）。

Ohya, Takehiro (2009). 'Twisted Diet: A Failure in Legislating Politics in Japan', in *Legisprudence: International Journal for the Study of Legislation*, vol. 2, no. 3.

Perry, Stephen (1995). 'Interpretation and Methodology in Legal Theory', in Andrei Marmor (ed.), *Law and Interpretation: Essays in Legal Philosophy* (Oxford: Clarendon Press).

―――― (2001). 'Hart's Methodological Positivism', in Jules Coleman (ed.), *Hart's Postscript: Essays on the Postscript to the* Concept of Law (Oxford: Oxford University Press).

Postema, Gerald (1986). *Bentham and the Common Law Tradition* (Oxford: Clarendon Press).

―――― (2012). 'Legal Positivism: Early Foundations', in Andrei Marmor (ed.), *The Routledge Companion to Philosophy of Law* (New York and London: Routledge).

Priel, Danny (2007). 'Evaluating Descriptive Jurisprudence', in *The American Journal of Jurisprudence*, vol. 52.

Rawls, John (1996). *Political Liberalism*, paperback edition (New York: Columbia University Press; First published in 1993).

―――― (1999). *A Theory of Justice*, revised edition (Cambridge, Mass.: Harvard University Press). 川本隆史・福間聡・神島裕子訳『正義論〔改訂版〕』(紀伊國屋書店、2010年)。

Raz, Joseph (1990). *Practical Reason and Norms*, second edition (Princeton, NJ: Princeton University Press; Oxford: Oxford University Press, 1999; first edition first published by London: Hutchinson, 1975)、

―――― (1995a). *Ethics in the Public Domain: Essays in the Morality of Law and Politics*, revised edition (Oxford: Clarendon Press; first edition first published in 1994). (第2版では新たな一章が加わっているため、初版とは第2章以降の頁数が異なる。)

―――― (1995b). 'The Problem about the Nature of Law', in Joseph Raz, *Ethics in the Public Domain: Essays in the Morality of Law and Politics*, revised edition (Oxford: Clarendon Press). 山﨑康仕訳「法の性質に関する理論」、ジョセフ・ラズ著、深田三徳編訳『権威としての法――法理学論集』(勁草書房、1994年)。

―――― (1995c). 'Authority, Law, and Morality', in Joseph Raz, *Ethics in the Public Domain: Essays in the Morality of Law and Politics*, revised edition (Oxford: Clarendon Press). 深田三徳訳「権威・法・道徳」、ジョゼフ・ラズ著、深田三徳編訳『権威としての法――法理学論集』(頸草書房、1994年)。

―――― (1995d). 'The Relevance of Coherence', in Joseph Raz, *Ethics in the Public Domain: Essays in the Morality of Law and Politics*, revised edition (Oxford: Clarendon Press).

―――― (1995e). 'On the Autonomy of Legal Reasoning', in Joseph Raz, *Ethics in the Public Domain: Essays in the Morality of Law and Politics*, revised edition (Oxford: Clarendon Press). 石井幸三訳「法的推論の自律性について」、ジョセフ・ラズ著、深田三徳編訳『権威としての法――法理学論集』(勁草書房、1994年)。

―――― (1999). *Engaging Reason: On the Theory of Value and Action* (Oxford: Oxford University Press).

―――― (2009a). *The Authority of Law: Essays on Law and Morality*, second edition (Oxford: Oxford University Press; first edition first published in 1979).

―――― (2009b). 'Preface to the First Edition', in Joseph Raz, *The Authority of*

　　　　　　 Law: Essays on Law and Morality, second edition (Oxford: Oxford University Press).

―――― (2009c). 'The Claims of Law', in Joseph Raz, *The Authority of Law: Essays on Law and Morality*, second edition (Oxford: Oxford University Press).

―――― (2009d). 'Legal Positivism and the Sources of Law', in Joseph Raz, *The Authority of Law: Essays on Law and Morality*, second edition (Oxford: Oxford University Press).

―――― (2009e). 'Legal Validity', in Joseph Raz, *The Authority of Law: Essays on Law and Morality*, second edition (Oxford: Oxford University Press). 中山竜一訳「法的妥当性」、ジョセフ・ラズ著、深田三徳編訳『権威としての法――法理学論集』（勁草書房、1994年）。

―――― (2009f). 'The Functions of Law', in Joseph Raz, *The Authority of Law: Essays on Law and Morality*, second edition (Oxford: Oxford University Press).

―――― (2009g). 'The Rule of Law and Its Virtue', in Joseph Raz, *The Authority of Law: Essays on Law and Morality*, second edition (Oxford: Oxford University Press).

―――― (2009h). *Between Authority and Interpretation: On the Theory of Law and Practical Reason* (Oxford: Oxford University Press).

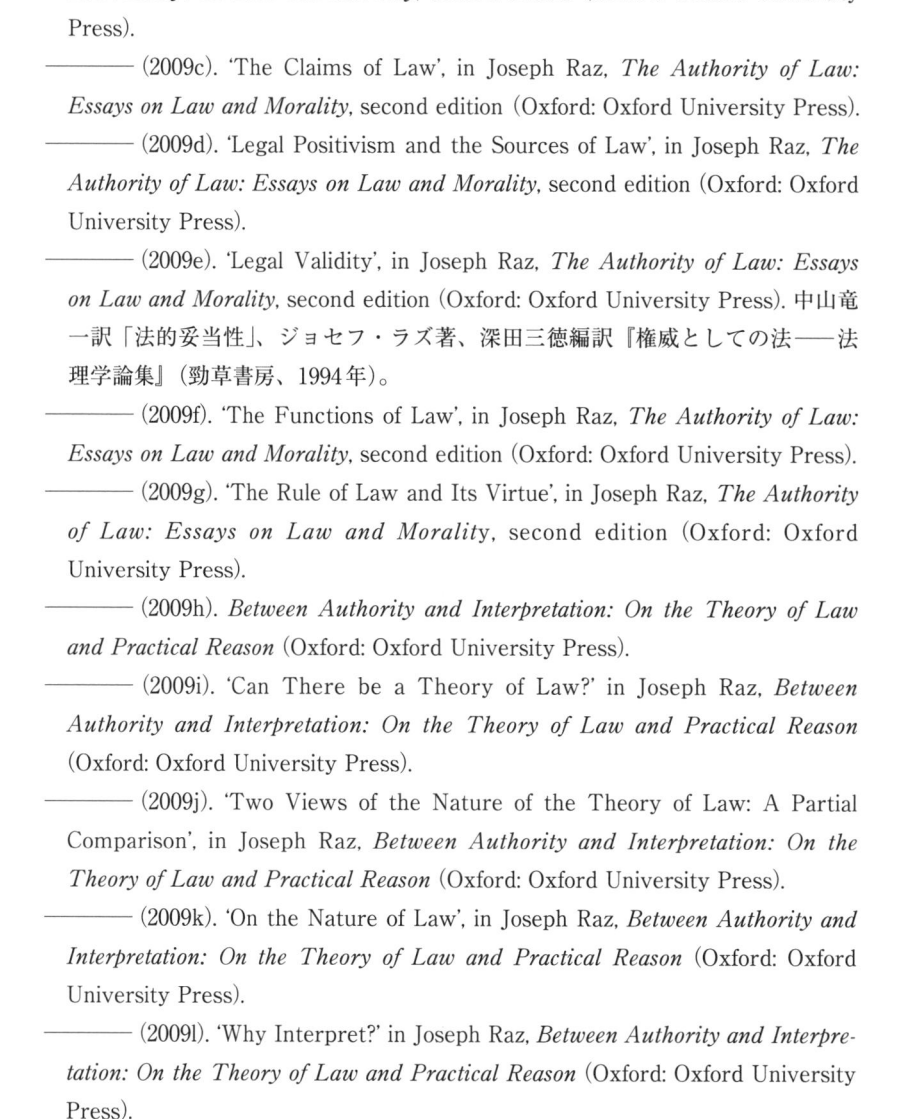

―――― (2009i). 'Can There be a Theory of Law?' in Joseph Raz, *Between Authority and Interpretation: On the Theory of Law and Practical Reason* (Oxford: Oxford University Press).

―――― (2009j). 'Two Views of the Nature of the Theory of Law: A Partial Comparison', in Joseph Raz, *Between Authority and Interpretation: On the Theory of Law and Practical Reason* (Oxford: Oxford University Press).

―――― (2009k). 'On the Nature of Law', in Joseph Raz, *Between Authority and Interpretation: On the Theory of Law and Practical Reason* (Oxford: Oxford University Press).

―――― (2009l). 'Why Interpret?' in Joseph Raz, *Between Authority and Interpretation: On the Theory of Law and Practical Reason* (Oxford: Oxford University Press).

―――― (2009m). 'Intention in Interpretation', in Joseph Raz, *Between Authority and Interpretation: On the Theory of Law and Practical Reason* (Oxford: Oxford University Press).

―――― (2009n). 'Interpretation: Pluralism and Innovation', in Joseph Raz, *Between Authority and Interpretation: On the Theory of Law and Practical Reason* (Oxford: Oxford University Press).

―――― (2009o). 'On the Authority and Interpretation of Constitution', in Joseph Raz, *Between Authority and Interpretation: On the Theory of Law and Practical Reason* (Oxford: Oxford University Press).

Ripstein, Arthur (2007). 'Introduction: Anti-Archimedeanism', in Arthur Ripstein (ed.), *Roland Dworkin* (New York: Cambridge University Press).

Shapiro, Scott (1998). 'The Difference that Rules Make', in Brian Bix (ed.), *Analyzing Law: New Essays in Legal Theory* (Oxford: Clarendon Press).

―――― (2001). 'On Hart's Way Out', in Jules Coleman (ed.), *Hart's Postscript: Essays on the Postscript to the* Concept of Law (Oxford: Oxford University Press).

Shauer, Frederic (1998). 'Positivism Through Thick and Thin', in Brian Bix (ed.), *Analyzing Law: New Essays in Legal Theory* (Oxford: Clarendon Press).

Soames, Scott (2009). 'Presuppositions', in Scott Soames, *Philosophical Essays*, vol. 1 (Princeton, NJ: Princeton University Press).

Soper, Philip (1984). 'Legal Theory and the Obligation of a Judge: The Hart/Dworkin Dispute', in Marshall Cohen (ed.), *Ronald Dworkin and Contemporary Jurisprudence* (Totowa, N. J.: Rowman & Allanheld).

―――― (1987). 'Choosing a Legal Theory on Moral Grounds', in Jules Coleman and E. F. Paul (eds.), *Philosophy and Law* (Oxford: Blackwell).

Toh, Kevin (2005). 'Hart's Expressivism and His Benthamite Project', in *Legal Theory*, vol. 11, no. 2.

Waismann, Friedrich (1951). 'Verifiability', in Antony Flew (ed.), *Essays on Logic and Lanuguage*, vol. 1 (Oxford: Basil Blackwell).

Waluchow, W. J. (1994). *Inclusive Legal Positivism* (Oxford: Clarendon Press).

―――― (2007). *A Common Law Theory of Judicial Review: The Living Tree* (Cambridge: Cambridge University Press).

Waldron, Jeremy (1999a). *Law and Disagreement* (Oxford and New York: Oxford University Press).

―――― (1999b). *The Dignity of Legislation* (Cambridge: Cambridge University Press). 長谷部恭男・愛敬浩二・谷口功一訳『立法の復権――議会主義の政治哲

学』（岩波書店、2003年）。
——— (2001). 'Normative (or Ethical) Positivism', in Jules Coleman (ed.), *Hart's Postscript: Essays on the Postscript to the* Concept of Law (Oxford: Oxford University Press).
——— (2002). 'Legislation by Assembly', in Tom Campbell and Jeffrey Goldsworthy (eds.), *Judicial Power, Democracy and Legal Positivism* (Aldershot, Brookfield USA, Singapore and Sydney: Ashgate/Dartmouth).
Williams, Bernard (1981). 'Conflicts of Values', in Bernard Williams, *Moral Luck: Philosophical Papers 1973-1980* (Cambridge: Cambridge University Press).
Wintgens, Luc J. (2006). 'Legisprudence as a New Theory of Legislation', in *Ratio Juris*, vol. 19, no. 1.
Wittgenstein, Ludwig (2009). *Philosophical Investigations*, revised fourth edition, edited by P. M. S. Hacker and Joachim Shulte (Oxford: Wiley-Blackwell). 藤本隆志訳『哲学探究（ウィトゲンシュタイン全集8）』（大修館書店、1976年）。

愛敬浩二 (2004).「プリコミットメント論と憲法学」長谷部恭男・金泰昌編『法律から考える公共性（公共哲学12）』（東京大学出版会）。
——— (2010).「科学より哲学へ——憲法学の発展？」憲法理論研究会編『憲法学の未来』（敬文堂）。
青井秀夫 (2007).『法理学概説』（有斐閣）。
阿南成一 (1991).『現代自然法論の課題』（成文堂）。
安藤馨 (2013).「メタ倫理学と法概念論」論究ジュリスト6号。
伊勢田哲治 (2008).『動物からの倫理学入門』（名古屋大学出版会）。
伊藤光利・田中愛治・真渕勝 (2000).『政治過程論』（有斐閣アルマ）。
井上達夫 (1985-1987).「規範と法命題 (1)-(4・完)——現代法哲学の基本問題への規範理論的接近」国家学会雑誌98巻11・12号（1985年）、99巻5・6号（1986年）、99巻11・12号（1986年）、100巻3・4号（1987年）。
——— (2003).『法という企て』（東京大学出版会）。
——— (2007).「憲法の公共性はいかにして可能か」井上達夫編『立憲主義の哲学的問題地平（岩波講座　憲法1）』（岩波書店）。
——— (2008a).「特集にあたって」ジュリスト1369号。
——— (2008b).「立法学の現代的課題——議会民主政の再編と法理論の最定位」ジュリスト1356号。

植木一幹 (1994).「R. ドゥオーキンの『インテグリティとしての法』の理論に関する一考察——J. ハーバマスによる批判を手がかりに (1) (2)」法学論叢135巻4号、136巻3号。

宇佐美誠 (2011a).「ドゥオーキンの法哲学と政治哲学」宇佐美誠・濱真一郎編著『ドゥオーキン——法哲学と政治哲学』(勁草書房)。

——— (2011b).「法をめぐる見解の不一致」宇佐美誠・濱真一郎編著『ドゥオーキン——法哲学と政治哲学』(勁草書房)。

大屋雄裕 (2006).『法解釈の言語哲学——クリプキから根元的規約主義へ』(勁草書房)。

戒能通弘 (2007).『世界の立法者、ベンサム——功利主義法思想の再生』(日本評論社)。

亀本洋 (1997).「第9章 大陸の法学革新運動」田中成明・竹下賢・深田三徳・亀本洋・平野仁彦『法思想史〔第2版〕』(有斐閣)。

——— (2006).「司法裁量をめぐるR. ドゥオーキンとN. マコーミックの論争について」亀本洋『法的思考』(有斐閣)。

——— (2011).『法哲学』(成文堂)。

河見誠 (2009).『自然法論の必要性と可能性——新自然法論による客観的実質的価値提示』(成文堂)。

北村隆憲 (2007).「法科大学院及び法学部における法哲学関連科目に関する実態調査の概要」日本法哲学会編『法哲学と法学教育——ロースクール時代の中で(法哲学年報2006)』(有斐閣)。

葛生栄二郎 (1998).『自由社会の自然法論』(法律文化社)。

——— (2002).「自然法論と法実証主義」三島淑臣編『法哲学入門』(成文堂)。

小林公 (2009).『法哲学』(木鐸社)。

近藤圭介 (2011).「法体系の境界をめぐって (1) ——H. L. A. ハートの法理論・再考」法学論叢172巻2号。

阪口正二郎 (2011).『立憲主義と民主主義』(日本評論社)。

佐々木雅寿 (2007).「カナダ (解説)」高橋和之編『〔新版〕世界憲法集』(岩波文庫)。

高橋和之編 (2007).『〔新版〕世界憲法集』(岩波文庫)。

高橋秀治 (2004).「法・理由・権威——J. ラズの実証主義的法理論に関する一考察」三重大学法経論集21巻2号。

——— (2011).「メタ倫理学はどのように規範倫理学なのか?——ドゥオーキンによるアルキメデス主義批判とその射程」宇佐美誠・濱真一郎編著『ドゥオー

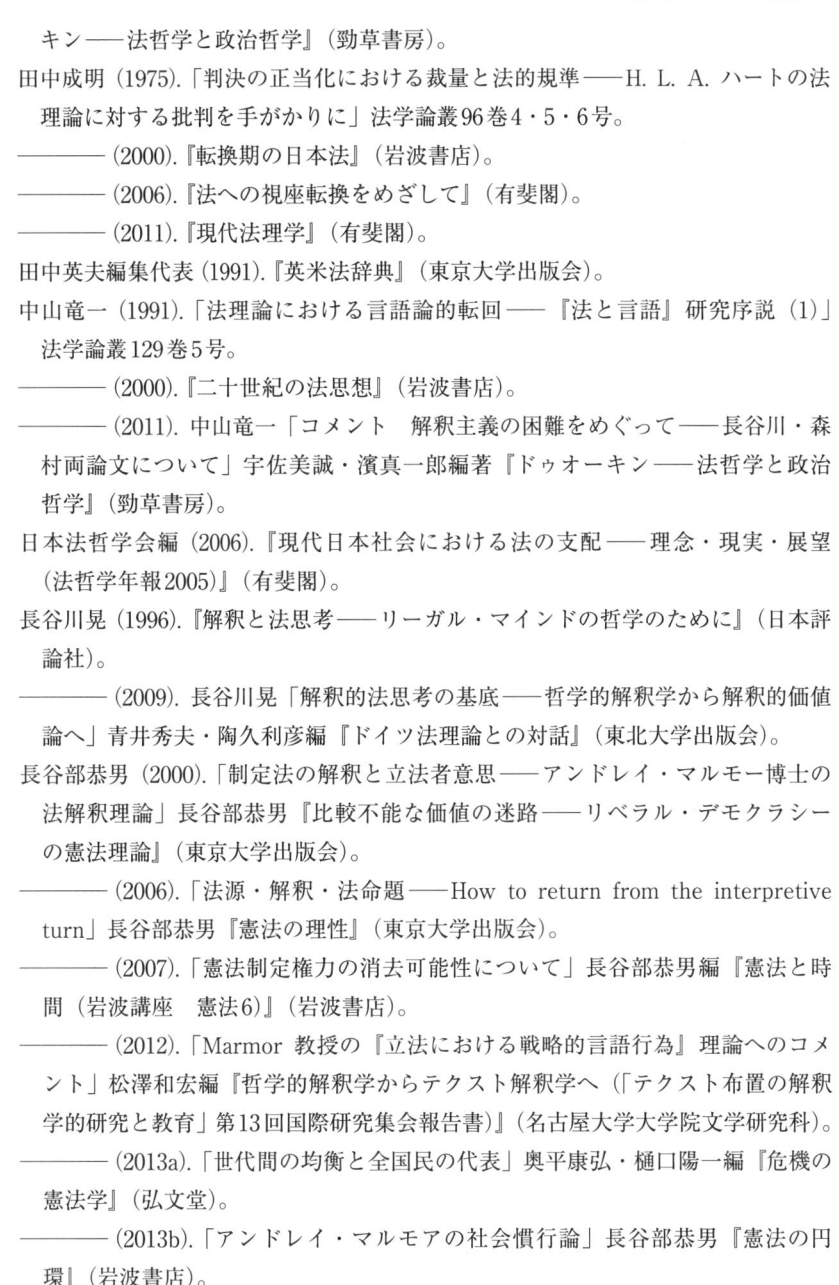

キン——法哲学と政治哲学』（勁草書房）。

田中成明 (1975).「判決の正当化における裁量と法的規準——H. L. A. ハートの法理論に対する批判を手がかりに」法学論叢96巻4・5・6号。

——— (2000).『転換期の日本法』（岩波書店）。

——— (2006).『法への視座転換をめざして』（有斐閣）。

——— (2011).『現代法理学』（有斐閣）。

田中英夫編集代表 (1991).『英米法辞典』（東京大学出版会）。

中山竜一 (1991).「法理論における言語論的転回——『法と言語』研究序説 (1)」法学論叢129巻5号。

——— (2000).『二十世紀の法思想』（岩波書店）。

——— (2011). 中山竜一「コメント　解釈主義の困難をめぐって——長谷川・森村両論文について」宇佐美誠・濱真一郎編著『ドゥオーキン——法哲学と政治哲学』（勁草書房）。

日本法哲学会編 (2006).『現代日本社会における法の支配——理念・現実・展望（法哲学年報2005）』（有斐閣）。

長谷川晃 (1996).『解釈と法思考——リーガル・マインドの哲学のために』（日本評論社）。

——— (2009). 長谷川晃「解釈的法思考の基底——哲学的解釈学から解釈的価値論へ」青井秀夫・陶久利彦編『ドイツ法理論との対話』（東北大学出版会）。

長谷部恭男 (2000).「制定法の解釈と立法者意思——アンドレイ・マルモー博士の法解釈理論」長谷部恭男『比較不能な価値の迷路——リベラル・デモクラシーの憲法理論』（東京大学出版会）。

——— (2006).「法源・解釈・法命題——How to return from the interpretive turn」長谷部恭男『憲法の理性』（東京大学出版会）。

——— (2007).「憲法制定権力の消去可能性について」長谷部恭男編『憲法と時間（岩波講座　憲法6)』（岩波書店）。

——— (2012).「Marmor 教授の『立法における戦略的言語行為』理論へのコメント」松澤和宏編『哲学的解釈学からテクスト解釈学へ（「テクスト布置の解釈学的研究と教育」第13回国際研究集会報告書）』（名古屋大学大学院文学研究科）。

——— (2013a).「世代間の均衡と全国民の代表」奥平康弘・樋口陽一編『危機の憲法学』（弘文堂）。

——— (2013b).「アンドレイ・マルモアの社会慣行論」長谷部恭男『憲法の円環』（岩波書店）。

濱真一郎 (2008).『バーリンの自由論——多元論的リベラリズムの系譜』(勁草書房)。
早川のぞみ (2011).「原理中心の法理論の特徴と可能性——法実証主義とドゥオーキンの対比から」宇佐美誠・濱真一郎編著『ドゥオーキン——法哲学と政治哲学』(勁草書房)。
平野仁彦 (1993).「法の解釈と整合性——R. ドゥオーキンの法解釈理論に即して」山下正男編『法的思考の研究』(京都大学人文科学研究所)。
深田三徳 (1983).『法実証主義論争——司法的裁量論批判』(法律文化社)。
——— (1984).『法実証主義と功利主義——ベンサムとその周辺』(木鐸社)。
——— (1987). 深田三徳「『自然法論と法実証主義』についての覚え書」同志社法学39巻1・2号。
——— (1988a).「法実証主義における『法と道徳分離論』と『源泉テーゼ』(1)」同志社法学40巻1号。
——— (1988b).「法実証主義における『法と道徳分離論』と『源泉テーゼ』(3)」同志社法学40巻4号。
——— (1994).「J. ラズの法理学について」、ジョセフ・ラズ著、深田三徳編訳『権威としての法——法理学論集』(勁草書房)。
——— (2004).『現代法理論論争——R. ドゥオーキン対法実証主義』(ミネルヴァ書房)。
——— (2007a).「現代の法哲学・法理論」深田三徳・濱真一郎編著『よくわかる法哲学・法思想』(ミネルヴァ書房)。
——— (2007b).「H. L. A. ハートの司法的裁量論」深田三徳・濱真一郎編著『よくわかる法哲学・法思想』(ミネルヴァ書房)。
丸祐一 (2003).「権威と原意——ジョセフ・ラズの解釈論と原意主義」日本法哲学会編『宗教と法——聖と俗の比較法文化 (法哲学年報2002)』(有斐閣)。
マルマー、アンドレイ著 (2012).「法における戦略的言語行為」森際康友・小林智・鈴木慎太郎訳、松澤和宏編『哲学的解釈学からテクスト解釈学へ (「テクスト布置の解釈学的研究と教育」第13回国際研究集会報告書)』(名古屋大学大学院文学研究科)。
御厨貴 (2014).「御厨貴の政界人物評論——第14回 脇雅史 官僚的匿名性を貫徹」毎日新聞2014年5月8日 (東京朝刊)。
水波朗 (1987).『トマス主義の法哲学——法哲学論文選』(九州大学出版会)。
森村進 (2011).「法は解釈的実践とは限らない」宇佐美誠・濱真一郎編著『ドゥオーキン——法哲学と政治哲学』(勁草書房)。

八木鉄男 (1962).『分析法学の潮流——法の概念を中心に』(ミネルヴァ書房)。
———— (1977).『分析法学の研究』(成文堂)。
矢崎光圀 (1963).『法実証主義——現代におけるその意味と機能』(日本評論社)。
山田秀 (2014).『ヨハネス・メスナーの自然法思想』(成文堂)。
横濱達也 (2010).「遵法責任論序説 (5) ——統治者に対する敬譲と法の内在的価値」國家学会雑誌123巻9・10号。
ヨンパルト、ホセ (1979).『実定法に内在する自然法——その歴史性と不変性』(有斐閣)。
ラズ、ジョセフ (1994).『権威としての法——法理学論集』深田三徳編訳 (勁草書房)。

人名索引

＊内容的に言及されている人名のみをあげた。

あ 行

愛敬浩二　17
井上達夫　17, 74
イリィ（Ely, John Hart）　125
ヴァイスマン（Waismann, Friedrich）　29
ウィトゲンシュタイン（Wittgenstein, Ludwig）　93, 94
ウォルドロン（Waldron, Jeremy）　14, 17, 18, 49, 111-113, 131, 182-183, 195, 201-202, 205, 210-211, 216-217
オースティン（Austin, John）　2, 4, 17, 26, 143, 159, 175-176, 186

か 行

ガードナー（Gardner, John）　8, 141, 158
亀本洋　10
ギャリー（Gallie, W. B.）　207-208
キャンベル（Campbell, Tom）　18, 111-113, 182, 183, 188, 191-193
グライス（Grice, Paul）　89, 99-100, 110
クレイマー（Kramer, Matthew H.）　9, 18, 180, 183
ゲスト（Guest, Stephen）　168
ケルゼン（Kelsen, Hans）　3, 159, 176, 185, 213
小林公　55
コールマン（Coleman, Jules）　5, 9, 18, 165, 177, 180, 183, 215, 217-218

さ 行

シャウアー（Shauer, Frederic）　9
シャピロ（Shapiro, Scott）　8, 180
ソーパー（Soper, Philip）　9, 180
ソームズ（Soames, Scott）　104

た 行

田中成明　54, 55
田中英夫　12
ディクソン（Dickson, Julie）　i, v, 18, 159, 161, 162, 163-168, 169, 170-172, 173, 183, 208, 212
ドゥオーキン（Dworkin, Ronald）　i, ii, iii, iv, 6, 7, 8, 9, 10, 11-13, 14-16, 17, 19, 23-26, 30-33, 34-35, 51, 54-56, 59, 66, 67-69, 74, 76, 85-86, 87, 90-91, 94, 111, 141-142, 144, 145-149, 150-153, 156, 157-158, 162-165, 178, 180, 181, 190, 192, 196-197, 201, 202-205, 206-207, 209, 217-218

な 行

中山竜一　29, 54

は 行

長谷部恭男　55, 65, 94, 105, 108
ハート（Hart, H. L. A.）　i, ii, iv, vi, 3-6, 7, 9-10, 11, 14, 16, 17, 18, 19, 23, 25, 26-29, 30, 31, 34-35, 51, 55, 56, 62-63, 87, 88, 98, 141-142, 143-145, 146, 147, 158, 159, 161-164, 171, 173, 175-178, 180-181, 183, 186, 189, 190, 192-194, 195-196, 198-200, 205, 209-210, 211, 213, 215, 216-218
バーリン（Berlin, Isaiah）　iii, 16, 48, 56, 70, 141-142
ビックス（Bix, Brian）　215
フィニス（Finnis, John）　163-165
深田三徳　17

フラー（Fuller, Lon L.）　61-64
ブラックストーン（Blackstone, William）　132
プリール（Priel, Danny）　216
ブロック（Bulloch, Penelope A.）　34
ペリー（Perry, Stephen）　18, 182, 195, 198-200, 205, 215
ベンサム（Bentham, Jeremy）　2, 3, 17-18, 153-154, 159, 175-176, 182-183, 186, 194
ポステマ（Postema, Gerald）　18, 182, 194
ホッブズ（Hobbes, Thomas）　182, 186

ま　行

マコーミック（MacCormick, Neil）　18, 168, 182, 189, 216-218
マーフィー（Murphy, Liam）　17, 168, 169, 216-217
マーモー（Marmor, Andrei）　i, iii-iv, v-vi, 5-6, 8, 10, 13, 18, 48, 56, 59-84, 85-113, 114-115, 117-119, 121, 123-127, 129, 131-136, 151-152, 165, 173, 177, 180, 183-199, 201-209, 211-218

御厨貴　56
ムーア（Moore, Michael）　201, 205

ら　行

ライアンズ（Lyons, David）　9, 180
ライター（Leiter, Brian）　170, 173
ラズ（Raz, Joseph）　i, ii, v-vi, 7, 8, 9, 13, 18, 23, 25, 26, 34-54, 56, 59-60, 62-63, 85, 87, 94-95, 123, 148, 150, 151, 155, 165, 167, 169, 170, 173, 179-180, 182, 185, 208-213, 215, 217-218
ルソー（Rousseau, Jean-Jacques）　131
ロールズ（Rawls, John）　iii, 13, 48, 55, 56, 61, 67, 70, 71-77, 83

わ　行

ワルチャウ（Waluchow, W. J.）　9, 130-131, 165-166, 180

事項索引

* とくに重要と思われる事項のみをあげた。
* とくに重要な箇所をあげるにとどめた。
* 注の部分については、内容的に言及されている事項のみをあげた。
* 項目（見出し語）そのものは、当該頁に見当たらない場合がある。

あ 行

アルキメデス主義　16, 141-142
安定性論法　121-122
暗黙に認められた不完全な決定　107-108

か 行

解釈多元論　34-51
解釈の遍在テーゼ　91
解釈を通しての議論　202-205
革新的解釈　38-47
価値多元論　iii, 60-61, 70-72, 75-78, 82, 120
頑強な憲法　115-117
間接的に評価的な法理論　163-167
機会論法　122
記述的テーゼ　182-183
記述的法理論　14-16, 145-147, 159-173
　——に対する三つの挑戦（疑念）　160-161
　——の「簡素な説明」の誤り　161-163
　——の機能　169-172
　——を擁護するための積極的言明　150-152
機能を通しての議論　198-201
規範的テーゼ　183
協調的情報交換　89-90
権威的意図テーゼ　35
言語の語用論的側面　88-89
源泉テーゼ（H. L. A. ハート）　147-148
源泉テーゼ（J. ラズ）　7, 148, 179
憲法の必須事項　73-74
言明
　外的——　154
　距離をおいた——　155
　コミットした——　155
　内的——　154
原理　7, 30-31, 144-145
公共的理性　72-75
構成的解釈　32

さ 行

裁判所の法創造の機能　47
裁判所のルール定立機能　29
自然法論　1-2, 175
実質的な規範的実証主義　190, 196-198
「実践的・政治的」ないし「便益的・道徳的」な帰結を通しての議論　167-168
実践論法　122-123
視点
　外的——　15, 31, 154-157
　裁判官の内的——　31, 156
　内的——　15, 31, 154-157, 205-207
司法の裁量論　27-29
社会依存を通しての議論　41-45
社会テーゼ　185, 186
承認のルール　4-6, 26-27, 143-144, 177-178
深層的コンセンサス論法　129-134
政権交代と法の継続性　81-83
世代間問題　119-120
説明的法理学　153

ソレンソン事件　148, 149

た　行

多数決原理の本来的な限界論法　124-129
TVA v. Hill　104-105
適用除外条項　135-136
道具主義論法　126-128
統合性としての法　11-13, 31-33

は　行

発話者
　——が「言う」こと　99
　——が「主張」すること　99
　——が「含み」とすること　99-100
　——が「含み」とすることの取消可能性　100
批判的法理学　153
不確定性（法の）
　意味論的——　97-99
　語用論的——　99-100
　法の衝突に由来する——　96-97
不可避性を通しての議論　40-41
ブラックストーン的な神話　132-134
プリコミットメント論　117-118
文化的財（解釈対象としての）　36-37
分離テーゼ　185, 187
　——は何を意味しないのか　187
法が「言う」ことと「主張」することの不一致　100-101
法が「前提」とする内容の不確定性　104-105
法が「含み」とする内容の不確定性　102-103
法慣例主義　190, 196-198
法実証主義　1-3, 175-176
　——の核となる記述的内容　187-188
　——の核となる三つのテーゼ　185-187

記述的——　19, 183, 191-207
規範的——　18, 183, 185-191
規範的——の五つの見解　187-191
厳格な——　8, 179
ソフトな——　9, 180
排除的——　8, 179
包摂的——　9, 180
法的妥当性　9-10, 208
法における語用論的不確定性
　法が「言う」ことと「主張」することの不一致　100-101
　法が「前提」とする内容の不確定性　104-105
　法が「含み」とする内容の不確定性　102-103
法に対して合理的で批判的な姿勢を吹き込もうとする試み　vi, 151
法の支配　61-66
法の性質についての説明の規範的是認　192-195
法の性質についての説明の特定の側面の評価　195-196
法の性質についての理論における評価の役割　208-214
法の非整合性
　道徳的な——　66
　プラグマティックな——　66
　論理的な——　65-66
法は道具であるというテーゼ　185-186
方法論についての議論　198-207
　解釈を通しての議論　202-205
　機能を通しての議論　198-201
　内的視点を通しての議論　205-207
　法理学は必然的に規範的であると主張する議論　201-205
法理論における評価の役割　162-163

ま　行

マイノリティの保護　124-126

民主制の本来的価値論法　128-129
明瞭な事実説　10, 180-181
メタ倫理学　16

ら 行

立法が成立するための取引と妥協　80-81
立法権の分割　78-80
立法者と裁判所のあいだの相互作用　47-48
立法と司法の戦略的コミュニケーション　105-106
立法の統合性　ii, 59, 67-69
──の失敗　78-83
──への批判　75-78
立法の内部における戦略的行動　106-108
立法府と裁判所の相互調整　134-136
立法府は意図的に複数の声で語る　108-109
倫理的実証主義　18, 188, 191-192
ルソーの神話　131-132
Rector, Holy Trinity Church v. U.S.　103
連鎖小説の比喩　12, 33

著者略歴

濱　真一郎（はま　しんいちろう）

同志社大学法学部教授
博士（法学）（同志社大学）
1968年　長崎県諫早市生まれ
1992年　早稲田大学法学部卒業
1993年　早稲田大学大学院法学研究科修士課程中退
1995年　同志社大学大学院法学研究科博士前期課程修了
1998年　エディンバラ大学大学院 LL. M. 課程修了
1999年　同志社大学大学院法学研究科博士後期課程中退
1999年　同志社大学法学部助手
2000年　同専任講師
2003年　同助教授（2007年より准教授）
2008年　第6回天野和夫賞受賞
2009年　同志社大学法学部教授
2009年　2009年度日本法哲学会奨励賞（2008年期著書部門）受賞

著　書

『バーリンの自由論――多元論的リベラリズムの系譜』（勁草書房、2008年）。

編　著

『よくわかる法哲学・法思想』（深田三徳と共編著、ミネルヴァ書房、2007年）。
『ドゥオーキン――法哲学と政治哲学』（宇佐美誠と共編著、勁草書房、2011年）。

法実証主義の現代的展開　新基礎法学叢書6
2014年9月20日　初　版第1刷発行

著　者　濱　真一郎
発行者　阿部耕一
〒162-0041　東京都新宿区早稲田鶴巻町514番地
発行所　株式会社　成文堂
電話 03（3203）9201　FAX 03（3203）9206
http://www.seibundoh.co.jp

製版・印刷　シナノ印刷　　製本　佐抜製本
©2014　S. Hama　　printed in Japan
☆乱丁・落丁本はおとりかえいたします☆
ISBN978-4-7923-0565-9 C3032　　検印省略

定価（本体4200円＋税）

新基礎法学叢書 刊行のことば

　このたび、以下に引用する阿南成一先生の基礎法学叢書（1970年～1998年）刊行のことばの精神を引き継ぎ、新基礎法学叢書の刊行を開始することにした。そのめざすところは、旧叢書と異ならない。ただし、「各部門の中堅ならびに新進の研究者」という執筆者についての限定は外すことにした。基礎法学各部門の「金字塔をめざして」執筆する者であればだれでも書くことができる。基礎法学の研究者層は大変薄いこともあり、それ以外の法学部門の研究者だけでなく、哲学、歴史学、社会学等の専門家、さらには、教養あるすべての人々にも、読んでいただけるような内容になることを期待している。

　2012年1月　　　　　　　　　　　　　京都大学教授　　亀 本　　洋

基礎法学叢書 刊行のことば

　現代は《変革の時代》であり、法律学も新たに生まれ変わろうとしている。かかる時代にあって、法哲学・法史学・比較法学・法社会学等のいわゆる基礎法学への関心も高まり、これらの学問の研究は、ますます重要性を加えつつある。

　しかし、いずれの学問分野においても、基礎的研究の重要性が説かれながら、その研究条件は、応用的ないし、実用的研究に比して、必ずしも恵まれていない。このことは基礎法学についても同様かと思われる。

　それにもかかわらず、基礎法学の研究は、こんにちことのほか重要であり、幸い全国各地には基礎法学の研究にたずさわる研究者が熱心に研究活動をつづけている。そこで、ここに《基礎法学叢書》を企画し、これを、基礎法学の各部門の中堅ならびに新進の研究者の研究成果の発表の機会とし、以って基礎法学の発展を期することとした。

　この基礎法学叢書として今後二～三のモノグラフィーを逐年刊行の予定であるが、それらはいずれも基礎法学部門の専門、学術的な研究成果であり、各部門の発展途上における金字塔をめざして執筆されるものである。

　本叢書が基礎法学の発展に寄与できれば幸いである。

　昭和43年2月　　　　　　　　　　　大阪市立大学教授　　阿 南 成 一